本文获 2019 年第三届全国教育实证论坛优秀学位论文奖

MOOCs 中
问题引导教学设计
与人际交互

Problem-guided
Discussion
and
Interpersonal
Interactions in MOOCs

黄天慧　著

社会科学文献出版社
SOCIAL SCIENCES ACADEMIC PRESS (CHINA)

摘　要

MOOCs近年来在全球迅速发展，然而MOOCs的学习效果一直受到质疑，主要原因是大规模学习者群体无法保障教师与学习者、学习者与学习者之间的有效沟通互动。

教与学再度整合理论指出，由于以MOOCs为代表的在线教育教与学时空分离，为保证有效学习，需要实现教与学的再度整合，这包括教学设计和人际交互两个关键环节。教学设计指各种教学策略以及促进学习的技巧，根本目的是保证教学质量。而社会建构主义学习理论指出，问题引导是一种非常有效的教学设计，在此基础上发展出的问题导向学习（problem－based learning）等成熟的教学模式被广泛运用。人际交互指教师与学习者、学习者与学习者之间的交流互动。而社会建构主义学习理论指出，学习通过社会协商（人际交互）而实现，体现为个体之间有质量的交互以及群体层面学习共同体的形成。

已有的教学设计、人际交互相关研究有着丰富的成果，然而也存在以下四方面不足。第一，鲜有学者从理论和实证的角度关注可操作的教学设计。第二，对于MOOCs情境中学习共同体是否能够形成存在争论，部分原因在于学习共同体这一重要概念的操作化并未达成一致，并且对学习共同体形成的分析依赖于网络结构特征的间接性考察。第三，对人际交互的分析限于数量和质量的简单维度，忽略了人际交互强度这一重要数量性维度，缺乏从帖子长度、讨论主题、讨论集中度等复杂的质量性维度进行分析。第四，教学设计对人际交互的促进作用缺乏理论上的阐明和实证上的考察，大多数学者默认二者的关系，仅有个别学者进行了简单探讨。

因此本研究聚焦 MOOCs 教学中问题引导讨论这一教学设计，关注其对人际交互的影响以及人际交互对学习结果的影响，以期夯实在线教育中的交互理论，并为问题引导讨论这一教学设计的有效性提供实证依据。本研究回答以下三个研究问题。第一，问题引导讨论这一教学设计如何影响人际交互的数量，包括人际交互的整体网络特征、学习共同体的形成，以及个体网络人际交互的广度、强度。第二，问题引导讨论这一教学设计如何影响人际交互的质量，包括整体网络的发帖长度、讨论主题及集中度，以及个体网络的发帖长度和论坛坚持率。第三，人际交互数量如何影响学习结果，在考虑了论坛参与者个人特征、学习动机等因素后，人际交互数量对学习结果的影响是否依然存在。

本研究以国内主流 MOOC 平台“中国大学 MOOC 平台”的一门教师专业发展类课程为案例，回答以上研究问题。本研究使用社会网络分析（SNA）、内容分析（CA）、统计分析方法，对平台上 20 多万条人际交互记录进行匹配整理和分析，结合课前问卷和课后问卷，得出以下三方面结论。

第一，问题引导讨论这一教学设计有效促进了人际交互数量的提升。从整体网络视角来看，与在自由讨论区形成的人际交互网络相比，在问题引导讨论区形成的人际交互网络规模更大、更紧凑。具体表现为在节点、边数、密度、平均点度数、网络直径、平均路径距离、平均聚类系数、互惠性、传递性、成分数量等特征值指标上均更优。例如，边数（建立的人际交互数量）是自由讨论区的 10 倍，平均点度数是自由讨论区的 5 倍，并且在问题引导讨论区形成了一个紧密连接的学习共同体。从个体网络视角来看，学习者在问题引导讨论区形成的人际交互广度（与他人建立的交互数量）、人际交互入度、人际交互出度均更大，均是自由讨论区的 5 倍，同时建立了更强的人际交互关系（即与特定同伴的交互频率更高）。

第二，问题引导讨论这一教学设计有效提高了人际交互的质量。问题引导讨论区的帖子不仅平均字数是自由讨论区的 2 倍，而且问题引导讨论区的讨论围绕主题关键词的集中度更高，未偏离主题，未产生讨论漂移现象。此外，相邻两周的论坛坚持率是自由讨论区的 2 倍多。

第三，人际交互的广度和强度显著影响学习结果，人际交互强度尤其如此。人际交互强度每增加 1 次，学习成绩提高 3.645 分，学习满意度提高 1.312 分，学习收获提高 1.169 分。在控制论坛参与者个人特征、先前在线学习经历、翻转课堂实践经验、学习动机、课程资源查看行为、每讲学习时间等变量的情况下，以上结果依然稳健。此外，相比学习成绩，学习者会对更好的学习收获更满意。

本研究的结果表明：问题引导讨论这一教学设计可以有效促进学习共同体的形成、提升学习者交流互动的数量和质量，因此，MOOCs 必须重视精细的教学设计，通过问题组织和调控学习者的讨论。本研究对 MOOCs 情境中能否形成学习共同体这一争议给予了回应，从更为复杂的测量维度深化了对 MOOCs 情境中人际交互的认识，也为问题引导讨论这一教学设计在 MOOCs 情境中推广和应用提供了实证证据。

关键词：MOOCs　问题引导讨论　教学设计　人际交互　社会网络分析

目　录

第一章
研究背景和问题提出

本章主要介绍研究背景，包括 MOOCs 在国际和国内的实践背景、MOOCs 的研究热潮，以及对 MOOCs 的主要质疑，在此基础上进一步提出本研究的研究问题。

第一节　研究背景

一　国际背景

自 2011 年以来，MOOCs 在全球范围内迅速发展并得到了广泛的关注。2011 年，美国斯坦福大学 Sebastian Thrun 教授将研究生层次“人工智能导论”课程发布到互联网上，吸引了来自 190 多个国家的 16 万名学生注册学习（Breslow et al.，2013）。随着媒体对这一学习组织形式的报道，MOOCs 在全球范围内引起了极大的关注，各知名高校、教育集团、商业机构等均加入 MOOCs 浪潮。MOOCs 发展速度之快、影响范围之广是人们始料不及的。美国《时代》杂志将 2012 年称为 MOOCs 元年。

MOOCs 数量持续增长，累计选课人数突破 2.2 亿人次。根据 Class Central 机构的数据统计，MOOCs 课程增长趋势如图 1-1 所示。截至 2021 年，除中国外，全球有超过 950 所大学提供了约 19400 多门 MOOCs，仅 2021 年就有 3100 门新增课程，全球 MOOCs 累计选课人数达 2.2 亿人次（Shah，2021）。

MOOCs 作为在线教育的一种新型学习方式，其迅猛发展的趋势说明：

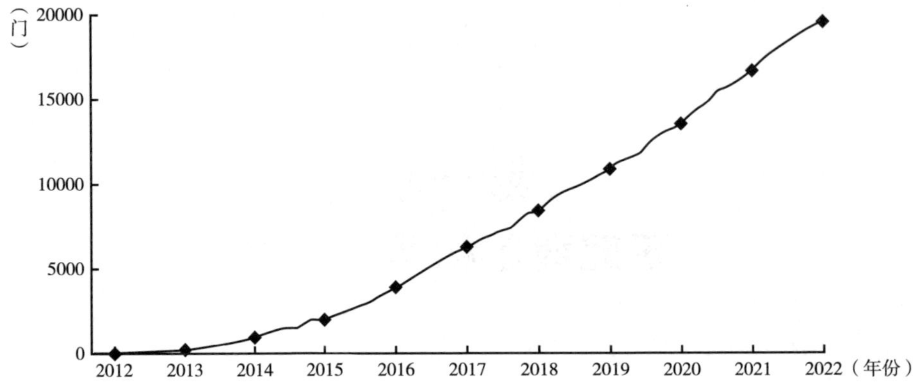

图 1-1　2012~2022 年 MOOCs 课程数量

一个全球性的大规模开放在线学习时代已经到来，在线教育的发展进入了前所未有的机遇期。

二　国内背景

中国的 MOOCs 建设与应用同样呈现爆发式增长。截至 2022 年 2 月，国内有关高校和机构建设了 10 多个 MOOC 平台，上线 MOOCs 数量超过 5.25 万门，累计注册人数达 3.7 亿，已有超过 3.3 亿人次在校大学生获得 MOOCs 学分，MOOCs 数量和应用规模居世界第一（澎湃新闻，2022）。截至 2018 年 1 月，国内主流 MOOC 平台——“中国大学 MOOC”，面向全国开设各类型 MOOC 课程 1822 门，累计注册人数超过 1000 万，累计选课人次突破 4000 万（搜狐网，2018）。截至 2022 年 3 月，国内另一个主流 MOOC 平台——“学堂在线”运行超过 4600 门课程，累计主站注册用户数超过 8852 万人，累计总选课人次超过 5.29 亿（清华大学官网，2022）。

MOOCs 的快速发展为高等教育和终身教育改革带来了契机，引起了教育管理部门的高度重视。教育部文件提出，将以 MOOCs 共享为抓手，深入推进信息技术与教育教学深度融合的课程内容、教学模式与教学方法改革，实现我国高等教育教学质量的“变轨超车”（教育部，2019）。与此同时，教育部也制定了各种积极的政策鼓励 MOOCs 的建设和应用。教育部计划认定 3000 门“国家精品在线开放课程”，以促进信息技术与教育教学深度融合，进一步提升高等教育人才培养质量。2018 年 1 月 15 日，教育部推出 490 门“国家精品在线开放课程”。以国家名义推出 MOOCs，这在国内尚属首次。2019 年 1 月 11 日，教育部再次推出 801 门“国家精品在线开放课程”。2020 年 11 月，教育部认定了 99 门高职类“国家精品在线开放课程”。这标志着中国 MOOCs 经过量的积累，已经进入质的提升阶段，由高速增长阶段转向高质量发展阶段。

三　MOOCs 研究热潮

MOOCs 的出现不仅对传统高等教育形成了冲击，同时也对教育研究方法形成了冲击。具体来说，MOOCs 学习者数量规模之大、教育背景和学习动机之多元都前所未有。这使得 MOOC 平台第一次能收集到规模巨大且丰富的学习者在线学习行为数据，为在线学习研究带来了广阔的前景。MOOCs 在全球范围内的迅速发展，以及 MOOCs 教育大数据的可获得性，使得其成为目前国内外教育领域一大研究热点。国内创办了一年一次的中国 MOOC 大会。在学术发表方面，2012 年至 2022 年 5 月，中国知网共收录 35228 篇 MOOCs 相关研究文章。中国国家自然科学基金委也积极应对教育实践的变化和需求，在 2018 年增设教育信息科学与技术项目，课题研究方向之一就是“教育大数据分析与应用”。西方学术界对 MOOCs 研究显示出更高的热情，创办了各类专题国际会议，如自 2013 年开始每年一次的 Learning at Scale（大规模学习会议），自 2014 年开始每年一次的 European MOOC Stakeholder Summit（欧洲 MOOC 利益相关者高峰会）和 Learning with MOOCs（MOOCs 学习会议）。国外权威数据库 Web of Science 在 2012～2022 年收录 5514 篇 MOOCs 相关研究文章。国外顶级杂志科学类杂志 *Nature* 和 *Science* 近年来也刊登了 MOOCs 相关研究文章。可见，国内外均形成了一股 MOOCs 研究热潮。

四　对 MOOCs 的质疑

与许多新生事物一样，MOOCs 在得到各方大力支持和赞许的同时，也受到了很多的反对和质疑。支持者强调 MOOCs 的开放、大规模以及名校名师提供的高质量课程，强调 MOOCs 在为更多人提供学习机会和改变高等教育方面具有的潜力。而对 MOOCs 的批判主要集中在大规模群体无法保障教师与学习者、学习者与学习者之间充分的沟通互动，学习效果不佳，参与率和完成率较低。

MOOCs 是在线教育发展的新型学习方式，而人际交互是 MOOCs 与视频公开课、网络精品课程、开放教育资源运动的主要区别之一。人际交互是在线教育的核心主题（王志军、陈丽，2015），是在线学习最重要的要素（Woo and Reeves，2007），决定了在线教育的质量（Trentin，2000），是有效提升 MOOCs 学习效果和教学质量的最重要环节（Cross，2013）。在 MOOCs 学习时代，人际交互发挥了传统在线教育不具备的开放式、网络化交互的优势。MOOCs 在发展之初就期待能充分发挥大规模学习者群体的优势，让学习者积极交流、互帮互助，以解决教师无法提供充足学习支持的缺陷。同时，大部分 MOOCs 学习者是在职学习者，他们带着丰富的经验与对职业的理解和认识进入 MOOCs 学习，这种经验、理解和认识是宝贵的资源。而目前的教学设计缺乏对这类宝贵资源的认识，没有给学习者提供相应的环境或机会，使得这类宝贵的学习资源流失（王志军，2014）。此外，MOOCs 中的人际交互可以提升学生保持率和学习效果（赵钊等，2018）。要发挥 MOOCs 开放式、网络交互优势的前提，就需要对 MOOCs 学习情境中影响人际交互的因素形成深入的认识，只有这样才能开展符合规律的实践，充分发挥 MOOCs 的优势。

综上，在实践领域，MOOCs 在国际、国内均快速发展。在学术研究方面，MOOCs 研究也得到了大量的关注。但对 MOOCs 也存在不少的质疑，主要的质疑集中在 MOOCs 中大规模学习者群体无法保障有效的人际交互。而缺少人际互动是 MOOCs 学习者退出课程的重要原因（Khalil and Ebner，2014）。

第二节　研究问题提出

MOOCs 是在线教育的一种新方式，其在世界范围内迅猛发展。但目前对 MOOCs 的质疑主要集中于其规模过大无法保障教师与学习者、学习者与学习者之间的有效互动交流，学习效果不佳。增加教师与学习者之间、学习者与学习者之间的互动机会是在线学习取得成功的关键因素之一（MaIsaac and Gunawardena，1996；Moore，1989；Wagner，1994；Woo and Reeves，2007），社会建构主义学习理论指出，学习是通过人际交流互动实现的（何克抗，1997）。教与学再度整合理论认为，在线教育的本质是教与学的时空分离，再度整合教与学需要两个关键环节：教学设计和人际交互（Keegan，1996）。

教学设计是保障有效学习的基础，人际交互是 MOOCs 与视频公开课、网络精品课程、开放教育资源运动的主要区别之一。人际交互是有效提升 MOOCs 课程学习效果和教学质量的最重要环节（Cross，2013）。鉴于 MOOCs 情境中巨大的学习者规模，对 MOOCs 中无法有效开展人际交互的质疑是合理的（Miyazoe and Anderson，2014）。有学者提出，有效的教学设计对人际交互有促进作用（Anderson，2003；孙洪涛等，2016；张欢瑞等，2018；Anders，2015），但目前缺乏相关理论阐释两者之间的关系，在实证研究方面也缺少对两者关系的考察。要发挥 MOOCs 开放式、在线交互的优势，就需要对 MOOCs 的教学设计和人际交互两者的关系形成深入的认识。

鉴于 MOOCs 教学设计与人际交互关系研究的缺乏，有必要对 MOOCs 情境中两者之间的关系开展研究。基于此，本研究基于社会建构主义学习理论和教与学再度整合理论，使用社会网络分析方法，聚焦 MOOCs 中问题引导讨论这一教学设计，关注人际交互更为复杂的数量和质量维度，回答以下研究问题。

（1）教学设计对人际交互数量有何影响？包括人际交互的整体网络特征、学习共同体的形成，以及个体网络人际交互的广度和强度。

（2）问题引导讨论这一教学设计对人际交互质量有何影响？包括整体网络的发帖长度、发帖主题及主题集中度，以及个体网络的发帖长度和论坛坚持率。

（3）人际交互数量对学习结果有何影响？在考虑了论坛参与者个

人特征、学习动机等因素后，人际交互数量对学习结果的影响是否依然存在？

本研究的目标不是直接提供解决问题的方案，而是揭示 MOOCs 学习情境中教学设计与人际交互的关系、人际交互与学习结果的关系，帮助研究者和实践者清晰地认识 MOOCs 教学设计对人际交互的影响，以便更有针对性地设计 MOOCs，促进人际交互，提高 MOOCs 学习效果。

第二章
理论基础

理论与实践是一个互相补充、紧密联系的整体。一方面，未经过检验的理论会导致研究者高估或低估特定情境因素的作用。另一方面，没有理论指导的研究会让实践者做低效的数据试验。本章主要介绍本研究的理论基础。在内容上，本章首先介绍了本研究的三个核心概念，分别是教学设计、人际交互和学习结果。然后介绍了本研究的主要理论基础，分别是社会建构主义学习理论、教与学再度整合理论，两个理论均指出了教学设计与人际交互的重要性。最后介绍了社会建构主义学习理论框架下发展起来的被广泛使用的问题导向学习(PBL，Problem-based Learning)。

第一节　核心概念界定

一　教学设计

教学设计这个概念是一个舶来品，来自西方教育学界，其英文名为Instructional Design，通常简称ID。国内外许多学者或研究机构对教学设计给出了不同的定义，下文介绍几种较经典的教学设计定义。

第一，“教学设计运用系统方法，将学习理论与教学理论的原理转换为对教学资源和教学活动的具体计划的系统化过程”（Smith and Ragan，2005）。该定义认为教学设计能够架构起基础学习理论与教学实践之间的桥梁，使得这两个领域能够强有力地联结。简言之，教学设计具有这样的桥梁价值：将学习理论和教学理论转换为具体的教学行为（包括具体的教学材料和教学活动)。由此可见，教学设计与学习理论和教学理论密切相关。

第二，“教学设计是以确保教学效果为根本目的，综合运用教学理论和学习理论，系统开发教学活动及具体要求的过程。教学设计是一个完整的过程，包括学习需求和学习目标分析，以及满足需求的教学传递系统的设计开发”（费雷曼，2008)。与上一定义相同，这一定义提到了“运用教学理论和学习理论”，认为教学设计是以教学理论和学习理论为基础的。

第三，教学设计是设计、生产、评估和运用整个教学系统的一种系统方法，其中包括所有适当的要素，及运用这些要素的管理模式（Spector et al.，2014)。

第四，美国教育传播与技术学会提出：教学设计是一个规划学习结果、选择有效的教学和学习策略、选择相关技术、确定教学媒体，以及测量绩效的迭代过程（斯伯克特等，2015)。

考虑到权威性和学界的接受度等因素，本文采用美国教育传播与技术学会的定义。需要特别指出的是，教育技术中的“技术”不仅包括和媒体相关的硬技术，还包括与教学设计相关的软技术。

教学设计工作主要有两大类：①描述教学现象，旨在将实际教学过程、教学效果或开发教学的实际方式加以建模和解析，具有预测性和解释意义，这一类工作在本质上是描述性的，主要讨论事物的实然；②确认教学干预或方法在特定情境下的教学效果或步骤，以生成合适的教学设计，这一类工作在本质上是处方性的，主要讨论事物的应然。

教学设计的最终目标是优化和提升学习绩效，教学设计聚焦知识、技能和态度的提升或改善，解决的是“怎么做”的系列问题（郑旭东等，2016)。钟志贤认为教学设计研究与实践的宗旨是促进学习者高阶思维能力发展（钟志贤，2004)。教学设计理论辨别了教学应该如何安排以使学习过程有意义而且更能激发动机，主张对内容进行简化而不是把学习任务解构为无意义、去情境的片断。教学设计所识别的方法提供了支持和促进学习的具体途径。教学设计理论及其相关方法是基于学习理论的，在学习是如何发生的和如何促进学习过程中间建立起了重要的联系。学习理论为设计教学提供了基础（斯伯克特等，2012)。

二 人际交互（人际互动）与学习共同体

交互或互动的英文是 interaction，但在不同学科背景下，其翻译有一定差异。如在大部分社会科学学科中，通常将 interaction 翻译为互动，此时互动通常指代人与人之间的对话、交流互动。而在相对较新的教育技术学科中，学界比较一致地将 interaction 翻译为交互。这是由于技术是教育技术的重要范畴，教育技术领域通常将人与多媒体界面或资源（无生命体）的相互作用称为人机交互，将技术支持下的人与人之间的交流互动称为人际交互。由于本研究会同时引用社会学、教育技术领域的理论和实证文章，为了术语的统一，在后文中将社会学文献中的人际互动统一称为人际交互。

1. 传统教育中人际交互的定义

德国的 K. 沙勒和 H. 舍费尔提出了“交往教学论”，把教学过程定义为一种交往活动。陈会昌等认为人际交互是人与人之间相互作用的一种形式，是个体与个体之间心理情感和行为的相互影响方式。其特点是：多发生在小团体成员的相互作用之中，是维系团体存在的基础和条件；它指向明确、范围有限，是一种特定的相互作用（陈会昌等，1995）。传统的交互主要关注师生基于课堂的对话（胡勇，2011）。

2. 在线教育中人际交互的定义

交互是教育过程中的关键组成部分，一个具有多重属性而且在远程教育文献中讨论较多的概念之一（Muirhead and Juwah，2005；Hillman、Willis and Gunardena，1994；Maria，1996；Wagner，1994）。然而不同的学习者对交互的概念定义相差很大。Moore 认为交互承载了太多的意义，除非进一步明确其含义并取得一致的认识，不然这一概念将无意义（Moore，1989）。

Moore 等学者认为在线教育中的人际交互包括两类：学习者与教师之间的交互（也称师生交互）、学习者与学习者之间的交互（也称生生交互）（Moore，1989；陈丽等，2016）。教师与学习者的交互是指发生在教师和学习者之间的交流对话，学习者与学习者之间的交互是指发生在单个学习者之间或者是学习者所参与的小组或者群体之间的交互。其中，学习者与教师交互的目标是激发与维持学习者的动机，解决学习过程中遇到的问题和困难，确保他们能够积极地投入学习过程中，并有信心克服学习过程中的问题，顺利完成学习。学习者与学习者交互的目标是促进学习者之间积极的相互依赖和互帮互助的关系，通过交流互动，让一位学习者积极地影响另一位学习者获得成功的机会。应该确保允许个人鼓励和促进大家努力的促进性交互的发生。尽可能让学习者给出和接收到鼓励成员之间相互理解的明确解释（Abrami et al.，2011）。

国外一些著名学者虽然没有使用人际交互一词，但他们均将在线教育中的交互限定为人与人之间的交互，即人际交互。Garrison 把交互定义为两个或两个以上的人在观点释疑和质询时的持续双向交流，这个概念强调交互的参与者以及交互的相互作用（Anderson，2003b）。Hillman 将交互简单视为对学习过程的参与（Hillman、Willis and Gunardena，1994）。Daniel 等人（1979）也认为交互发生在学习者与他人的双向交流中，通过引发他人针对自己的请求和贡献做出响应和回答而发生。这个定义把交互看成学习者有意识地获得知识或增进理解的过程。

随着网络技术、通信技术的发展，交互的概念扩展到了基于媒介的人际同步交互、异步交互，以及与无生命对象的媒体界面的交互。如 Thurmond 认为交互是学习者与学习内容、同伴、教师以及课程中使用的技术媒体的交互，与同伴、教师、学习内容的真正交互导致信息的相互交流（Thurmond and Wambach，2004）。总而言之，早期远程教育中交互的定义突出了交互的本质特征，将交互视为人与人的双向交流活动，即人际交互，等同于社会科学其他学科普遍适用的人际互动。随着技术的不断发展，教育技术领域将交互分为人际交互和人机交互两类。而本研究关注发生在学习者与教师、学习者与学习者之间的人际交互。

3. 学习共同体

学习共同体这个概念也是一个舶来品，来自西方教育学界，其英文名为 learning community。学习共同体是基于社会建构主义学习理论发展出来的一个教学隐喻，它与该理论中的“学习是知识的社会协商”这一学习隐喻直接对应。社会建构主义学习理论强调知识的社会性以及知识是通过社会协商获得的，认为知识分布或存在于共同体/群体之中（钟志贤，2005）。

国外学者 DuFour 等认为，“学习共同体是学习者能够根据自己的需求，积极主动地学习，并能相互影响、彼此促进学习的情境” （DuFour and Eaker，2009）。张建伟等认为，“学习共同体是指一个由学习者和助学者（包括教师、专家、辅导者等）共同构成的团体，他们彼此之间经常在学习过程中进行沟通、交流，分享各种学习资源，共同完成一定的学习任务，因而在成员之间形成相互影响、相互促进的联系” （张建伟、孙宴青，2005）。本研究采用张建伟对学习共同体的定义。

钟志贤总结了学习共同体的四个构成要素。①归属感：学习者对学习共同体的认同感和归属感。②信任感：学习共同体成员之间可以畅所欲言，互相信任、互相影响。③互惠感：学习共同体成员之间可以互相受益。④分享感：实现信息和知识的分享，同时达到情感的沟通和分享（钟志贤，2005）。张志旻等认为学习共同体有三个基本特征：共同目标、身份认同和归属感（张志旻等，2010）。与学习共同体概念相近的其他术语有“学习者共同体”“知识建构共同体”“学习社区”“实践共同体” 等（冯锐、金婧，2007）。

三 学习结果

教育的目的是促进学习，获得良好的学习结果。学习者的学习结果是一个开放性词语，有很多定义。虽然学者们对学习结果的界定用词有所不同，但核心内容大同小异，均指学生学习之后的成长。美国学者 Eisner 于 1979 年最先提出“学习结果”这一术语，他认为“学习结果本质上是指在以某种形式参与学习之后获得的结果，不管是有意的还是无意的”。大学学习评估领域著名学者 Willingham 等人认为，“学习结果指的是由学习而导致的个人转变和收益”（Willingham et al.，1985）。

然而直接测量学习结果很困难，因为不同教师使用的测量方法不尽一致。根据课程内容和学习者特点，学习结果可以通过诸如成功地完成课程学习、退学、考试分数、知识的提升、技能的获得等多种不同方式加以测量（Yang and Tang，2003）。一门课程也可能有学习者的多种学习结果表现形式，每一种可以通过诸如测试、书面作业、学习收获调查、满意度调查获取数据。不难理解，学习者的学习结果是一个复杂的变量，它受到学习者个人特征、学习动机、学习习惯、已有的知识、交流技能和可以用以学习的实践、教师的效能等因素的影响。

第二节　社会建构主义学习理论

本研究的理论基础主要有两个：社会建构主义学习理论、教与学再度整合理论。学习是一个复杂的过程，因此有不同的学习理论来解释学习是如何发生的。学习理论是描述性理论，描述学习如何发生（Prawat，1992）。

社会建构主义的核心观点是知识具有社会性，即知识的“社会协商”。认知主体通过与他人的交流互动以及社会协商，主动建构自己的认识和知识。在知识建构过程中，社会情境、与其他个体的关系是实现意义协商和发展新技能的关键。本节将从三个方面介绍社会建构主义学习理论，分别是社会建构主义学习理论的发展及基本观点、与社会建构主义学习理论相适应的教学方法、与社会建构主义学习理论相适应的教学设计原则。

一　社会建构主义学习理论的发展及基本观点

1. 社会建构主义学习理论的发展

建构主义学习理论是被研究者广泛关注和使用的学习理论之一。知识的一个重要维度是客观与主观建构。客观主义认为有关世界的知识是客观且可靠的，知识是对外部客观世界的被动反映。因此，让学生通过教学获得客观的知识成为主要的教学目的。此种对学习的认识论在教学实践中表现为强调知识的传递性，从教师传递给学生。而 1980 年代末在西方兴起的建构主义思潮试图从“新认识论”的视角对客观主义的认识论进行反思，强调知识的主观性以及学习者在学习过程中的主观能动作用（莱芙、温格，2004）。建构主义学习理论指出，“知识不是我们获得的东西，而是我们建构的东西”（Mautner，1997）。由此，该理论确立了“学习是知识建构”这一学习隐喻。

知识的另一个重要维度是个人和社会，前者认为知识存在于个体内部，而后者则认为知识是内含在群体或共同体中的。与此相对应，有个人建构主义理论和社会建构主义理论之分。其中个人建构主义理论认为：知识是由认知主体主动积极建构的，并通过建立新旧知识的联系实现建构过程。社会建构主义则强调知识的社会性，认为“学习是知识的社会对话和协商”，并建立了“学习共同体”这一重要概念（莱芙、温格，2004）。

2. 社会建构主义学习理论的基本观点

社会建构主义学习理论构建出了独特的知识观、学习观和学生观，下文将分别进行阐述。

（1）知识的社会性：知识来源于社会的意义建构

社会建构主义强调知识的社会性。知识具有社会性，每位个体了解的知识是有限的，要获得对知识的深层次建构和理解，只能通过不断讨论、交流等活动。知识不是抽象的，而是与学习情境以及学习者带入这一学习情境的先前经验有密切关系。学习者不是被动地接受教师传授的固定知识，而是以自己的方式主动建构知识，并使新知识和已有知识建立联系（Anderson and Kanuka，1999）。所以，教师应该鼓励学习者主动构建自己的认识和理解，然后通过与教师、同伴的交流讨论证明各种观点和意见的合理性（Peggy and Timothy，2004）。在知识建构过程中，社会情境、与其他个体的关系是实现意义协商和发展新技能的关键。因此，基于社会建构主义学习理论开展的教育实践强调加强人际交互以及互动式学习经历（Anders，2015）。

社会建构主义学习理论强调知识的社会性，即“社会协商”，而社会协商则需要通过人与人之间的交流互动实现。社会建构主义提倡将学习者与学习内容的个性化交互嵌入学习者与同伴以及学习者与教师之间的人际交互中（Suthers，2006）。该理论中的重要概念如脚手架、最近发展区、知识建构等，均需要在人与人的交流对话过程中实现。人际交互可以促进学习者的认知过程，对学习产生积极影响（Bransford et al.，1999；Dillenbourg et al.，1995）。从关系的角度来看，社会建构主义比较关注交互过程中产生的同质性联系——强关系，认为学习者会在交互过程中产生持续交互（强关系）并建立共同身份和学习目的。

（2）知识建构的社会性：学习是知识的社会协商

社会建构主义学习理论还十分强调知识建构的社会性。该理论强调人际交互在学生知识建构中的重要性，认为学习过程是与他人交流和互动学习的过程，知识源自社会关系和互动（郑旭东等，2016）。

社会建构主义的代表人物维果斯基认为，学习不仅是个体的努力，它更依赖于学习者参加的互动。“学习唤醒了多种内部发展过程，这一过程只有在孩子与他所在环境中的人们互动以及与他的伙伴合作时才发生，这些过程是内化的，他们变成学习者独立发展成就的一部分”（Vygotsky，1980）。学习存在于学习者与他人的互动中，尽管这种互动被学习者内化了，变成了学习者的一个新功能。这种通过互动而产生的知识内化被称作领有（Wertsch，1998）。简言之，社会建构主义认为学习发生在学习者与具体的环境和与他人的交互关系中，而不是发生在学习者个人的大脑里面（Greenhow et al.，2009）。学习者在完成学习任务时，通过与他人的讨论交流，将新知识与已有的知识和经验体系联系起来，进而获得新的知识和技能（陈丽等，2016）。社会建构主义强调知识必须在现实世界环境中经过社会讨论并得到验证和应用（Wilson，1999；Jonassen，1992；Anderson and Kanuka，1999）。

（3）学习者是主动的知识建构者，应在社会情境中积极地相互作用

社会建构主义强调以学习者为中心，要求学习者成为主动的知识建构者、信息加工者，同时要求教师从知识的传授者转变为帮助学习者开展知识建构的促进者、帮助者。社会建构主义理论认为，学习发生的重要前提是学习者是积极主动的，能够主动做出判断并做出选择。在社会建构主义理论框架支持的教学实践中，教师需要设计真实情境和真实学习任务，运用多种教学方法和策略，分享信息，交流观点，在争辩、讨论和提供证据的社会协商过程中，运用案例、反思等策略，为学习者的知识建构过程提供帮助和指导，促进深度学习的发生（陈丽等，2016）。因此，尽管社会建构主义学习理论强调了学习者的主动性、自我控制、学习者与同伴之间的“相互影响”，但教学设计人员和教师的作用还是不可低估的（Reigeluth et al.，1989）。

除社会建构主义学习理论外，联通主义学习理论也十分强调人际交互

的重要性。联通主义学习中的课程内容是在互动的过程中动态生成的，教师和学习者通过在网络中持续不断的互动，生成课程内容。因此，联通主义学习理论认为网络中的知识是在人际交互的过程中派生出来的（Downes，2012）。在联通主义学习中连接的建立和网络的形成都依赖于人际交互的开展，整个网络就是一个以人际交互为核心的网络（Siemens，2005）。因此，人际交互处于联通主义学习中的核心位置。联通主义学习理论认为学习和知识存在于具有多样性的观点之中，强调需要建立不同的连接。与此相对应，联通主义更加强调连接的广度，即与更多的人建立联结（Downes，2010）。换言之，联通主义更加强调弱关系，而社会建构主义更加强调强关系。后续文献综述的结果也更加支持社会建构主义理论的结论，不仅广度重要，强度也很重要。

二 三种成熟的教学方法

在形成社会建构主义学习理论的同时，也逐步形成了与社会建构主义学习理论相适应的教学方法和教学设计思想。学习理论是描述性的，描述学习是如何发生的，而教学方法是处方性的，它为如何设计教学以促进学习提供指导（Prawat，1992）。

社会建构主义的教学方法多种多样，其共性是在教学环节中都包括情境创设和互动交流，并在此基础上由学习者积极主动地构建知识。与社会建构主义学习理论相适应的教学方法被何克抗教授概括为“在教学过程中，教师起到了帮助者、促进者、组织者、指导者的作用，教师利用情境、协作、交流对话等学习环境要素充分发挥学习者的主动性、积极性和创新精神，最终达到使学习者有效实现知识建构的目的”（何克抗，1997）。

在上述社会建构主义的教学模式下，发展出了目前比较成熟的几种教学方法。

1. 问题引导学习（Problem-based Learning）

问题引导学习通常被简称为PBL，是社会建构主义实践教学的主要方法之一，且越来越受欢迎（Warren et al.，2014）。问题引导学习强调将学习者置于复杂而有意义的问题情境中，让学习者处理没有单一答案的、结构不良的问题，以便让他们建构自己的知识和解决方法。学习者在小组中通过与教师和同伴的交流探究与建构解决方法，在此过程中，教师是学习的促进者而不是固定知识的传递者。

Camp 从教学哲学的角度看待问题引导学习，认为它是基于建构主义的一种教学模式（Camp，1996）。问题引导学习不仅强调使用问题引导学习，还强调让学习者通过合作学习解决复杂的真实问题，并在此过程中学习隐含在问题背后的知识，获得解决问题的技能。国内外不少实证研究发现问题引导学习可以提高学习者的学习效果（王滔等，2019）。

问题导向学习的典型教学过程是：①学习者以小组为单位，解决一个实际问题；②小组为了解决问题，需要查找资料、获取信息、与同伴和教师进行交流讨论，讨论如何利用资源解决问题；③在讨论时，学习者可能会发现还需要解决新的问题，则需要重复第二步，直到交流讨论实现问题解决（毛志峰，2016）。

还有学者针对问题引导讨论开展了研究，问题引导讨论就是通过设置问题帮助学习者思考，并进一步建立师生、生生交互关系。传统教学中，问题引导讨论是一个教师提问—学生回答—学生互动的方式。问题引导是一种有效的教学设计，可以提高学习者的学习效果，如汪琛发现问题引导教学设计在中小学教师培训中取得了较好的效果（汪琛，2003），王滔发现问题引导教学设计可以提高大学生的学习效能（王滔等，2019）。

2. 情境学习（Situated Learning）

早在 1929 年，Alfred 就认为，学生在学校中被动接受知识的学习方式产生了“惰性知识”，学生学习仅仅是为了获得成绩或通过考试，却不能解决真实世界中的问题。近年来，西方学者基于对传统讲授型教学、传递型教学的批判，越来越关注情境学习。情境学习强调：有效知识的获得必须镶嵌在相关或真实的情境中。

从事情境学习研究的学者们认为，知识的学习必须具备两个条件，分别是：①在有意义的真实情境中学习，②通过主动学习获得知识。同时如果教师抽象地讲授知识，会导致“惰性知识”的产生（高文，1997）。与抛锚式教学一样，情境学习同样关注问题解决。但与抛锚式教学不同的是，情境学习更加强调真实的情境，而抛锚式教学强调的是真实的问题。

3. 支架式教学法（Scaffoding Instruction）

“支架式教学应该为学习者建构对知识的理解提供一种概念框架（conceptual framework），这种概念中的框架是发展学习者对问题的进一步理解所需要的。因此，事先需要把复杂的学习任务进行分解，以便引导学习者逐步深入学习。”（何克抗，1997）社会建构主义学者以建筑行业中的“脚手架”（Scaffodling）这一形象比喻，作为上述概念框架的解释。

最近发展区理论对支架式教学有较大影响，该理论认为，学生原有能力与解决某问题所需要的能力之间可能存在差异，教师可以帮助学生消除这种差异。支架式教学就是将概念框架作为学生学习过程中的脚手架，这种概念框架是学生实现深入理解、思维发展所需要的，其帮助学生把智力水平从一个水平提高到另一个更高的水平，使教学走在发展前面。

支架式教学通常有以下几个环节（何克抗，1997）。①搭脚手架。围绕当前学习主题，按照“最近发展区”的要求建立概念框架。②进入情境。将学生引入一定的问题情境。③独立探索。在这个过程中，教师要适当帮助学生借助脚手架（概念框架）逐步攀升，教师的帮助会越来越少，更多让学生自主探索，最后教师完全放手，让学生自己在概念框架中继续提升。④小组协商、讨论。通过学生之间意见的交流、碰撞，分享集体智慧成果，完成对概念更全面、更深入、更准确的理解。

三　三个教学设计原则

学习理论是各种教学策略、教学手段和教学技术的源头，能够为“如何设计教学以促进学习”提供指导。由于学习理论提供了理智选择教学策略的基础，因此教学设计人员必须了解丰富的教学策略，并且懂得在什么时候选择某一种的恰当教学策略或几种教学策略的组合。学习理论及其相关研究通常提供了有关教学成分与教学设计之间关系的信息，指明如何使得具体的教学策略及技术与特定的教学情境及学习者的特征相吻合（Keller，1979）。学习理论为教师或教学设计人员提供了各种教学策略以及促进学习的技巧，同时也包括策略选择的基础（Peggy and Timothy，2004）。

总结而言，学习理论对教学设计十分重要，可以为教学设计提供坚实的基础。

Duffy 和 Jonassen 认为，教学设计中的策略和方法明显受到学习理论假设的影响。通常来说，教学设计不是按照固定方案实施的，当教育者需要就情境变量做出决策时，学习理论假设将会影响决策的制定（Duffy and Jonassen，2013）。很难想象教师或教学设计人员可以不用任何一种关于学生如何思考和学习的缄默理论而设计出一个特定的学习活动或课程。

如前所述，社会建构主义学习理论构建出了独特的知识观、学习观和学生观。其强调以学习者为中心，强调情境和人际交互的重要性。由于这些特征，如果继续沿用传统的教学设计理论和方法来指导建构主义学习环境的设计，显然是不适宜的。而且，在社会建构主义学习理论不断发展的同时，逐渐形成了与社会建构主义学习理论相适应的教学设计思想。何克抗教授概括了几条社会建构主义学习理论下的教学设计原则（何克抗，1997），如下文所述。

1. 强调以学习者为中心

社会建构主义学习理论强调以学习者为中心，要在学习过程中充分发挥学习者的积极性和主动性；要让学习者有多种机会将所学到的知识应用到不同的真实情境中；要让学习者能够通过对自身行为的反馈达成知识的深层次理解和建构，并能解决实际问题。

2. 强调情境对知识建构的重要作用

社会建构主义学习理论认为，学习是在一定的社会情境中发生的，在真实情境中学习，学习者可以更好地建立新旧知识之间的联系。如果不能提供真实情境所具有的丰富性、生动性、实践性，学习者建构知识会产生困难。

3. 强调“社会协商”和人际交互对知识建构的关键作用

社会建构主义学习理论认为，学习不是发生在学习者个人的大脑中的，而是发生在学习者与具体的学习情境、与他人的交互关系中的（Greenhow et al.，2009）。学习者在教师的组织和引导下一起讨论和交流，共同建立起学习共同体，并成为共同体的一员。通过这样的学习共同体，学习者群体和教师的观点与智慧就能被整个群体所共享，一起完成知识建构过程。

第三节　在线教育中的教与学再度整合理论

远距离教育经历了函授教育、广播电视教育、在线教育（国内通常也称网络教育）三个阶段的发展。不同的阶段，学界用不同的术语表征远距离（教与学分离）这一教育形式，但通常用远程教育这一术语统称所有形式的教与学时空分离的教育。随着技术的发展，目前在线教育成为远程教育的主要形式。随着人们对在线教育理念和实践认识的逐渐深入，MOOCs开始进入公众的视野，成为在线教育领域的新发展、新形式。就本质而言，MOOCs是在线教育的一种新形式，也是一种教与学时空分离的教学形式，其教学遵循在线教育的基本规律。教与学再度整合理论揭示了在线教育的本质规律，是在线教育领域的基础理论之一。本节将从以下四个方面阐释在线教育中的教与学再度整合理论：为什么需要再度整合、再度整合的重点和难点、教学设计的重要性以及人际交互的重要性。

一　为什么需要再度整合教与学

在线教育的本质特征是“教的行为与学的行为的时空分离”，该特征一方面使得在线教育更加开放灵活，让更多社会学习者获得教育机会；另一方面也使得在线教育在以下两方面面临较大挑战：提供高质量教学，以及确保学习者获得好的学习效果。在线教育学家 Keegan 指出“教学过程是在教师与学生的相互作用中发生的，这在在线教育中必须人为地重新整合创造出来。在线教育系统跨越时空重新构建教—学相互作用，使学习行为与学习材料紧密联系是这个重建过程的核心”（陈丽，2004）。在线教育教与学时空分离的本质特征，使得在线教育必须采用特殊的环节或策略，促成教师和学习者实现交流互动，进而完成完整的教学过程。

二　再度整合的重点和难点

教与学再度整合理论提出，要思考如何实现教与学的再度整合，首先需要思考教与学的时空分离会引起什么问题。Keegan（1996）认为教与学的时空分离会导致两个问题：一是如何减少时空分离导致的学习孤独感甚至退学，以及如何激发并维持学习者的学习动机，使得他们能够坚持学习；二是如何保证高质量的教学以及有效学习的发生。

教与学再度整合理论指出了教与学再度整合的重点和难点。实现在线教育中教与学再度整合的重点是以各类媒体为中介的交互。在师生时空分离的状态下，在线教育中多数的学习行为和教学行为是通过计算机等媒介来实现的，面对面的人际交互不再是在线教育的主要教学形式。

而有效的教学设计是在线教育中教与学再度整合的难点，具体而言，教学设计需要将学习材料和学习活动有效地结合。在线教育中学习者在知识技能、学习经历、学习风格等方面有很大的差异，而学习本身又是一个复杂的过程，这使得在线教育机构计划和设计合适的学习材料、学习活动都较为困难。需要在线教育机构综合分析和把握学习者需求、学习内容、教学媒体技术等，既要为学习者提供开放灵活的学习环境，又要为学习者提供及时的反馈。因此，在学习材料中设计合适的学习活动以引导和促进学习者的学习，是在线教育中教与学再度整合的难点。

综上所述，为确保在在线教育中能够实现教与学再度整合，以及在线学习能够按照预定的教育目标发生，需要有效的教学设计和人际交互。这与著名的在线教育两阶段论持有相同的观点，即在线教育分为教学设计阶段和学生支持（人际交互）阶段。

三　教学设计的重要性

在以计算机为中介的交互中，交互的类型主要涉及两类，一类是以计算机为中介的学习者和内容的交互，另一类是以计算机为中介的人与人之间的交互。在线教育的重要任务，就是通过设计在线学习材料以促进学习者和内容的交互，并设计各种学习活动，使得学习者能够按照预定的教育目标成功地完成对学习材料的学习。

由在线教育的本质可知，保证学习者的知识、技能和态度能够按照教学目标发生预期的变化，是重构教与学的最终目标。为了实现这一目标，将教师精心设计、开发的，通过多种媒体呈现的学习材料和学生的学习活动结合起来是整合过程的核心（Keegan，1996）。Keegan 认为可以对学习材料进行交互设计，使其具备更多人际交互的特性。

学习材料是在线教育机构提供给学习者的主要材料，在线教育机构通过对基于学习材料的内容选择、内容组织、内容呈现等方面进行精心设计，以保障学习者和内容基于计算机交互的质量。在线学习通常以学习者的自主学习为主，学习者灵活地选择自己合适的时间和地点，为完成学习材料的学习，进行一系列学习活动。要确保基于学习材料的学习的发生，必须能够有效引导、监控和调整学习者的学习活动，解答学习者在学习活动中遇到的各种问题，为他们提供及时、有效的支持。同时，在这个过程中需要教师和学习者、学习者和学习者之间进行充分、自由的人际交互，而这类交互主要是通过异步或同步的基于媒体的交互实现的。

四 人际交互的重要性

基于媒体的人际交互在支持学习活动顺利完成的过程中扮演了重要角色。绝大多数情况下，学习者都处于独立学习的状态中，在进行各种学习活动的过程中，学习者与教师和其他同伴的交互主要基于计算机网络等方式。

教与学再度整合理论认为，教与学的再度整合需要通过人际交互来实现。要将时空分离的教的行为与学的行为重新整合，需要人为地创造学习过程中教师与学习者交流互动的机会，设计师生、生生相互交流和相互影响的机会（Keegan，1996）。

教与学的再度整合，需要通过精心设计的人际交互来实现。这种交流包括借助各种媒介实现的人与人的交流互动和学习材料中精心设计的模拟人际互动。教与学再度整合理论还认为，教与学重新整合的实施越成功，学习者的辍学率就越低，学习质量就越高。该理论强调在线教育中必须重新构建跨越时空的教师与学习者相互影响的情境。

除 Keegan 外，霍姆伯格提出的有指导的教学会谈理论和 Moore 的交互影响距离理论，都对教与学再度整合有独到的贡献。霍姆伯格的有指导的教学会谈理论从在线教育中教学交互的角度提出实现教与学整合的思路和策略。他认为在教师和学习者群体之间，个人感情关系有利于促进学习者轻松愉快地学习和激发他们的学习热情，在线教育中，可以通过设计优质的学习材料和展开适当的人际交互交流建立这种感情。Moore 的交互影响距离理论认为教师和学习者、学习者和学习者之间的互动，可以缩短在线教育中的交互距离（Moore，2013）。

第三章
文献综述

Creswell 提出了文献综述的组成要素，他认为，文献综述应该包括五部分内容，分别是：序言、核心自变量的主题、核心因变量的主题、核心自变量和因变量的主题、总结（Creswell，1994）。根据 Creswell 的文献综述组成要素，结合本研究的问题，本研究的核心自变量是教学设计，具体操作化为问题引导讨论设计；本研究的核心因变量是 MOOCs 情境中的人际交互。由此，本研究的文献综述思路如图 3-1 所示。

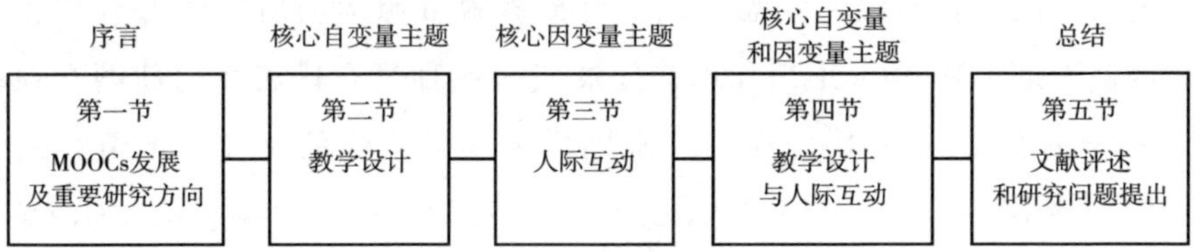

图 3-1　文献综述思路

MOOCs 的出现与快速发展是本研究开展的背景，所以第一节首先介绍了本研究的背景：MOOCs 发展及重要研究方向。第二节综述了核心自变量教学设计的相关研究，指出很多学者提出了宏观的教学设计系统，却鲜有研究关注微观层次的操作化教学设计。第三节综述了核心因变量人际交互的相关研究，指出学习理论和在线学习模型均认为交互过程中会产生有质量的人际关系，这种有质量的关系体现在两个层面——个体层面和群体层面，个体层面是建立有质量的交互（强关系），群体层面是形成学习共同体。同时指出很多研究质疑大规模开放学习环境中有效人际交互的开展，虽然这样的质疑是合理的，但缺少直接的实证调查。人际交互的重要性还体现在其与学习结果的关系上，很多研究发现人际交互对学习成绩、学习满意度、学习成就的促进作用，但大部分 MOOCs 情境下的相关研究只关注了人际交互与学习成绩的关系，而 MOOCs 作为一种非正式学习，大部分学习者并不是成绩导向的。因此，不应该将 MOOCs 的学习成功狭隘定义为获得好的学习成绩，需要多元化测量学习结果。同时，本研究还希望进一步确认人际交互对学习结果的积极影响是否同样存在于 MOOCs 这种非正式学习情境中。第四节综述了教学设计与人际交互的相关研究。虽然有学者简单探讨了教学设计对人际交互的促进作用，但大部分研究仅停留在逻辑推演或思辨层面，对两者之间的关系研究缺乏理论层面的阐释和实证方面的考察。第五节对文献进行了总结，指出已有文献的不足，在此基础上，提出了本研究的研究问题。

第一节　MOOCs 发展及重要研究方向

随着在线教育实践的积累，以及开放教育资源运动所推崇的开放教育理念的新发展，MOOCs 出现并迅速发展成为一种具有代表性的新型在线教育方式（王志军，2014），在国际范围内得到了广泛的关注。本节介绍了 MOOCs 的发展。首先介绍了 MOOCs 的发展及其特征，主要包括 MOOCs 的兴起、分类、特征，学习者群体特征，在中国的发展，在支持教师专业发展方面的国内外情况，其次指出教学设计成为 MOOCs 一个重要研究方向。MOOCs 教学设计应该充分认识到在职学习者宝贵的实践经验的价值，并提供相应的环境和机会，支持宝贵实践经验的动态生成和分享，满足学习者最真实的学习需求。

一　MOOCs 的发展及特征

1. MOOCs 释义及发展

MOOCs 的英文全称为 Massive Open Online Courses，是大规模开放在线课程的简称，学界根据发音将其译为“慕课”。MOOCs 本身起源于高校内部，美国麻省理工学院和哈佛大学于 2012 年 4 月联手创建了大规模开放在线课堂平台 EDX，美国斯坦福大学两名计算机科学教授创办了 MOOC 平台 Coursera。MOOCs 发展速度之快、影响范围之广是人们始料不及的。美国《时代》杂志将 2012 年称为“MOOCs 元年”。北京大学郭文革教授认为 MOOCs 是一个集成性创新事物，它的微视频要素创意来自以前的视频公开课，教学活动要素来自美国早期出现的异步在线课程（Asynchronous Online Course，简称 AOC 课程），大班制和免费这两个要素基本上来自互联网行业（郭文革，2015）。在过去几年中，MOOCs 迎来了数百万学习者的注册，世界范围内的知名高校、教育机构、政府等组织也均加入 MOOCs 的投资中，致力于为更多的学习者提供优质学习资源。

目前普遍被接受的 MOOCs 主要有两大类，第一类是 cMOOC，由加拿大学者 George Siemense 和 Stephen Downes 两人基于联通主义学习理论于 2008 年开发。然而发展最快的还是第二类基于内容的 xMOOC，这也是在全球范围内迅速兴起的一类 MOOCs，目前人们谈及的 MOOCs，一般是指 xMOOC。

xMOOCs 提供课程视频资源、小测试、单元测试、单元作业等学习资源，注重获得学习内容（王颖等，2013）。目前全球绝大部分的 MOOC 平台均属于 xMOOC 平台。xMOOCs 非常有结构，绝大部分课程有明确的起始时间。课程讲授以视频为主要方式，一般都是 15 分钟以内的短视频。xMOOCs 提供课程讨论区，为学习者讨论交流，以及教师答疑解惑提供平台。其实 xMOOCs 也强调社会网络学习，即鼓励学习者通过 MOOCs 论坛建立个人的知识学习网络以及社会交往网络。

2. MOOCs 在中国的发展

2012 年，MOOCs 在世界范围内呈现井喷之际传入中国。2012 年 5 月，“上海高校课程中心”平台建成。上海本地有 30 所高校加入，联盟高校推行学分互认政策。2013 年 5 月，清华和北大两所国内顶尖大学加入 EDX 平台。2013 年 7 月，复旦大学和上海交通大学与 Coursera 确立合作关系。2013 年 10 月，清华大学推出“学堂在线”MOOC 平台，该平台是目前国内主流 MOOC 平台之一。2014 年 5 月，爱课程网推出“中国大学 MOOC”平台，目前已发展为国内注册人数最多和累计选课人数最多的 MOOC 平台。2014 年 5 月，上海交通大学推出“好大学在线”平台。2015 年 2 月，北京大学和阿里巴巴集团联合推出了“华文 MOOC”平台。

3. MOOCs 支持教师专业发展

如何实现教师专业发展的规模化、经济化、效率化以满足社会、学校和教师多方的需求一直是各国教育关注的焦点（马聪，2015）。而 MOOCs 具有易于使用、费用低廉甚至免费、覆盖人群广、支持自主学习和学习资源丰富等优点（叶俊民等，2014）。因为 MOOCs 的这些优点，不少国家看到了 MOOCs 用于促进教师专业发展的契机，纷纷开始探索如何有效利用 MOOCs 支持教师专业发展/教师教育。

2013 年，美国推出了专门针对教师专业发展的 MOOC 平台——MOOCs-Ed（Massive Open Online Courses for Educators）。该平台由北卡罗来纳州立大学（NC State University）的星期五教育创新学会（The Friday Institute for Educational Innovation）创建，旨在为一线教师提供专业发展机会。截至 2018 年 7 月，该平台提供数字化学习、数学教学与数学统计、教学策略与技能三类共 17 门课程。2014 年 9 月，美国总统奥巴马宣布了“面向未来宣言”。根据该宣言，EdX 和 Coursera 公司都向全美教师提供专业发展认证课程，通过课程考核的教师可以免费获得课程证书，此系列课程共 50 门。截至 2019 年 3 月，EdX 已上线 117 门教师专业发展类 MOOCs，Coursera 上线 334 门教师专业发展类 MOOCs。英国最主流的 MOOC 平台 FutureLearn 上线了 75 门教师专业发展类 MOOCs。

中国也在积极推进利用 MOOCs 提升教师教学能力，支持教师专业发展。最具代表性是爱课程网站推出的中国教师教育 MOOC 平台（http：//tmooc. icourses. cn/），该平台是专门针对教师专业发展的 MOOC 项目，目前共有五类课程：①教学方法；②教学能力；③信息化教学；④职业素养；⑤班主任系列。截至 2018 年 2 月，该平台共发布 48 门课程。此外，还有中国教育发展战略学会教育管理信息化专业委员会联合北大未名集团开发的教师专业发展 MOOC 平台（http：//peixun. cnweike. cn/site），截至 2019 年 3 月，主要提供两类培训课程，分别是信息技术能力培训（27 门）和课堂教学培训（8 门）。与爱课程网站的 MOOC 平台提供的课程不同的是，教师专业发展 MOOC 平台中还有专门针对特定类别科目的课程，如八年级物理、中学数学等。

从学习者的角度来看，教师专业发展类 MOOCs 获得了学习者的高度参与热情，中国大学 MOOC 平台上最受欢迎的一门教师专业发展类 MOOCs 已经累计注册 25.16 万人，该平台其他几门受欢迎的教师发展类 MOOCs，每门的累计注册人数也都超过 10 万人。Coursera 平台上评分较高的教师专业发展类 MOOCs，每期注册人数都在万人以上。由此可见，全球范围内有数以百万计的教师在利用 MOOCs 实现专业发展。

4. MOOCs 特征

从资源角度看，MOOCs、视频公开课、网络精品课程、开放教育资源运动均以互联网平台为基础实现优质资源共享，均有开放性和网络化的特性。但 MOOCs 与后三者的区别主要为 MOOCs 提供的是课程，不仅是资源，其具体体现在以下三个方面：首先，MOOCs 是在教师引导下的完整学习过程，教师的引导可以提高在线学习的有效性；其次，MOOCs 以课程形式组织，这样的好处是有学习伙伴，减少孤独感；最后，MOOCs 为学习者提供互动交流的机会，鼓励支持生生互动，课程平台的讨论内容成为动态生成的学习资源（汪琼，2013）。

除上述与其他开放资源的区别外，MOOCs 还有自身独特的特征。其具有大规模、开放性、网络化、参与性等特征（王永固、张庆，2014）。

（1）大规模

MOOCs 规模之大体现在三个方面：学习者数量大、大规模交互和产生海量学习行为数据。首先是参与课程学习的学习者规模大，不同课程注册学习者数量从几千人到几万人甚至十几万人不等，实现优质资源上万人共享。其次是大规模交互，MOOCs 在线论坛将成千上万的学习者聚集在一个半同步的交互环境中，这是其区别于其他在线学习（高校内部小规模在线课程、开放教育运动等）的主要特征。在 Coursera 网站上曾有这样的宣传词：学习者在论坛中提出一个问题，五分钟之内就能得到回应。其理由是 MOOCs 课程学习者是来自全球不同时区的，每个时刻都可能有学习者在线。在 MOOCs 情境下，大规模学习者交互弥补了教师支持的缺失。最后是由于大规模的学习者参与和大规模学习者互动，MOOC 学习平台上产生了海量的学习行为数据，教育大数据挖掘和学习分析技术应运而生。近年来，教育研究者开始利用这两种技术来探索在线学习规律和特征，这也是 MOOCs 研究的热点方向。

（2）开放性

MOOCs 具有多个层面的开放特征，最直接的开放特征是没有注册门槛，对全球学习者免费开放。仅申请课程证书需要缴纳低昂费用，其他所有课程资源均免费，学习者可以无障碍获取。其开放特征还表现为突破时间和空间的限制，学习者可以自己决定何时、何地以何种方式投入 MOOCs 学习。学习者可以利用 MOOCs 在线论坛与教师以及来自全世界各地的同伴开展交流对话（Glance，Forsey and Riley，2013）。

（3）网络化

MOOCs 的网络化表现在三个维度：学习者个人学习网络、MOOCs 学习环境网络、课程资源网络（王永固、张庆，2014）。其中 MOOC 平台是基于完全在线学习方式设计的，课程内容和资源通过网络传播，教师和学习者通过网络在线工具的支持分别实现教学和学习。学习者个体学习网络主要是指学习者在 MOOC 平台上构建的社会关系网络，包括社交网络和社会学习网络。在课程资源网络维度，MOOCs 内部形成以课程教师/助教、贡献成果的学习者（交流讨论形成的生成性成果）、学习平台、课程学习资源等为节点的知识网络，知识存储在该网络的各个节点中。

（4）参与性

参与性是 MOOCs 与国内的网络精品课程、精品资源共享课，国外的视频公开课以及开放教育资源运动的重要区别之一。MOOCs 刚兴起时，不少学者认为其与之前的网络精品课程、开放教育资源运动等十分相似，并不是一种新鲜事物。但随后就有学者指出之前的优质资源共享运动学习者获得的是课程资源而非课程。MOOCs 提供的是课程，是有教师引导的完整学习过程。与之前的开放教育资源运动相比，MOOCs 的不同之处在于学习者通过在线参与课程学习活动完成学习的过程。首先，MOOCs 除了提供课程教学视频和学习资源外，还设计有教学计划、形成性评价（随堂测试、单元测试、作业互评）、总结性评价、教师助教答疑、在线交流互动等课程要素。学习者除了观看课程教学视频外，还可以根据自己的需求和兴趣参与其他课程学习活动。其次，部分课程设计了评价环节，将学习者的参与度作为评价指标，如论坛参与率，以及将随堂测验、单元测验、作业互评的分数计入最终成绩。

5. MOOCs 学习者特征

（1）MOOCs 学习者的身份和受教育程度

MOOCs 与传统大学正式课程有很多差异，首先是学习者群体不同。调查发现 Coursera 平台上 85%的学习者都已经拥有本科或以上学历（Laurillard, 2016），80%的 MOOCs 课程完成者都已经拥有本科学位（Zheng et al., 2015）。Emanuel 的研究发现 83%的 MOOCs 学习者已经有两年或四年的高中后教育（Emanuel, 2013）。Christensen 等人（2013）对宾夕法尼亚大学 20 余门 MOOCs 课程的学习者进行调查发现，62.4%的学习者为在职学习者。北京师范大学远程教育研究中心于 2013 年和 2015 年对中国 MOOCs 学习者做了两次大规模调查，发现拥有本科及以上学历的 MOOCs 学习者占比非常高，分别达到了 84%和 81.1%（北师大智慧学习研究院，2016）。需要指出的是，以上研究数据均来自 MOOC 平台众多课程数据，而不是某一门特定 MOOCs 课程数据。国内外针对 MOOCs 学习群体的相关调查研究均显示，MOOC 平台上大量的学习者并不是预期中没有获得高等教育机会的人群，他们大多已经拥有本科学历甚至研究生学历。

（2）MOOCs 学习者的学习动机

已有研究表明 MOOCs 学习者学习动机呈现丰富的多样性，但不总是指向坚持和完成。多个实证研究发现学习者的主要动机是职业发展（Balch, 2013；Kellogg, Booth and Oliver, 2014；Kizilcec, Piech and Schneider, 2013a）。Gillani 等的研究发现 80.9%的学习者学习 MOOCs 课程的主要动机是职业发展，参与 MOOCs 论坛讨论的学习者（可视为学习积极参与者）中，93%将职业发展视为最主要的学习动机（Gillani and Eynon, 2014）。以上这些数据说明学习者将 MOOCs 作为专业发展的途径或者说终身学习方式之一。有研究表明，自主学习能力强的学习者学习 MOOCs 主要以专业发展为目的。他们参加 MOOCs 学习的动机和目标主要是与他们工作情境相关的知识发展和专业技能获得，而不是传统的正式课程学习中的通过课程考试、获得学分等。他们一般将 MOOCs 学习当作一种非正式学习的机会，他们根据自身的需求选择学习或参与不同的课程内容和学习活动。他们的学习主要是围绕职业发展的具体需求（Littlejohn et al.，2016）。结合已有调查结果，有学者认为目前很多学习者已经将 MOOCs 作为专业发展和终身学习方式。为了适应这种学习需求，MOOCs 提供商已经开始从提供传统大学课程转向提供职业发展（终身学习）技能课程（Emanuel，2013）。在多个国家，MOOCs 已经被广泛应用到职前或职业培训、教师专业发展等领域（Kleiman、Wolf and Frye，2013）。EDX、Coursera 等 MOOC 平台也相继推出了专项系列课程，帮助学习者发展专业技能、实现专业发展和终身学习。

国内外数据均表明 MOOC 平台上绝大多数学习者已经拥有本科学历，且主要学习动机是职业发展。这一结果一方面有悖于 MOOCs 起初的愿景，但另一方面也为 MOOCs 持续发展提供了一个新的契机，即为在职学习者提供专业发展机会。

二 教学设计成为 MOOCs 研究的一个重要方向

MOOCs 教学一方面像其他任何一种教学方式一样，需要教师遵循基本的教学规律和原理进行教学设计；另一方面，MOOCs 教学又是一种不同于以往任何一种教学方式的新型教学方式，需要教师结合 MOOCs 本身的特征和学习者的需求进行精心且有针对性的设计（郑燕林、李卢一，2015）。越来越多的学者开始关注 MOOCs 的教学设计。如 Weiss 认为教学设计对 MOOCs 教学的质量和效果有至关重要的作用（Weiss，2013）；Meger 认为通过精心的教学设计可以提高 MOOCs 学习者的完成率和满意度（Meyer，2014）；缪静敏等认为近年来 MOOCs 进入平稳发展阶段，发展的重点是通过改进教学设计提升学习者学习体验（缪静敏等，2017）；刘名卓等认为 MOOCs 教学设计层面的研究不足，会影响其生态的良性发展（刘名卓、祝智庭，2014）；范逸洲等发现学习者关注 MOOCs 教学设计的易用性和可用性（范逸洲等，2014）。

教学设计是 MOOCs 教学成功的关键（张欢瑞等，2018；Hew，2016）。

由于在线教育教与学时空分离的本质特征，有效的教学设计十分重要，是提升学习者参与度和自主学习能力的前提条件（王胜清、冯雪松，2017）。在线课程中的学习活动设计可以为学习者的深度学习提供支持（冷静等，2017）。Hew 通过分析优秀 MOOCs 的教学设计，发现教学设计会影响学生的参与和投入（Hew，2016）。因此，如何设计 MOOCs 课程，提高学生的参与度和最终学习效果，成为在线教育研究领域的一个重要方向。

如前所述，MOOCs 学习者群体大多为在职学习者，他们的学习动机大多为实现职业发展。在职学习者带着自己丰富的教学经验和实践中待解决的复杂问题参与到 MOOCs 学习中，他们对实践问题有自己独特的认识，这种认识和理解是非常宝贵的学习资源。MOOCs 教学设计应该充分认识到这些资源和问题的价值，并提供相应的环境和机会，支持最珍贵学习资源的动态生成，满足学习者最真实的学习需求。这使得 MOOCs 实践者在教学设计阶段面临挑战，需要认真思考如何通过有效的教学设计来促进学习者的学习，帮助学习者将学习到的知识和技能应用到现实生活中，解决复杂的真实问题，进而获得专业发展。

第二节　教学设计

学界对在线教育中教学设计的重要性已经达成共识，并探索了以下三组变量之间的关系：①教学设计与学习者参与度的关系，②教学设计与深度学习之间的关系，③教学设计与学习效果之间的关系。而关于教学设计与在线教育中人际交互两者关系的研究，却更多处于思辨的层次。

一　教学设计的发展

教学设计根据对教与学中宏观因素（教育）和微观因素（教学）不同程度的关注而体现为不同的教学设计模型（Reigeluth et al.，2009）。自 20 世纪 60 年代首个教学设计模型诞生以来，已有越来越多的模型发表于教育技术和其他教育领域的文献中。虽然存在着数以百计的教学设计模型，但迄今为止它们之中仅有少数存在较大的差异（斯伯克特等，2015）。此外，教学设计模型提供了概念性工具，以可视化地展示、指导和管理高质量的教与学的材料的创造过程。适当的教学设计模型的选择能够协助实践者为特定的情境匹配特定的教学过程。因此，教学设计模型被视为能用来为教学规划提供一般性处方的组织模型，其是一种有价值的资源，能使特定的创造过程匹配特定的设计情境。

Silvern 是较有影响力的教学设计模型设计者之一，其大量借鉴了一般系统理论，总体来说比较晦涩。随后 Hamreus 开发了非常经典的两种规模的教学设计模型，即大型和微型两个版本的模型。自此以后产生了大量的教学设计模型，有研究者开始回顾日益增多的大量教学设计模型。尽管更多的学习理论和传输工具不断出现，但教学设计的关注点几乎没有改变，仍然关注从宏观系统论角度出发的教学设计模型（Reiser，2001）。

二　在线教育中教学设计的重要性

1. 在线教育中教学设计的重要性

在线教育在全球范围内普及，不少研究对比了在线教育和传统教育的效果。如美国教育部的大型调查研究发现："与那些全部参加面对面课程的学生相比，全部参加或部分参加网上课程学习的学生平均学习效果更好。"（Means et al.，2009）这份报告说明在线教学或混合式教学的教学效果可能优于传统面对面教学。而在线教育在提供灵活开放学习方式的同时，由于其教与学时空分离的特征，学习者缺乏面对面接触的机会，可能更容易产生孤单感和倦怠感，更容易放弃学习（徐颖，2016）。因此，与传统课程相比，在线课程需要更精心、更有针对性的教学设计（王胜清等，2017）。

在线教育领域的学者一致认为教学设计是在线教育成功的关键。由于在线教育教与学时空分离的本质特征，有效的教学设计尤其重要，是提升学习者参与度和自主学习能力的前提条件。网络媒体是被动的，所以教学设计者需要花费更多的精力来克服被动型这个问题。教学设计是教学成功实施的基础，内容丰富、形式多样的人际交互是教学成功实施的关键（张欢瑞等，2018）。而学者认为目前对 MOOCs 教学设计层面研究不足，进而影响 MOOCs 的良性发展（刘名卓、祝智庭，2014）。

Goodyear 提出了 ACAD 教学设计模型，将教学设计分为三个部分，分别是关注学习任务的认知设计、关注学习环境的场景设计（set design）和人际交互设计。其中，人际交互设计关注学习者与教师、学习者与学习者的交流对话（Goodyear and Carvalho，2021）。

2. 教学设计与参与度

Anders 认为在 MOOCs 教学设计中应考虑使用多种学习/教学理论，实现混合式教学设计。他提出了一种基于社会建构主义学习理论和联通主义学习理论的混合式设计，这种设计同时还强调要基于学习共同体和学习任务（Anders，2015）。

教学是以目标为导向的，教学设计就是一个将学习者的需求和目标转化为成功学习的系统设计过程（费雷曼，2008）。有效的教学设计是提升学习者参与度和自主学习能力的前提条件（王胜清、冯雪松，2017）。在线课程让学习者拥有了更多的自主权，但如果不精心设计学习活动和课程资源，学生参与度往往不高，学习流于形式，有效学习无法发生（孙莹丽，2017）。

Hew 通过分析优秀 MOOCs 的教学设计，发现教学设计会影响学生的参与和投入（Hew，2016）。好的教学设计可以重构教学，激发学习者的学习兴趣，维持学习者的学习动机，增强学习效果和学习者的学习能力。在线课程通常会提供清晰的学习路径，从在线资源使用到讨论、评价等。学习平台均配有详细的文字说明，可以提高对学习者的学习指导。

案例研究“数字化故事”MOOC（Digital Storytelling，网址 http://ds106.us/）发现基于共同体（community-based）和基于任务（task-based）的两个教学设计/教学策略提高了学习者的学习参与度，同时提升了学习者的学习效果。Bayne 等调查了 MOOCs 教学设计与自主学习之间（self-regulated learning）的关系，发现 MOOCs 教学设计会促进或抑制学习者的自主学习（Bayne et al.，2014）。

虽然已经有不少学者开始关注 MOOCs 教学设计/教学方法，但总体而言这方面的研究还十分不足（Bayne and Ross，2014）。一份关于英国 MOOCs 教学方法的综述报告指出，按照以提供内容为核心的 xMOOCs 和以建立连接为核心的 cMOOCs 对 MOOCs 进行分类，已经不能适应 MOOCs 的快速发展，目前急需从微观角度对一门 MOOC 教学设计进行分析（Bayne and Ross，2014）。

3. 教学设计与深度学习

深度学习已经成为教育研究领域的热点研究方向之一。深度学习是指在学习过程中达到的一种学习状态，主要表现为学习者有较高的积极性和较好的学习动机，在学习结果上能够实现知识的迁移进而解决实际问题（何玲、黎加厚，2005）。深度学习强调建立新旧知识之间的联系，强调知识的迁移和创新，强调对已激活的先前知识与所获得的新知识进行有效的整合加工（Jensen and Nickelsen，2010）。浅层次学习一般强调知识的机械搬运，但深度学习强调对知识的真正掌握，尤其是“举一反三、融会贯通”，能够把学习到的新知识应用到新情境中。深度学习的目的是要求学生能够解决真实世界中的非良构问题（ill-structured problems）。

从教学设计的角度看，探究促进深度学习的教学设计策略是当前在线教育的发展趋势之一。在开发优质学习资源的基础上设计合适的学习活动，可以促进学习者的深度学习。不论是传统教学，还是在线教学，深度学习都是教育者期望达到的目标。在支持深度学习的教学设计中，学习活动设计是其中最重要的一个环节。国外优秀的远程教育机构如英国开放大学、美国凤凰城大学均从重视资源设计转向重视学习活动设计。与传统课程相比，在线课程不仅提供多种媒体形式的学习资源，还设计各类测试、在线论坛、同伴互评、模拟实验室等新兴工具支持的学习活动。从在线课程的学习活动设计流程来说，学习环境分析是重要流程之一，而其中心环节是与学习者及其所在学习环境中其他同伴或群体的交流互动（冷静等，2017）。

三　教学设计的核心——学习活动设计

教学设计包括学习资源和学习活动的设计，以及各种教与学活动的实施与评价（费雷曼，2008）。在线课程中为什么需要学习活动？从理论层面来看，认知学派和建构主义学派的理论均认为，学习者的学习互动在成功的学习中扮演着重要角色。无论是深度学习（理解），还是表面学习（机械的记忆），学习者的活动都非常重要（Marton and Saljo，1976）。在实践层面，Rowntree 认为应在在线学习材料中插入“活动”的重要原因是，这些活动可以让学习者有目的地学习学习材料，如果没有这样的学习活动，学习者可能会误认为学习目标仅仅是记住呈现出来的信息（Rowntree，2002）。

学习活动可以促进学习者主动学习，在线教育的教学设计者一致认为，促进学习者主动学习是教学设计的重点。而且，总体来看，学习者也认为他们能够从学习活动中受益（Lockwood，1992）。冷静认为在线课程中的学习活动设计可以为学习者的深度学习提供支持，并归纳了三类支持深度学习的重要学习活动：自主探究、学习中的交流互动、自我反思活动。学习活动是有效学习的必经途径（冷静等，2017）。对于教学设计师来说，面对的一大挑战是能否在不同情境中，为学习者设计有意义且高效的学习活动、学习资源和学习环境（斯伯克特等，2015）。Mcdonald 和 Gibson 从教学交互的视角，将在线学习活动分为三类：提问和反馈（对应师生互动）、促进学习者之间的互动（生生互动）、促进学习者自我互动（学习者与学习内容互动）（Mcdonald and Gibson，1998）。

英国开放大学的在线课程设计是以学习活动为中心的，这样的课程使得学习者的参与度很高，教学效果斐然（黄天慧，2012）。相对于传统课程来说，在线课程由于其教与学时空分离的本质特征，面临一些挑战，如教师如何控制教学的开展，以及如何促进学习者的参与。如果仅以视频资源、文本资源讲授为主要学习活动，会存在形式单一、无法吸引学生等问题，更重要的是无法保证学习者的参与性和积极性，很难发展学习者如批判性思维等高级思维，也很难让学习者能够学以致用，解决真实世界中的实际问题。使用恰当的学习活动和学习策略可以促进学习者的深度学习，教学设计者需要根据学习者特征和课程内容特征选择相应的学习活动和学习策略，对学习活动的效果研究将有助于在线课程质量的提高。

英国开放大学因其高质量的远程教育而闻名全球，其在几十年的实践中总结了有效设计学习资源、学习活动的方法。在具体课程设计中，将预期的学习成果转变为学习活动设计，并以学习活动为主线，有效整合学习资源、课程教师、在线交流工具，以高质量的学习活动组织有效的学习过程。英国开放大学的在线教育成功的原因之一便是建立了以学习活动为中心的开放学习体系。在这样的体系中，教学设计者依据学习目标，选择最合适的学习活动，学习者通过完成这些学习活动，最终实现学习目标，达到良好的学习效果。高质量学习活动设计需要注意以下几点：①明确学习活动的类型；②明确学习活动的设计方法；③明确学习活动设计的要素；④选择不同类型的学习活动。

四　问题引导教学设计

用问题来引导学习者学习，围绕问题来组织学习，是一种非常古老的教育传统。最著名的如古希腊著名哲学家苏格拉底的教学法，通常被称为苏格拉底法或“产婆术”。该方法就是通过不断提出问题逼迫学生进行主动思考的典型。

问题引导这一教学传统一直延续到今天。同时，随着心理学、学习理论的发展，问题引导教学受到广泛重视。问题引导强调让学习者带着问题去主动学习和探索。现在很多学习理论、教学理论都明确提出了问题引导这一教学策略/方法的重要作用，并发展出了很多以问题引导为核心的成熟教学方法。除本研究在理论基础部分介绍的与社会建构主义学习理论相适应的“问题引导学习”外，在学界被广泛接受和研究的还有基于项目的学习、抛锚式教学等。

1. 基于项目的学习（Project-based Learning）

支持基于项目的学习这一教学模式的理论基础主要是建构主义学习理论和布鲁纳的发现学习理论（刘景福、钟志贤，2002）。基于项目的学习，就是在学习过程中基于某个具体的项目，由学习者自主搜集、调查和利用获得的学习资源，在实践情境学习中获得完整、真实和具体的知识。

有学者认为基于项目的学习与问题导向的学习这两者的基本学习原理是一致的，在实践中很难界定两者的区别。如基于项目的学习的开拓者奥尔堡大学，将项目定义为复杂的、真实情境下的问题或任务。吴刚认为这种对基于项目的学习的定义实际上包含问题导向学习，它是将发现现实生活中需要解决的问题作为项目的研究起始点（吴刚，2012）。但也有学者提出不同的看法，Prince 和 Felder 认为基于项目的学习与问题导向学习之间存在本质差异，他们认为问题导向学习是一个开放的学习过程。而基于项目的学习则类似基于任务的学习（Prince and Felder，2007）。

2. 抛锚式教学（Anchored Instruction）

抛锚式教学以真实的问题为基础，因此也被称为“问题导向的教学”或“实例式教学”。抛锚式教学中，确定真实的问题被形象地比喻为“抛锚”（何克抗，1997）。该教学方法的重要目标是让学习者处于一个真实的问题情境中，激发学习者的学习兴趣及主动性，并通过学习共同体中成员之间的对话、交流，在学习者的主动学习过程中创造生成性资源，让学习者亲身体验从确立目标到实现目标的完整过程（王文静，2001）。

总而言之，抛锚式教学在教学中以真实情境中的问题作为“锚”，为教与学提供一个宏观情境。抛锚式教学有两条重要的设计原则：一是“锚”应该是真实的问题，或者说需要构建一个真实的学习情境；二是课程设计应该给学习者自由，允许学习者自主探索教学内容（郑东辉，2004）。

第三节 人际交互

一 在线教育中人际交互分类

远程教育发展过程中，研究者和实践工作者都非常关注交互，其中一些研究者对交互类别进行了细致研究，比较有代表性有 Moore 的三种核心交互类型、Laurillard 的学习会话模型（适应性交互和会话性交互），以及陈丽的教学交互层次塔理论。其中，Moore 提出的三种核心交互类型因简洁且容易理解被广泛引用，为后来交互研究的深入和发展提供了重要的基础。

Moore 于 1989 年提出了交互分类理论（Moore，1989），该理论根据信息的发送者和接收者将交互划分为三种类型：①学习者与学习内容的交互；②学习者与教师的交互；③学习者与学习者的交互。该理论不仅关注了人际交互，还关注了人与物（学习内容）之间的交互。后来有多位学者对 Moore 的交互理论进行了发展和完善，较有代表性的是 Sutton。Sutton 在 Moore 的基础上定义了另一类人际交互：替代性交互。Sutton 认为当一个学生认真地观察和经历其他两个学生或其他学生与教师之间的交互时，这种替代性交互就发生了（Sutton，2001）。这种自我对话或者内部对话是否可与其他可直接观察到的交互等同还存在争议。但总体而言，Moore 的交互分类理论是后续远程教育交互理论研究的重要基础。

Moore 将以前仅限于人与人之间的交互扩展到人与非人生命体的交互，将人际交互分为学习者与教师的交互以及学习者与学习者的交互。本文借鉴 Moore 的交互分类方法，将人际交互定义为在线学习情境下学习者与同伴、教师（包括助教）的人际交互，不包括人与物、学习环境的交互。除以上分类方式外，教育技术领域还有一种被广泛接受的交互分类方式，该分类方式基于社会学习理论，该理论认为“学习过程本身就是一个交互的过程”，学习者通过“个性交互”与“社会交互”来实现知识的增长与情感的维系，有效的社会交互可以促进学习者个性交互（陈丽、仝艳蕊，2006）。其中社会交互是指学习者与教师、学习者与学习者的人际交互，个性化交互是指学习者与课程学习内容的交互，人际交互可促进学习的发生（高文，2002）。

二　在线教育中人际交互的重要性

在线教育之所以有较高的辍学率，主要原因就是学习者长期处于孤独之中，没有一种学习团体感，缺乏同伴之间的鼓励（汪琛，2003）。

1. 人际交互与学习

知识获得过程是积极的知识建构和交流过程（Reigeluth，2013）。米德认为，人们是在与他人交流互动的关系中找到意义的，而有意义的学习发生在人与人的互动交流过程中，因此教学的重点应该是师生、生生的互动，而不是知识的简单传授和灌输。积极的互动可以产生有意义的学习，互动的结果是经验的获得（刘圆月，2012）。在线课程的教学设计必须考虑为学习者提供交流合作的机会，以确保学习者获得较好的在线学习体验（Oliver，1999）。

交互问题是远程教育和在线学习中最重要、最突出的。Garrison 认为“在线教育领域的核心关注点是教师和学习者是如何互动的”（Garrison，2011）。增加师生之间、学习者之间的互动机会是远程学习取得成功的关键因素之一（Maria，1996；Moore，1989；Wagner，1994；Woo and Reeves，2007）。在线学习可以通过社会化互动（人际交互）提升参与性。在传统教学中，由于课堂时间有限，师生、生生之间面对面交流的机会并不多，而在在线教育中，学习者可以通过在线论坛等工具开展交流互动，因而大大增加了师生、生生之间的交互，有利于激发学习兴趣（王胜清、冯雪松，2017）。

人际交互对学习者成就和学习满意度有积极的影响（Bernard et al.，2009；胡勇，2011；王陆，2009），其影响取决于交互的强度（Castaño-Muñoz et al.，2013）。Anderson 认为人际交互会影响学习者的在线学习满意度（Anderson，2003）。在线学习者会因为缺乏与教师和同伴之间的交互产生厌学、焦虑、孤单和无助的负面情绪和学习体验，最终导致辍学（陈义勤，2008；王志军，2012）。赵勇等对影响远程教育研究因素的研究进行元分析后发现：人际交互是影响远程教育效果的关键因素（Zhao et al.，2005）。多名国际在线教育专家认为，"互动与学习共同体中的交流"是最重要的研究主题（Zawacki，2009）。可以说几乎所有文献都肯定了交互在远程/在线教育中不可缺少的重要作用。

再者，在线教育对人际交互非常重视，其中很重要的另一个原因是现在多元化的交互媒体允许学习者之间、师生之间通过各种异步和同步交流工具进行超越时空限制的交流对话。根据 Muirhead 和 Juwah 的观点（Muirhead and Juwah，2005），互动有助于通过社会对话，促进一对一、小组或者学习共同体内部的主动和参与式学习；能够有效地满足个体学习者的需要和以不同的学习风格促进学习，允许学习者投入学习过程，同时主导和控制他们的学习过程；允许发展高阶知识和能力，如批判性思维能力、决策制定能力和反思能力等，提供教与学过程的有效反馈，提升学习体验的质量和标准。

2. 不同类别的人际交互与学习效果

如前文所述，在线教育领域，学者们对在线教育中交互的分类基本达成共识，均采用 Moore 的三种分类法：学习者与学习内容的交互、学习者与教师的交互、学习者与学习者的交互。那么在后两类人际交互中，哪一种交互对学习起到了更重要的作用？不少学者针对这一问题展开了研究。

Bernard 等采用元分析的研究方法分析了 1985 年到 2006 年符合标准的 77 个在线教育交互研究，发现在两类人际交互中，学习者与学习者的交互在学业表现和学习态度两方面都表现出更高的价值（Bernard et al.，2009）。

Anderson 在 2003 年提出了等效交互理论，该理论包括两个核心观点。①三种类别的交互（教师与学习者、学习者与学习者、学习者与学习内容）中，只要有一种处于较高水平，即便其他两种形式的交互处于低水平，也能够支持深度的有意义的正式学习，不会降低学习者的学习体验。②这三类交互中，超过一种以上的交互处于较高水平将有可能带来更满意的学习体验（Anderson，2003a）。第一个核心观点在于阐释教师与学习者、学习者与学习者、学习者与学习内容这三种交互在价值上的等效，即交互质量。比如缺乏学习者与教师的交互，且学习材料质量也不高，但学习者仍旧可以通过和其他同伴之间的高质量人际互动来获得良好的学习效果。

三　在线教育中学习共同体研究

对 19 位国际在线教育专家的调查发现，在对在线教育的研究主题重要性的评价中，"人际交互与学习共同体中的交流"是所调研的 15 个研究主题中最重要的问题。Shackelford 和 Maxwell 调查了在线学习者所感知的有价值的 7 类师生互动，其中教师示范、支持和鼓励、促进讨论、多种交流模式、要求参与是社区意识模型中最具预测性的交互类型，并且教师示范被认为是促进共同体意识（sense of community）形成最有效的策略（Shackelford and Maxwell，2012）。Rovai 等（2005）的研究发现共同体意识和讨论之间有密切的关系。Drouin（2008）做了一项严谨的研究，研究发现"共同体意识的培养主要是通过学习者之间的沟通，师生互动未必能培养学习者在网络学习环境中的共同体意识"。Stahl 批评研究者试图减少过程数据，并且将交互视为一个可计量的实体，他认为应该同时在个体和群体层面捕捉交互的过程和交互的结果（Stahl，2002）。

在线学习共同体研究成果已经十分丰富。在理论方面，研究者主要关注在线学习共同体的特征，以及在线学习共同体的构成要素（Zawacki-Richter，2009）。

1. 在线学习共同体特征

Lewis 等（Lewis and Allan，2005）认为，在线学习共同体一般具备以下特征：学习者有共同的学习目标或基于共同的实践问题，有共享的学习资源，希望通过合作完成学习任务，聚焦真实世界中的实际问题，成员具有高度自主性，共同体内部有积极的交流互动，成员愿意共享知识和有用的信息，共同完成知识建构，使用合适的交流工具。

Matusov 等（2005）认为在线学习共同体有五个关键特征：①学习者之间具有共同的讨论话题；②学习者能够把他们的生活经验有机整合到在线学习共同体的实践中；③从问题性的角度看，学习者能够确定和解决与实践工作相关的问题；④从交流的角度看，学习者通过交互进行对话，不论这种对话是对其他同伴观点的支持、反对或细化；⑤学习者可以选择讨论内容。

如何判断学习者在人际交互的过程中形成了在线学习共同体？Palloff 等（2007a）认为以下指标可以作为参考：①学习者紧紧围绕课程内容开展积极的交流互动；②以学习者之间的交互作为证据的合作学习；③对他人的观点进行比较；④共享有用的信息和资源；⑤在交流中向其他同伴表达支持和鼓励等积极情绪，能够对他人的学习进行恰当的批判；⑥进行反思式实践。随着社会网络分析在在线教育的人际教育研究中的广泛使用，不少学者还借助网络结构来判断学习共同体的形成，如 Wise 和 Cui（2018）、Poquet（2017）。Poquet 在前人的基础上，进一步指出需要重点关注学习共同体内部的人际交互强度，即强交互（学习者与固定同伴之间的频繁互动）是学习共同体形成的基础。

从以上几位专业学者的研究可以发现，关于在线学习共同体的特征，研究者共同强调的几个特征是积极的人际交流/对话，信息和知识的共享，共同的话题或目标。

2. 在线学习共同体构成要素

Schwier 以及 Palloff 等研究者对在线学习共同体构成要素进行了长期系

统的研究。Schwier（2001）将身份、相互依赖、多元化、参与等多重传统（线下）共同体的重要要素复制到在线学习共同体。其中，身份是指共同的身份：成功的共同体能够界定清晰的边界——共同的身份或公认的焦点。共同体的一大功能就是提供社会强化，社会强化是共同体中那些通过共同价值观、规则和兴趣努力所形成认同感的成员，通过努力自然形成的积极结果。共同体的建立和维持依靠参与者之间的相互依赖。同时，在线学习共同体中学习者必须参与交流互动才能证明自己的存在。技术能促进或者抑制学习共同体的发展，技术为共同体成员提供了交流通道，但技术也可能阻碍交流，如阻挡了那些不会使用技术的学习者。

Palloff 等（2007）提出了在线学习共同体模型，如图 3-2 所示。其中人是在线学习共同体的核心要素，在线共同体需要包括学习者和教师的参与。目的和规则是在线群体建立共同目标和实现目标的基础，包括共同的学习目标、制定好的参与和分享的有关规则等，而最关键的是同意遵守这些规则。此外，过程还包含一个允许反思/转化学习、实现知识的意义建构的情境，在线学习在这样的情境中发生，因此类似的社会性情境也是在线学习过程的关键要素。

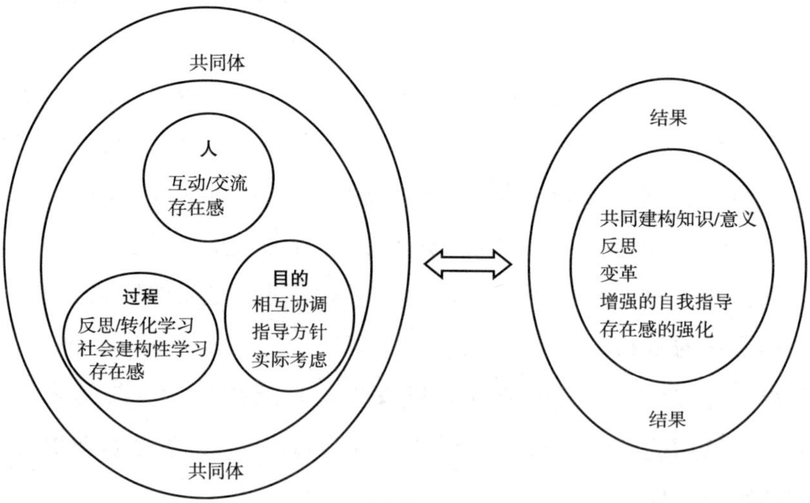

图 3-2　在线学习共同体要素

尽管学者们提出了不同的学习共同体特征和构成要素，但几乎都强调积极的交互、信息的交流和共享、共享的目标、共同身份建立等。Poquet 指出共享目标和共同身份建立需要建立在强交互基础上，强交互主要表现为持续性交互或频繁交互（Poquet，2017）。不论是在线学习共同体的特征，还是在线学习共同体的构成要素，都强调了人际交互对学习共同体建立的重要性。因此，对人际交互的分析是研究在线学习共同体的一把钥匙。

3. 学习共同体和社会网络的相互作用

Wenger 等认为群体学习包括两个密切联系的部分：学习共同体和社会网络（Wenger et al.，2011）。学习共同体创造了集体学习的情境，其通过个人学习和群体学习，实现共同的目标，其学习价值源于通过发展集体目标推动学习的发展。其挑战在于需要持续的认同和参与。

社会网络是通过个人和群体交互实现的有用连接，网络中流动着知识和信息，学习者们聚在一起，共同发挥个人智慧、集体智慧，完成问题解决、知识构建的过程。学习共同体和社会网络会相互作用，学习在这个相互作用的过程中被逐步增强。社会网络的学习价值体现为提供了丰富的观点、对话、反思、互帮互助的信息资源，但它同时具有噪音过多、过于扩散等缺点。社会网络中的学习要求学习者具备较强的方向感，能区别出重要信息和噪音（Wenger et al.，2011）。

学习共同体和社会网络都可以促进学习，且两者相互依存，共同影响学习效果。学习共同体是一群志同道合的学习者聚在一起，围绕共同目标，开展积极对话交流，实现身份认同。为了发展共同体内部的信任和维持积极情感，需要思考学习者为什么聚在一起？他们能够从共同体（同伴）中学习到什么？在共同体中学习能达到怎样的效果？而社会网络是实现人与人之间的连接，通过强化现有的连接，不断加入新的连接，实现网络的扩张和增加网络的多样性。

社会网络分析（SNA-Social Network Analysis）被广泛应用于在线交互研究。其中“社会网络”这一术语相应地被广泛使用，但在不同的研究情境中有不同的含义。Wenger 等（Wenger et al.，2011）认为学习是在学习共同体和社会网络相互作用的过程中被逐步增强的。他们还总结了研究者对

“社会网络”这个概念的不同指代，指出从社会学习的角度来看，社会网络和学习共同体分别指代社会结构的不同方面：社会网络关注信息流通，学习共同体则关注在共享实践领域的身份建立。进一步说，所有的学习共同体都可以用网络结构表征，但并不是所有的网络都是学习共同体，学习共同体对交互行动者的关系强度或质量有所要求。社会学研究中同样区分网络关系强度，如建立在个人信任和情感基础上的强关系，仅是用于信息传递的弱关系。关注信息流通的社会网络并不强调强关系，且加快信息流通的方式是建立异质性连接，即弱关系连接。而关注共同目标和身份建立的实践共同体则需要强调强关系。因此，当使用“社会网络”这一隐喻来表征不同学习时，需要区分网络中关系的强弱。

四　人际交互的分析方法——社会网络分析

社会网络分析被众多研究者用于分析关系数据，如朋友网络、找工作网络、家族网络、国家网络等。社会网络分析已经被广泛应用到在线教育的人际交互分析研究中。学者们认为与其他用于分析人际交互的研究方法相比，社会网络分析法提供了一些崭新和重要的信息（Haythornthwaite，2000；Palonen and Hakkarainen，2013）。使用社会网络分析方法来剖析在线人际交互是适当的（Russo and Koesten，2005）。

1. 无权网络和加权网络

在网络理论中，如果节点之间的边是等权重的，则该网络是无权网络（unweighted network）或简单网络（simple network）。无权网络只考虑拓扑结构，节点之间的关系是二值的，即有连边（值为 1）和无连边（值为 0）。如果一个网络中代表节点之间关系的边不是等权重的，则该网络是加权网络。

加权网络是复杂网络研究的一个重要分支，边权重的异质性有助于刻画复杂系统的各种特性。但长期以来，很多学者直接抛弃连接的强度，使用阈限值将加权网络变为二值无权网络后再进行研究（姚尊强等，2012）。目前学者们普遍认为无权网络简化了实际网络系统的复杂性，这种简化虽然有利于抓住网络拓扑结构特征，却忽略了一些重要的信息，如连接的强度（Newman，2004；Li et al.，2005）。现在学者们普遍认同网络加权的必要性，认为无权网络只能判断节点之间是否有相互关系，但是在很多情况下，连接强度的异质性往往是某些社会网络系统的重要特征，换言之，节点之间相互关系强度的差异起着至关重要的作用。更进一步，社会学研究发现，社会网络中的个体之间存在强、弱两种连接，并由此发展出了两个竞争性的理论，强关系理论和弱关系理论（结构洞理论）（Granovetter，1973）。同时，学者们也在各类网络中发现了连接强度的差别，如科学家之间相互合作的次数分布是异质的（Newman，2001），

社会网络分析方法被广泛应用于在线教育领域的人际交互研究。经过国内外学者不断努力，该领域取得了丰硕的研究成果（王永固，2014）。但绝大多数利用社会网络分析法研究在线人际互动的文章，并未考虑人际交互强度，将在线人际交互网络视为无权网络，简单地将节点之间的关系分为有连边（值为1）和无连边（值为0）。

社会网络分析是一种新型的关系数据研究方法，被很多社会科学研究者应用到研究中。社会网络分析法可以帮助研究者分析人际交互过程中形成的交互结构、整体交互水平，发现学习者的位置以及学习过程中的学习共同体和核心参与者、边缘参与者等。社会网络分析法在使用中存在一些局限：第一，社会网络分析法关注人际交互的数量，难以测量人际交互的质量；第二，缺乏应用性框架描述人际交互中的强连接（强关系）和弱连接（弱关系）（王志军，2014）。在同为互动的关系内，互动次数的不同，对于学习交流的影响也是不一样的。

2. 社会网络指数随机图模型（ERGM 模型）

社会网络指数随机图模型（Exponential Rondom Graph Models，后简称 ERGM 模型）是一类社会网络统计模型，可以用于解释网络关系的出现与不出现，为分析社会网络结构提供了一个模型。ERGM 模型正在迅速成为公认的社会网络分析的核心方法之一（鲁谢尔等，2016）。社会学家试图从不同的角度解释社会网络关系的动态变化，认为影响社会网络中关系的形成主要有两大类效应：内生效应和外生效应。

内生效应专注于以内生关系为基础的效应模型，该模型认为个体间关

系存在与否会受到周围邻居的其他关系的影响，邻居由主要的依赖假设来决定。这些内生效应代表了网络自组织过程，最常见的内生效应有互惠性、三元传递性。

外生效应包括社会选择模型和社会影响模型。社会选择模型详细阐述了社会关系和行动者个人属性之间的相关关系（Lusher et al.，2013）。最常见的社会选择的外生效应为同质性（网络关系倾向于在相同属性的个体之间发生）。社会选择模型需要在模型中引入节点属性，把属性效应作为伴随内生自组织机制的外生过程来处理，假设外生效应是固定的，因此是与自组织系统不相干的。例如，对于社会网络中的每个行动者，行动者属性既包括固定的变量（如性别），又包括容易变化的变量（如态度）。性别变量是外生的，因为它可能会影响网络关系结构，反过来则不成立（即研究者不能预期网络关系的存在会影响行动者的性别）。行动者属性可以是关于节点的任何相关测量。它们可能包含真正的不可改变的属性（如出生地），或改变缓慢或很少改变的属性，在研究情境中，它们实际上可以看作固定的（如横截面研究中的年龄）。因此，社会网络研究中研究的问题是，这些行动者属性是否影响社会网络关系的存在。这是一个“社会选择”问题：行动者彼此选择建立社会网络关系取决于他们的属性。类似于回归分析，属性是网络关系的解释变量。

外生效应中的社会影响模型用于处理伴随着社会选择，可能存在的“社会影响”过程。如社会网络关系的形成可能影响行动者的态度和行为，人们可能被网络中同伴影响而改变他们的观点和行为。但研究者不能从横截面数据中轻易地辨别出影响效应和选择效应。因此，在 ERGM 社会选择模型中，如果行动者的某个属性是可能变化的，研究者一般还是把它当作社会网络关系的解释变量。如果看到一个属性效应显著，就有证据表明行动者属性与网络关系之间存在关联，但不能做出可信的因果推断。因此，仅通过横截面数据不能确定观察到的效应是选择效应还是影响效应。如果要将选择效应从影响效应中区分出来，需要收集纵向数据，同时使用其他分析方法（Robins et al.，2001）。

如回归模型一样，ERGM 模型中控制变量也是重要的。有时要做出关于属性过程（如同质性）的推断，仍然需要在模型中引入内生关系效应以契合数据中的依赖关系，由此可以做出合理的推断。因此，同时具有外生属性效应和内生关系效应的模型可以两种方式来看：如果关注的是属性选择效应，那么要控制内生网络关系过程；如果关注的是网络结构，则要把属性变量作为选择效应的控制变量。因为社会选择模型研究关系与属性之间具有关联性，因此，学界经常把基于属性的效应称为“行动者—关系效应”，以强调两种类型变量之间这方面的联系（Lusher et al.，2013）。属性变量可作为网络关系变量的外生解释变量，同时网络变量之间也存在依赖。

五　人际交互的测量指标

对人际交互水平的研究是研究者关注的重点之一。虽然从社会网络角度从事教育情境下师生、生生交互的研究不断增加，但其历史并不长。已有研究中，主要通过人际交互数量和人际交互质量两个维度对人际交互水平进行测量。人际交互数量的测量通常有两种方式：①发帖量；②社会网络分析法测量个体网络（ego-network）的中心度指标（王陆，2009；胡勇，2011）。在社会网络分析方法被应用于在线教育的人际交互研究前，研究者通常使用发帖量这一简单测量指标。

点度中心度是被广泛用于测量人际交互数量的指标（Joksimović et al.，2016；张婧婧等，2016）。点入度被很多研究者视为测量威望（prestige）的指标，另一些学者认为其是社会资本的一个表征指标（Russo and Koesten，2005；Golbeck，2013；Saqr et al.，2018）。

学习者个体与另一个体之间的交互频率可以表征人际交互关系的强度（Poquet，2017）。从个体网络视角来看，可用边权重作为测量人际交互强度的指标（Ullrich et al.，2010；Poquet，2017）。深层次的交互关系需要依靠次数。如果简单将点出度中心度等同于学习者主动给其他学习者发出的帖子总数，会遗漏重要信息。用一个例子来表示。学习者 S 主动向其他学习者发出 5 条帖子，但这 5 条帖子的接收对象均是 T。另一位学习者 R 同样主动向其他学习者发出 5 条帖子，但这 5 条帖子的接收对象均不相同，分别是 A、B、C、D、E。在这个例子中，实际上 S 仅与 T 一人建立了人际交互，但这个交互强度较强，为 5。而 R 则与 A、B、C、D、E 五人建立了人际交互，但这些交互强度很弱，均为 1。但在利用社会网络分析法研究人际交互的研究中，大部分研究都将有权网络简化为二分值的简单网络，忽略了个体与个体（pairs）之间的交互频率。已有大部分研究在使用社会网络分析方法分析人际交互时，忽略了人际交互的强度，而 Poquet（2017）认为人际交互的强度表征了互动/人际关系的质量。

人际交互质量的测量主要采用内容分析的方法，分析帖子的知识建构层级，最常使用的模型是 Gunawardena 的互动分析模型（Gunawardena et al.，1997）。但是该分析模型有明显的缺点，该模型依赖于多人（至少两人）进行人工编码，因此仅适用于帖子数量不多的研究情境。换言之，该方法不适用于本研究 20 多万条帖子这样的大数据情境，因为其无法通过人工编码完成。

随着计算机技术的不断发展，自然语言处理方法被应用于在线人际交互研究。如 Wise 和 Cui 利用自然语言处理方法将 MOOCs 论坛中的帖子分为两类：课程内容交互、非课程内容交互（Wise and Cui，2018）。哈佛大学 Reich 利用观点挖掘主题模型，分析学习者学习动机，识别学习者讨论主题（Reich et al.，2015）。Yang 等使用 MOOCs 论坛中的帖子内容预测学习者的流失（Yang et al.，2014）。

学者们还对在线讨论的主题开展了研究，在线教育需要了解学习者在线讨论围绕哪些主题展开，以及这些讨论主题与课程内容是否相关、学习者是否在闲聊。已有研究发现在线讨论紧紧围绕课程主题展开（Jeong，2004；Matusov et al.，2005）。不过也有研究者发现，学习者将在线论坛视为闲聊场所，不少学习者通过对话进行的社交活动与课程主题没有任何关系。王广新和单从凯在分析课程论坛内容和访谈师生的基础上发现，在线讨论中存在偏离学习目标的漂移现象，包括问题讨论缺乏深度、讨论活动偏离主题轨迹、讨论内容有大量冗余信息，以及有与主题缺乏关联的无聊话题等（王广新、单从凯，2007）。但这些研究均是在传统的小规模在线教育情境中开展的，研究者通过人工查看帖子的方式考察讨论是否围绕主题。这种方法在大规模开放课程研究中显然不适用。

六　MOOCs 情境中的人际交互相关研究

Khalil 和 Ebner 发现人际交互是影响 MOOCs 高辍学率的重要因素之一（Khalil and Ebner，2014）。由于大量人际交互数据的可获得性以及人际交互的重要性，MOOCs 中的人际交互近年来受到国内外研究者的普遍关注。

1. MOOCs 中学习共同体研究

有学者认为 MOOCs 课程中缺乏对在线讨论区的有效管理，学习者被淹没在讨论区的海量信息中，无法保证同伴间的持续交流对话，难以开展有效的人际交互（Khalil and Ebner，2014；Waite et al.，2013）。有研究者将 MOOCs 论坛上的学习称为“茫茫人海中的学习”（learning in crowds），认为学习者只有具备较好的学习技能才能避免迷航（Milligan，2015）。Gillani 等认为 MOOCs 论坛中学习者个体间的联结非常松散，他们分散地开展讨论活动，并未形成学习共同体（Gillani and Eynon，2014）。而 Wise 等则发现学习者在 MOOC 平台上围绕课程内容的交互网络已经初步具备学习共同体的特性（Wise and Cui，2018），Poquet 也发现四门 MOOCs 案例课程中形成了学习共同体（Poquet，2017）。关于在 MOOCs 学习情境中是否能开展有效互动，形成学习共同体，已有研究结论不一致。

已有研究发现不论面对面情境还是在线学习情境，学生规模都会影响学生学习结果，同时还会影响学习共同体的形成和发展（Mathis，2017；Rovai，2002；Tomei，2006；Vrasidas and McIsaac，1999）。在正式在线学习情境中，研究者推荐的班级人数平均规模为 22 人（Orellana，2009）。学习小组的规模会影响人际交互质量，包括学习者的舒适度、彼此的熟悉程度、隐私意识等（Tu，2002；Tu and McIsaac，2002）。Rovai 提出利于有效人际交互形成的最大师生比为 1∶30。而 MOOCs 注册人数的中位数（43000 人）远远高于正式在线教育情境中推荐的班级人数（Jordan，2014）。鉴于 MOOCs 与正式在线课程中学习者规模的巨大差异，对 MOOCs 中无法有效开展交互并形成学习共同体的质疑是合理的（Miyazoe and Anderson，2013）。

在线教育中班级规模的重要性主要表现于它会影响交互数量。当交互人数和帖子数量过多时，学习者相互熟悉会更加困难。而 Tu 发现在线学习班级中学习者之间的熟悉程度非常重要：如果彼此熟悉，学习者会更加友好，更愿意自我暴露身份，随着课程的开展，学习者更加熟悉彼此，信任和情感成分也会逐渐增加（Tu and McIsaac，2002）。陈丽基于中国成人在线学习者的研究发现，成人学习者倾向选择比较熟悉的个体进行交互（陈丽，2004）。有学者进一步指出信任关系是建立在线学习共同体的基础，“在线共同体的形成、维持和发展首先需要学习者建立起信任关系，并在此基础上发展出社区感和归属感。很难想象学习者会在一个缺乏信任和相互关怀的学习环境中坚持下去”（胡勇、殷丙山，2012）。还有研究发现，高校在线课程学习初期，学习者感到迷茫和沮丧，原因在于他们不知道交互双方的身份，也不理解讨论内容（Knox，2014）。

MOOCs 还存在“资源泛滥”问题，很难找到一条在线交互的路径，导致遇到学习困难时，学习者无法获得及时的在线帮助（Boyatt et al.，2014；Hew and Cheung，2014）。Knox 描述了一些 MOOCs 学习者的学习经历，部分学习者表达了被淹没在大量信息中的困惑（Knox，2016），这种困惑源于 MOOCs 学习者规模以及交互帖子数量。Kop 等基于 cMOOCs 的研究也质疑学习者能否在大规模教学情境中找到学习伙伴并建立个人关系（Kop et al.，2011）。基于 MOOCs 论坛的研究也认为大规模讨论限制了学习者建立个人关系的可能性，如 Gillani 等指出 MOOCs 论坛中的大部分联系仅是很脆弱的松散联结，并不表示强交互或强关系（Gillani and Eynon，2014）。得到这样的结论源于该研究案例 MOOC 课程的学习者交互网络十分稀松，学习者参与度也较低。他们进一步指出，学习者在 MOOCs 论坛上像人群一样聚集和散开，并未形成学习共同体。他们观察到学习者的交互大多是间断、非持续的，表现为课程不同时期论坛参与者的异质性。此外，考虑到 MOOC 平台对讨论的限制，不少研究尝试在 MOOCs 中引入在线合作学习活动促进学习者之间的交流互动（Lim et al.，2014；Collazos et al.，2014）。

Wenger 等（2011）指出社会网络的学习价值源自其提供了丰富多样的观点、对话、调查反馈和相互帮助的信息资源，但它同时具有噪音过多、过于扩散等缺点。社会网络的挑战在于需要每个个体都具有很强的方向感，能区别出重要信息和噪音。Milligan 等（2016）认为只有极少数 MOOCs 学习者具备在 MOOCs 大规模交互中找到学习方向的能力，并进一步从交互中受益。

在目前的 MOOCs 研究中，“社会网络”仅表征社会网络结构而忽略了关系质量。几篇关于学习共同体发现的研究，均是运用数学算法发现学习共同体（即发现连通的网络），未考虑关系质量。如 Brown 等（2015）用 Girvan-Newman Edge Betweenness 算法探索了 MOOCs 上的学习共同体，并发现学习共同体形成与学习成绩有关系，还使用“会员”这一术语指代学习共同体成员。Gillani 等（2014）认为 MOOCs 论坛中学习者个体间的联结非常松散，他们分散地开展讨论活动，并未形成学习共同体。但 Kellogg 等人（2014）的研究发现 MOOCs 学习者可以形成同伴互助共同体；Wise 等（2018）区分了内容交互和非内容交互，利用网络分析方法探索了课程内容交互网络和非课程内容交互网络的差异，发现两类交互参与成员有较大差异。其中内容交互网络中学习者与同伴存在更多重复交互，发现学习者在 MOOC 平台中围绕课程内容的交互网络已经初步具备学习共同体的特性。尽管研究结果不一致，但以上研究均将学习共同体视为连通的社会网络结构，根据社会网络是否连通判断学习共同体是否形成。笔者认为应该在利用社会网络分析发现子群或社区的基础上，考察学习者之间的人际交互质量、学习者讨论主题内容等表征交互质量的指标。

Kellogg 等人（2014）的研究发现 MOOCs 论坛中学习者交互网络的特征是形成了一个紧密联结的中心小群体，但大部分学习者则会处于交互网络的边缘。该研究中描述的交互网络特征与实践共同体特征非常相似。实践共同体的典型特征是活跃参与者组成了一个核心小群体，其他大部分参与者处于边缘位置，很少参与互动。范逸洲等对重复学习者的研究也揭示出实践共同体的某些特征。具体来说，在他们对重复注册者的访谈中，有学习者将 MOOCs 描述为一种生态，认为这种生态中有新老学员，形成“一块学，互相支持的生态系统”。被访者在获得优秀成绩后仍反复注册学习，目的是查看论坛上同伴的发言和新的观点，以及帮助遇到问题的新手（范逸洲等，2018）。张婧婧等通过语义网络分析与文本分析发现 MOOCs 的“重要参与者”在论坛中起到了信息流的桥梁作用，且彼此之间形成了小群体，他们的讨论内容大多与课程密切相关。这些“重要参与者”之间形成了一个连通的小子群，显示出学习共同体的特征（张婧婧等，2016）。一篇发表在 *Nature* 上的研究通过分析大规模在线学习中的生生交互，发现学习过程中“富人俱乐部”（rich club phenomenon）现象的存在。那些频率高、强度大的交互基本都维持在一个小群体中，该小群体从课程开始第一周就已经形成。小群体内部学习者之间的交互通常质量较高，表现为持续性交互。而学习成绩相对较差的学生在该小群体形成后尝试加入，却无法得到回应，表现为短暂性交互和社交性质的交互（Vaquero and Cebrian，2013）。孤独感和缺少人际交互是引发 MOOCs 学习者退出课程的重要原因（Khalil and Ebner，2014）。

Poquet（2017）将 MOOCs 论坛参与者分为三类：偶尔发帖者（occasional posters）、规律发帖者（regular posters）和核心发帖者（core posters）。她的研究发现核心发帖者形成了学习共同体，证据是他们之间存在频繁的互动，且讨论围绕同一个主题。Wise 等利用自然语言处理方法区分了课程内容交互和非课程内容交互，进而利用网络分析方法对比内容交互网络和非内容交互网络的特征，发现两类交互参与成员有较大差异。其中内容交互网络中学习者与同伴存在更多重复交互。进一步分析发现，在关于课程内容的交互网络中存在一群学习者，他们在交互网络中紧密联系，表现出初期学习共同体特征（Wise and Cui，2018）。Wise 与她的同事在多篇文章中都区分了课程内容交互和非课程内容交互，他们认为课程交互与学习直接相关，直接促进学习者认知发展。但有学者认为那些虽然并不直接指向学习任务/学习内容，但是对建立一个友好而宽松的共同体氛围具有重要作用的交互也是有意义的，这些交互可以帮助学习者建立信任关系，并在此基础上发展出社区感和归属感，对学习共同体的形成、维持和发展均有积极的意义（胡勇、殷丙山，2012）。

学习共同体不是简单地把许多人组合起来为一个任务学习，学习共同体的形成不仅需要信息的流通，还需要以下基础：学习者之间建立个人关系，在共享实践领域建立身份。这些基础需要通过持续的交互和共同感兴趣的交互内容作为基础。已有 MOOCs 学习共同体相关研究更多关注交互网络的结构，用数学算法机械地发现网络上连通的子群，将可视化后连通的子群等同于学习共同体而忽略了交互内容（交互质量）。此种概念替换使得目前 MOOCs 学习共同体相关研究中得到的结论值得质疑。

从以上文献可以发现，不少研究者认为 MOOCs 学习者和帖子的规模、数量均限制了学习者之间有质量的人际交互形成。如学习者的参与是间断的，表明学习者熟识同伴的机会很少。但是，以上这些研究很少直接考察 MOOCs 论坛中人际交互的质量，大多是通过学习者个人学习经历描述、交互网络结构特征等间接方式开展研究。再者，交互网络研究并未考虑学习者参与论坛交互的差异，将所有学习者视为一个整体来考察。MOOCs 学习者由于个人特征、学习风格、学习动机的多元化，参与行为也会有很大差异。当将所有学习者视为一个整体而不加以区分时，容易忽略一些掩藏在整体全貌下的群组特征。

2. 影响 MOOCs 人际交互的因素

此外，不少学者还探究了影响 MOOCs 人际交互的因素。目前已有研究中发现的影响 MOOCs 中人际交互的因素有八个方面。①互动参与者的特征，主要是参与者的学习动机和学习目的（Yuan et al.，2013）。②社会网络机制，从社会网络的视角来看，社会关系结构可以促进或抑制个人关系的发展，同质性、关系机制、邻近机制等会影响人际交互（Zhang et al.，2016）。③交流互动工具对 MOOCs 中的人际交互效果有重要影响（Alraimi et al.，2015）；④教师的参与和投入较多的课程，其人际交互水平较高（孙洪涛等，2016）。⑤教师团队的促进激励。有研究表明，课程开始时通过邮件的方式鼓励学习者参与论坛这一举措，就使学习者的访问次数和论坛上的帖子数量分别增加了 26.5%和 96.8%（Zhang et al.，2017）。研究还发现通过 MOOCs 论坛上的互动，观察同伴努力的途径会让学习者更加努力（赵钊等，2018）。⑥教学模式会影响人际交互方式、整体学习环境和氛围。已有研究发现探究型教学模式、翻转课堂教学模式、可汗学院式视频等提供丰富学习支持和评价认证的课程人际交互水平较高（孙洪涛等，2016）。⑦适当地在授课中加入类似同伴互评（Peer evaluation）、徽章（Badges）和岗位推荐系统等互动方式，可以提升学生的学习兴趣和学习技能，增加论坛的参与度，产生更好的学习效果（Zhang et al.，2017）。⑧优化学习支持服务和解决系统迷航有助于提升学习者的人际交互。xMOOC 平台存在的一些设计问题会影响学习者的参与度，例如资源泛滥、缺乏导航系统等。这些问题使学习者很难找到一条在线互动的路径，导致学习者遇到学习困难时，无法获得及时的在线帮助（赵钊等，2018）。郑燕林等提出了 MOOCs 有效教学实施路径的四个关键特征：①精心的教学设计；②提升 MOOCs 学习者的学习投入度；③精致得当的 MOOCs 内容；④加强 MOOCs 论坛建设促进社会性互动（郑燕林、李卢一，2015）。

七　人际交互与学习结果

在线教育学界普遍认同增加师生之间、学习者之间的交互机会是远程学习取得成功的关键因素之一。有不少研究关注在线教育中的人际交互与学习结果的关系。研究发现人际交互对学习者的成就和学习满意度有积极的影响（Bernard et al.，2009）。Anderson 认为人际交互会影响学习者的在线学习满意度（Anderson，2003）。Kuo 等人的研究发现师生互动与学习者满意度之间有显著正相关关系（Kuo et al.，2014）。Chang 等人的研究发现学习者的满意度和学习者与教师、学习者与学习者之间的互动都呈现显著正相关关系（Chang and Smith，2008）。

支持在线学习中生生互动一个最有说服力的理由是它对学习成功/坚持度的积极作用。在线教育中很多理论和实证研究都致力于解释和预测学习者的学习成功。其中，研究者关注最多的因素是学习社区中的参与感以及对同伴支持的感知，且元分析发现在线学习满意度、学习社区归属感、学习动机、同伴支持、师生互动等因素会影响在线学习成功（Hart，2012）。Khoo 等开展的一项大型调查研究（n = 28700）发现，坚持度较好的学习者有以下两个特点：①他们认为网络环境很好地支持了人际交互；②有能力对其他同学产生直接影响（Khoo，2014）。在生生互动中，了解其他在线学习同伴，并且相互信任、共同工作，在彼此熟悉的环境中寻求帮助，并给学习同伴提供建议和信心，是一项具有挑战性的事情（陈丽等，2016）。Kopp 等人的研究发现，在线教师的教学经验水平对生生互动有效性的支持非常关键（Kopp et al.，2012）。

Bernard 等对 74 个在线教育中教学交互相关研究进行了元分析，发现师生交互和生生交互的重要性，以及人际交互与学习结果有密切的关系。人际交互的设计与实施存在多样性，讨论的主题会影响交互的必要性和有效性。这一点与 Bernard 等在肯高迪亚大学所做的一系列元分析结论一致。更高水平的生生互动与网络环境下的学习主题相关。然而 Bernard 等人也提出，相关研究结果表现出较高的异质性。也就是说，尽管高水平的生生互动与学习结果相关，但这一研究结论并不是在所有研究中都成立（Bernard et al.，2009）。如 Okonta（2010）的研究发现增加生生互动并不能提高学生在数学在线课程中的成绩。

MOOCs 相关研究中，学者同样关注人际交互与学习结果的关系。赵钊等对 MOOCs 中人际交互相关研究进行综述后发现：人际交互可以有效促进动态资源的生成，提高学生保持率和学习效果，有利于提升 MOOCs 教学质量（赵钊等，2018）。课程内容、师生交流互动、生生互动是影响 MOOCs 学习者满意度的关键质量指标（戴心来等，2017）。不少研究者也考察了 MOOCs 情境中人际交互与课程完成率的关系，以及人际交互与学习成绩的关系（Breslow et al.，2013；Goldberg et al.，2015；Joksimović et al.，2016；Ramesh et al.，2014）。Comer 等分析了两门 MOOCs 课程中的同伴交互行为，发现论坛中的同伴交互（生生交互）和课程同伴互评活动能够加强学习者对学习内容的理解，促进学习目标的实现（Comer et al.，2014）。贾积有等调查了 Coursera 平台上北大 6 门课程，发现学业成绩与论坛活跃程度（师生互动、生生互动）有比较强的正相关关系，无成绩学员的特征是论坛参与不强，少部分参与较多（贾积有等，2014）。Chua 通过访谈已至少完成一门 MOOC 并在协作交流活动中表现较活跃的学习者发现，在协作学习活动和人际互动中产生的来自同伴的适当压力能促进学习者完成 MOOCs 课程（Chua et al.，2015）。MOOCs 在线交互是有效提升学习效果和教学质量的最重要环节（Cross，2013）。

以上这些研究主要在个人层面探索人际交互与学习成绩的关系。还有研究探索了 MOOCs 协作学习人际交互与学习结果的关系，发现 MOOCs 学习者协作式在线互动学习是有效提升学习效果和教学质量的最重要环节（Cross，2013）。另外一些学者利用社会网络分析方法探索了学习者互动网络位置与学习成绩的关系，发现学习者的社会网络中心性指标可以预测课程完成或学习成绩（Joksimović et al.，2016；王陆，2009），发现互动频率高且强度大的学习者获得了更好的学习成绩（Vaquero and Cebrian，2013）。

综上，大部分 MOOCs 情境下的相关研究只关注了人际交互与学习成绩的关系，而 MOOCs 作为一种非正式学习，大部分学习者并不以成绩导向。因此，不应该将 MOOCs 的学习成功狭隘定义为获得好的学习成绩，需要多元化测量学习结果，如学习者的学习满意度、学习收获等。

第四节　教学设计与人际交互

课程教学设计主要关注教学目标的影响因素，选择合适的教学策略，预测学习者会遇到的困难，采取保证良好学习效果所需要的各类措施等。Pena-Shaff 等发现课程教学设计中几个因素会影响学习者参与讨论：①在线活动设计不合理，对参与要求很低；②在线学习活动与课程教学没有实现整合；③教学设计缺乏激励学习者参与讨论的策略（Pena-Shaff and Nicholls，2004）。基于 MOOCs 开展的混合式教学实证研究发现线上学习缺乏监督，讨论区互动不及时，互动质量难以检测，教学环节的设计不够精致，个别学生的交流互动需求不能完全得到满足（张欢瑞等，2018）。

一些学者认为可以通过教学设计促进人际交互。如 Garrison 等认为教师可以通过教学设计和过程支持增强人际互动中的教学临场感，为成员之间的持续沟通提供支持（Garrison et al.，1999）。胡勇的研究（2011）中，被访谈学习者认为：好的讨论是由好的话题或问题设计决定的。有效学习活动可以促进知识建构、观点交流，教师及时检查学生学习情况并给予反馈，以及共同体归属感培养等，这些均可以增强交互的质量和数量（Poquet，2017）。另外一些学者强调了领导者或引领者对人际交互的促进作用。有学者就 MOOCs 中的合作学习进行了研究，发现没有领导者和缺乏引导会导致 MOOCs 学习者负面的合作学习体验（Zhang et al.，2016）。

MOOCs相关研究可谓多如牛毛，但关于教学设计与人际交互的研究仍然十分缺乏。MOOCs早期的研究集中于学习者的视角，关注学习者的完成率、学习行为、参与方式等。但随着MOOCs的成熟和不断发展，迫切需要关注MOOCs中学习理论和教学设计的应用（Anders，2015）。混合式的MOOCs教学设计可以为多元化的学习者提供支持，促进人际交互网络的成长（Anders，2015）。Gore指出目前缺乏教学设计与学习者投入两者关系的相关研究（Gore，2018）。孙洪涛等调查国内667门MOOCs，简单地对这些课程的发帖量做了对比，发现教学模式影响人际交互的数量（孙洪涛等，2016）。

xMOOCs混合教学设计应该在强调高质量内容的同时，支持和促进更丰富、更直接的人际交互（Anders，2015）。xMOOCs学习者在课程论坛中形成了在线小组，同时学习者还会组织当地学习小组（local study groups）或通过扩展的同城约见服务实现面对面交流（Glader，2012）。实际上，主流的xMOOC平台开发了专门的网站用于帮助学习者组织和发现当地学习小组与支持小组。Stewart认为，成功的xMOOCs“将是那些创造开放、以交流互动为核心，重视同伴交流的课程”（Stewart，2013）。

孙洪涛等的研究调查了国内622门MOOCs，发现我国MOOCs人际交互水平总体偏低且严重不平衡。该研究以发帖量为因变量，调查了不同教学模式、视频类型、学习支持和评价方式下，课程论坛的发帖量差异，20%课程产生了约90%的人际交互。教学模式影响人际交互，具体而言，采用以下教学模式的课程，其人际交互水平较好：探究式教学方式、翻转课堂教学模式、可汗学院式视频。此外，该研究还发现提供学习支持（教师答疑和提供及时反馈）和提供课程认证也会影响课程的人际交互水平（孙洪涛等，2016）。

大量实验证明，在文本前、文本中、文本后插入问题能不同程度地促进学习（Lockwood，1992）。在传统教育中，不少研究发现不同的教学设计会对学生参与产生重要的影响。如刘学比较了三类不同初中数学课堂教学设计模式下初中学生的参与度差异，这三类教学设计模式分别是教师引导、教师主导、教师促进。该研究发现：在教师引导的教学设计模式下，学生在行为参与度、认知参与度、感情参与度三方面均是最高的（刘学，2016）。

第五节　文献评述和研究问题提出

MOOC 在线课程平台记录了丰富的在线学习行为数据，如学习者与课程内容的互动、与教师和同伴的互动、登录平台的时间、点击视频的行为、观看某一特定学习材料的时间等，据此可以追踪学生的学习轨迹、交互行为以及他们的学习投入。这为交互研究提供了新的视角以及方法。不少知名学者均呼吁研究者利用 MOOCs 产生的大数据来探索那些具体详尽的有助于学习或阻碍学习的因素（Breslow et al.，2013）。而人际交互作为 MOOCs 在线学习的核心因素，其研究必须得到足够的重视。

通过文献研究可以发现，已有研究呈现以下不足。

一是很多学者提出了宏观的教学设计系统，却鲜有学者从理论和实证的角度关注可操作性教学设计，如问题引导教学设计。

二是大量学者关注了在线教育中的人际交互，理论性探讨 MOOCs 的学生规模使得个体之间有质量的交互和学习共同体的建立产生困难，不过实证研究依赖间接性测量方式、概念操作化并未达成一致。代表性实证研究（如 Milligan，2015；Khalil and Ebner，2014）发现 MOOCs 中大量的人际交互信息让学生淹没在信息海洋中而失去方向，从而使得人际交互缺乏质量。然而这些研究并未直接考察人际交互的质量，而是通过个别学习者的学习感受描述、网络结构特征进行了间接性考察。Brown 等人（2015）使用社会网络分析方法（SNA）分析在线交互，将学习共同体简单等同于网络结构上可识别的学习群体，而 Poquet（2017）则指出学习共同体应该考虑群体内部个体间的交互强度以及人际交互内容。对于学习共同体概念的操作化不同，导致了是否能形成学习共同体这一研究结论上的分歧。已有相关研究仅使用计算机算法机械地发现彼此连通的子群，而缺乏对子群内部交互质量的考察。

三是学者对人际交互的分析限于数量和质量的简单维度。在数量上，人际交互网络常常被简化为（是否存在连接）二值的简单网络，而忽略了人际交互的强度这一重要的维度。在质量上，大部分研究使用知识构建层级模型分析人际交互内容，而未从帖子字数、讨论主题、讨论集中度等复杂维度进行综合分析。

四是大多数学者们在解读研究结果时默认教学设计对人际交互会有促进作用（如 Pena-Shaff and Nicholls，2004）。虽然个别学者（如 Anders，2015）简单探讨了教学设计对人际交互的促进作用，但二者的关系缺乏理论上的阐明和实证上的考察。

鉴于以上研究不足，本研究提出以下三个研究问题：①MOOCs 教学设计如何影响人际交互的数量？②MOOCs 教学设计如何影响人际交互的质量？③人际交互如何影响学习结果？在考虑了论坛参与者个人特征、学习动机等因素后，人际交互数量对学习结果的影响是否依然存在？

第四章
研究设计与方法

本章将从研究设计、主要的研究方法、数据三部分展开介绍。研究设计是针对本研究所提出的研究问题，依据科学的研究范式、研究方法、数据分析方法准则，对研究进行完整的构思和规划。本章第一节首先介绍了总的研究设计，呈现了研究设计思路。第二节详细介绍了本研究使用的三种方法：社会网络分析法、内容分析法、统计分析法。第三节具体介绍了三类数据来源及其收集方法。

第一节　研究设计

本研究的研究设计思路如图 4-1 所示。本研究主要回答三个问题。①问题引导讨论这一教学设计如何影响人际交互的数量？包括人际交互的整体网络特征、学习共同体的形成，以及个体网络人际交互的广度和强度。②问题引导这一教学设计如何影响人际交互的质量？包括整体网络的发帖长度、发帖主题及集中度，以及个体网络的发帖长度和坚持率。③人际交互数量如何影响学习结果？在考虑论坛参与者个人特征、学习动机等因素后，人际交互数量对学习结果的影响是否依然存在？

第二节　主要研究方法

人际交互研究一直是在线教育研究者关注的重点，社会网络分析法和内容分析法是最核心的两种分析方法。MOOCs 人际交互涉及的因素非常多，

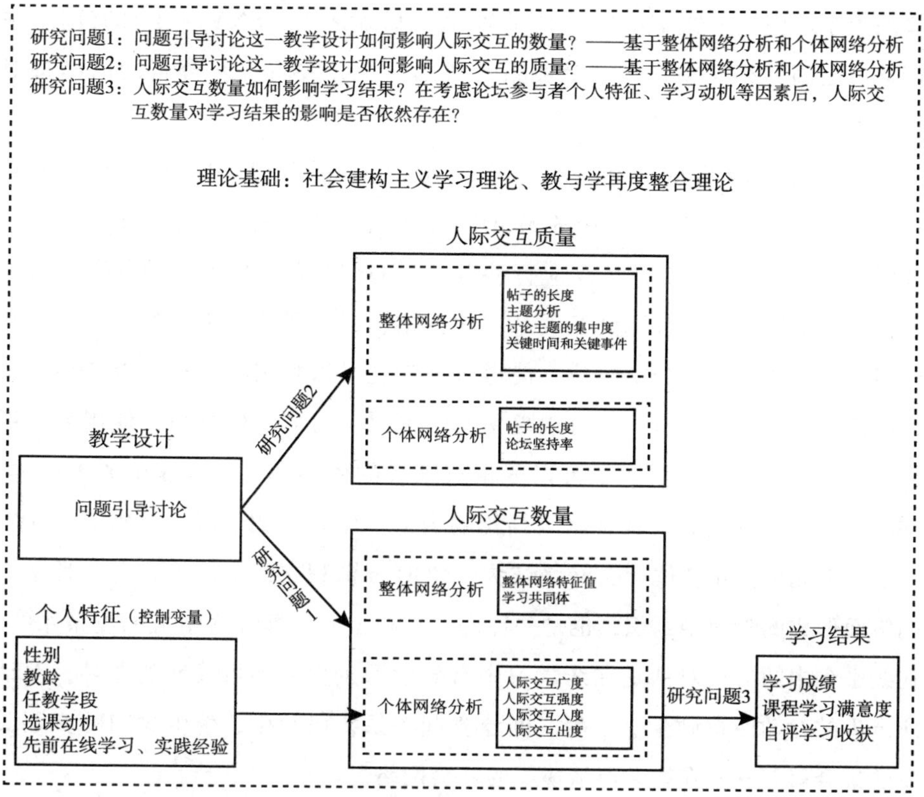

图 4-1 研究设计思路

为了加深对其的理解和认识，本研究从不同渠道收集丰富的数据。同时，任何研究方法均有缺点，需要使用多种合适的研究方法，以弥补单一研究方法的缺点，形成不同研究方法的三角互验（Häkkinen et al.，2003）。针对研究问题，本研究拟采用以下三种研究方法：社会网络分析方法（Social Network Analysis，简称 SNA）、内容分析法（Content Analysis，简称 CA）、统计分析法。SNA 主要用于分析人际交互的关系数据，内容分析法主要分析交互内容的质量，统计分析法则主要用于差异检验、相关分析、回归分析等。

一 社会网络分析（SNA）

1. 社会网络分析方法简介

社会网络分析（SNA）是一种跨学科的研究方法，建立在社会学、群体动力学、图论、概率论和统计学等学科基础之上。SNA 主要研究网络中行动者之间的相互关系，以及关系形成的结构，并进一步分析网络结构对行动者个体和整体的影响。

社会网络分析的分析单位有①行动者（acotors），即网络中的节点（node/vertex），对应本研究中的 MOOCs 学习者、教师或助教；②连接（tie），即网络中节点之间的连线，反应行动者之间的交互及其所形成的各种社会关系，对应本研究中的人际交互关系，即首帖、回复和评论之间的关系。社会网络分析方法的不同分析单位，使得研究者既可以聚焦特定行动者个体，又可以聚焦内部某个子群，还可以聚焦整个网络。对应具体分析，使用社会网络分析方法，在微观层次上可以分析行动者的中心性、直接连接的人数等；在中观层次上可以分析社会网络结构的内部子结构，如子群、派别等；在宏观层次上能可视化整体社会网络结构。MOOCs 课程在线学习平台是一种基于网络而形成的学习型组织，也是一种由计算机、互联网和人组成的复杂系统。在线平台中的成员对话是在线学习中有效学习发生的不可或缺的条件，对话所产生的互动使得师生、生生之间建立起关系，而师生、生生之间的交互关系的集合就是真实在线学习情境下的社会网络。

2. 社会网络构建

社会网络分析方法在社会科学领域已被广泛使用，大部分情境下构建社会网络的方式比较清晰明了。但通用的 MOOCs 在线论坛交流共有三个层次，两两层级之间的关系配对有多种方式，这就使得此种研究情境下的社会网络构建比较复杂。Wise 等总结了几种构建在线交互网络的方式（Wise et al.，2017）。①直接建构。发帖者与每一个回复者建立联结，回复者与每一个评论者建立联结，即回复者→发帖者、评论者→回复者。此种交互网络构建方式常见于传统在线学习研究中，因为论坛有清晰的结构，这种建构方式的假设是学习者仅与有直接评论/回复关系的同伴建立了联结关系。②直接建构+间接建构。此种方式在直接建构的方式上，还将评论者与原始发帖者建立联结，即回复者→发帖者、评论者→回复者、评论者→发帖者。此种构建方式的假设认为，虽然评论者是对回复者的直接交互，但评论者是在同一个特定主题（thread）下进行的交互，处于第三层级的评论者实际上与第一层级的发帖者也建立了联系。③小组建构。前两种方式建构的均是有向网络，而小组建构出的网络是无向网络。小组建构方式是将同一主题帖下的所有学习者［发帖者（poster）、回复者（replier）、评论者（commentor）］建立联结。它的假设是某一主题的对话应该视为小组对话，是一次所有小组成员之间的交互，此种网络构建方式的合理基础是其认为学习者一般会查看某一主题的所有回复和评论后才做出交互的决定（Brown et al.，2015；Gillani et al.，2014）。

在本研究中，问题引导讨论区的首帖只能由课程团队中的教师或助教发布，学习者仅能对首帖进行回复和评论。如果采用第二种或第三种社会网络构建方式，则会出现课堂交流区所有参与讨论的学习全部指向教师或助教的情况。同时考虑到 MOOCs 学习情境中学习者规模比较大，热门帖子下有上千条回复和评论，假设这上千人建立了联系显然不太符合实际。因此，结合本研究中人际交互的实际情况，采用第一种直接构建方式，即回复者→发帖者、评论者→回复者。需要指出的是，在后续涉及社会网络分析的部分，均忽略问题引导讨论区的第一层人际交互关系（学习者回复教师或助教）。

3. 社会网络分析的过程

社会网络分析有两个视角：整体网络（Whole network）分析和个体网络（Ego network）分析。二者所依据的理论基础、分析的结构特征和方法都存在差异（王永固，2005）。个体网络是一个以行动者为中心而形成的与其他行动者之间的关系网络。主要测量以下个体行动者的网络结构特征：中心度测量，包括点度中心度、入度中心度、出度中心度；关系类型，包括强连接和弱连接。整体网络则是在有边界的行动者群体中所有行动者之间形成的关系网络。整体网络分析研究网络全体成员所构成的关系网络的结构特征，具体包括密度（density）、子图（sub-group）、连通性等。

社会网络分析是一个复杂的过程，需要遵循一定的步骤，Hansen 和 Rotman 详细解析了社会网络分析的过程（Hansen and Rotman，2009），如图 4-2 所示。在进行社会网络分析时，要遵循三个步骤。第一步，确定研究目标或分析目标，明确具体的研究问题。第二步，开展数据收集和清理工作，将数据转换为关系数据。第三步，在前两步的基础上分析数据，包括概念的操作化（选择适当的网络测量指标）、图形的可视化。以上三步是一个循环反复的过程：选择分析的网络层级，根据研究问题过滤出目标网络，根据研究需求调节网络可视化，最后从多维度对数据进行解读。

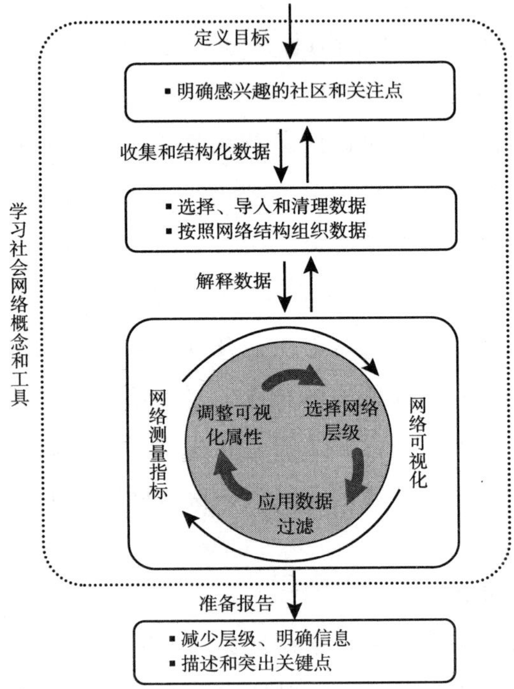

图 4-2　社会网络分析过程模型

本研究感兴趣的网络是 MOOCs 学习情境中的人际交互网络，并从整体网络和个体网络视角分别进行分析。社会网络分析的目标是发现教学设计、学生支持、学习者个人特征、时间等因素与人际交互的关系，人际交互主要考察其数量和质量两方面。

4. 社会网络分析工具

常见的社会网络分析工具有 NetMiner、R、Python、Gephi 等。其中 R 是目前数据分析的主流工具，开源免费且具有较强的复杂计算能力和可视化功能。R 中有较多专业的社会网络分析程序包可供使用。Gephi 是一款开源免费跨平台的基于 JVM 的复杂网络分析软件，主要用于各种网络和复杂系统、动态和分层图的交互可视化与探测。Gephi 因其强大的可视化功能也得到广泛应用。综合评价几种分析工具后，本研究将使用 R 作为社会网络分析的主要工具，Gephi 作为社会网络可视化的主要工具。两类工具的界面分别如图 4-3 和图 4-4 所示。

二　内容分析（Content Analysis）

1. 内容分析简介

人际交互一直是在线教育的核心议题之一。与此同时，网络教学平台具有自动记录文本的功能，并按照时间顺序保存，这为研究者利用内容分析方法挖掘在线交互过程中所产生的丰富信息提供了极大的帮助。然而早期开展在线教育人际交互研究的学者，大多使用量化指标分析在线讨论，最常见的是利用发帖量测量参与水平（Strijbos et al.，2006），在社会网络分析方法被引入社会科学研究中后，学者使用社会网络分析法测量人际交互网络的中心性指标。然而上述方法只关注了人际交互的数量，不是所有的交互都指向有效学习，数量并不能代表质量（Pena-Shaff and Nicholls，2004）。为了关注人际交互的质量，即聚焦交互的内容，内容分析法被引入在线教育领域。研究者试图挖掘交互文本中包含的丰富信息，从交互的内容中找到有效学习发生的证据。

2. 内容分析技术的发展

目前内容分析技术使用已经较为普遍，但是没有统一标准。一些研究者开发了相应的内容分析模型和工具来表征在线交互数据的分析。这些在线内容分析工具所依据的分析变量、分析单位、分析模型，依据的学习理论基础，研究设计和研究信度等都存在差异。造成此情况的原因是在线教育的讨论中生成了大量的文本数据，分类管理很难达成；同时传统的人工内容分析需要研究者对每个帖子进行分析，需要耗费研究者大量的时间和精力；还缺少对内容进行分类的软件或工具（Rourke et al.，2001）。

近年来，在借鉴计算机信息处理、学习分析、教育大数据挖掘技术的基础上，教育研究者和相关领域实践者不断开发出新的内容语义分析工具，

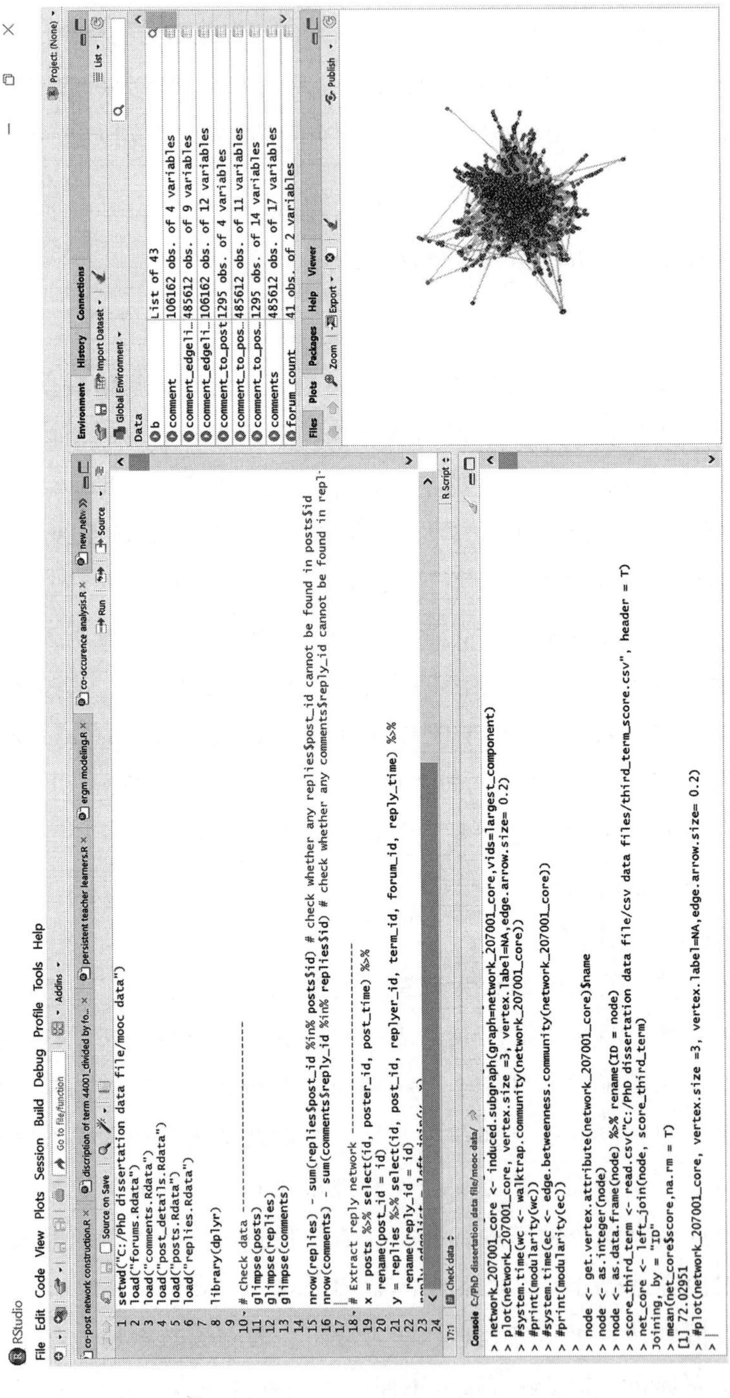
RStudio
File Edit Code View Plots Session Build Debug Profile Tools Help
co-post network construction.R
discription of term 44001_divided by fo...
persistent teacher learners.R
ergm modeling.R
co-occurence analysis.R
new_netw
Source on Save
Run
Source
setwd("C:/PhD dissertation data file/mooc data")
load("forums.Rdata")
load("comments.Rdata")
load("post_details.Rdata")
load("posts.Rdata")
load("replies.Rdata")
library(dplyr)
# Check data
glimpse(posts)
glimpse(replies)
glimpse(comments)
nrow(replies) - sum(replies$post_id %in% posts$id) # check whether any replies$post_id cannot be found in posts$id
nrow(comments) - sum(comments$reply_id %in% replies$id) # check whether any comments$reply_id cannot be found in repl
# Extract reply network
x = posts %>% select(id, poster_id, post_time) %>%
rename(post_id = id)
y = replies %>% select(id, post_id, replyer_id, term_id, forum_id, reply_time) %>%
rename(reply_id = id)
Check data
R Script
Console C:/PhD dissertation data file/mooc data/
> network_207001_core <- induced.subgraph(graph=network_207001_core,vids=largest_component)
> plot(network_207001_core, vertex.size =3, vertex.label=NA,edge.arrow.size= 0.2)
> #system.time(wc <- walktrap.community(network_207001_core))
> #print(modularity(wc))
> #system.time(ec <- edge.betweenness.community(network_207001_core))
> #print(modularity(ec))
> node <- get.vertex.attribute(network_207001_core)$name
> node <- as.integer(node)
> node <- as.data.frame(node) %>% rename(ID = node)
> score_third_term <- read.csv("C:/PhD dissertation data file/csv data files/third_term_score.csv", header = T)
> net_core <- left_join(node, score_third_term)
Joining, by = "ID"
> mean(net_core$score,na.rm = T)
[1] 72.02951
> #plot(network_207001_core, vertex.size =3, vertex.label=NA,edge.arrow.size= 0.2)
Environment History Connections
Import Dataset
Global Environment
Data
b List of 43
comment 106162 obs. of 4 variables
comment_edgeli... 485612 obs. of 9 variables
comment_edgeli... 106162 obs. of 12 variables
comment_to_post 1295 obs. of 4 variables
comment_to_pos... 485612 obs. of 11 variables
comment_to_pos... 1295 obs. of 14 variables
comments 485612 obs. of 17 variables
forum count 41 obs. of 2 variables
Files Plots Packages Help Viewer
Zoom Export
Publish
Project: (None)

图 4-3　R 软件截图

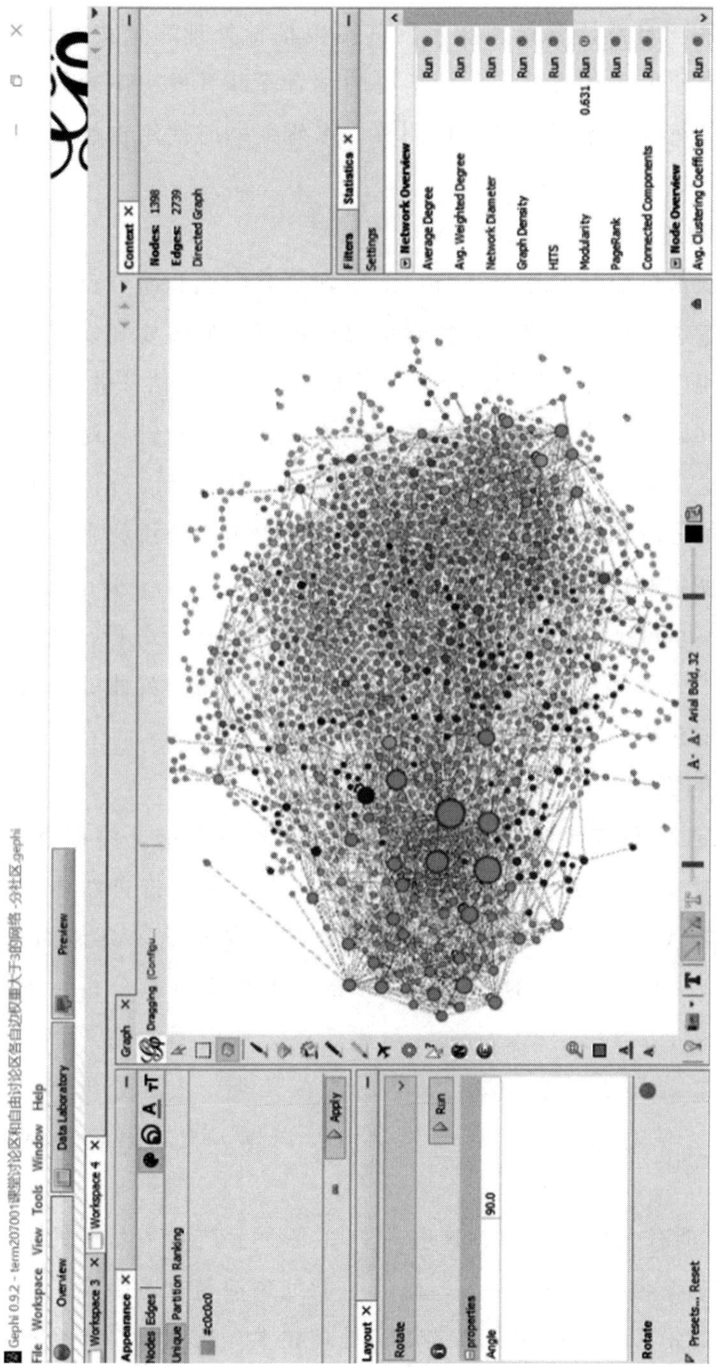

图 4-4 Gephi 软件截图

这些工具在很大程度上提升了内容语义分析的效果，促进了内容语义分析在教育领域的应用。自然语言处理技术因其可以批量处理海量文本数据，而得到了文本数据研究者的青睐。不同学科的学者不断开发出不同的技术模型来处理文本的聚类、情感挖掘、预测等。本研究同时使用自然语言处理技术、传统编码技术开展内容分析。

3. 内容分析的过程

内容分析一般都包括以下几个环节：①明确研究问题和研究目标；②选择研究对象；③选择分析工具，研究者可以根据研究的需要开发新的分析工具，或者利用已有的分析工具；④确定分析单位；⑤对帖子进行抽样；⑥选择合作者，共同开展内容分析；⑦检查内容分析的一致性，对于不一致的进行协商讨论，达到一致意见；⑧总结归纳。课程设计、分析单位的选择、意义单位的分段和编码信度等角度是了解国内内容分析技术的主要视角（胡勇、陈丽，2010）。

本研究使用 Gunawardena 的交互分析模型对交互内容进行分析，使用了自然语言处理技术开展了主题分析和讨论主题集中度分析。具体的分析手段将在第五章详细介绍。

4. 内容分析的工具

自然语言处理的英文全称为 Natural Language Processing，简称 NLP。自然语言处理属于数据科学、人工智能的一个分支。可以将自然语言处理简单理解为利用计算机来处理、理解以及运用人类语言。具体而言，自然语言处理是以智能与高效的方式，对海量文本数据进行分析、理解和信息提取的过程，可以执行大量的自动化任务。从应用角度来看，自然语言处理被广泛应用于以下领域：文本分类或聚类、主题分析、观点挖掘、信息提取、信息过滤、信息检索、语音识别、文本语言相互转换等。

由于 MOOCs 拥有大规模用户，这些用户在平台上产生了海量的文本数据。传统的人工编码方式耗时耗力，已经不能处理海量文本数据。因此国内外学者已经纷纷开始尝试使用自然语言处理技术分析 MOOC 平台产生的海量文本。MOOC 平台上最常见的两类文本数据分别是：MOOCs 论坛帖子、学习者对 MOOCs 的评价文本。相关的代表性研究如 Wise 等利用自然语言处理方法将 MOOCs 论坛中的帖子做了分类，将其分为两类：课程内容交互和非课程内容交互（Wise and Cui，2018）。哈佛大学 Reich 等利用观点挖掘主题模型，分析学习者学习动机，识别学习者讨论主题（Reich et al.，2015）。

本研究将使用自然语言处理方法，利用主题模型、词云图、词频图等新型数据分析手段，深入探索 MOOCs 帖子内容，剖析学习者的人际交互内容。

三　统计分析

本研究中，笔者将使用 SPSS 和 R 两个软件作为统计分析工具，主要完成差异性检验、相关分析、回归分析。具体而言，本研究将利用差异性检验，分析问题引导讨论区和自由讨论区在人际交互数量上的差异；利用相关分析，分析各变量之间的相关关系，完成回归分析前的共线性诊断，分析三类学习结果变量之间的相关关系；利用回归分析，分析论坛参与者的个人特征如何影响人际交互，以及人际交互如何影响学习结果，具体如表 4-1 所示。

表 4-1　本研究计划完成的数量统计分析

序号	具体的统计分析方法	研究的问题
1	差异性检验（独立样本 t 检验）	两类讨论区的帖子长度的差异检验
		两类讨论区的人际交互广度的差异检验
		两类讨论区的人际交互强度的差异检验
		两类讨论区的人际交互入度的差异检验
		两类讨论区的人际交互出度的差异检验
2	相关分析（Pearson 相关分析）	共线性诊断
		学习成绩、学习收获与课程学习满意度的相关分析
3	回归分析（多元线性回归）	论坛参与者个人特征对人际交互广度的解释
		论坛参与者个人特征对人际交互强度的解释
		人际交互数量（广度和强度）对学习成绩的解释
		人际交互数量（广度和强度）对学习满意度的解释
		人际交互数量（广度和强度）对学习收获的解释

第三节　案例课程及数据

本研究试图通过对包括定量数据、质性数据和关系数据在内的多种数据分析，多角度、多方面地展现问题引导讨论这一教学设计、论坛参与者个人特征与人际交互的关系，以及人际交互与学习结果的关系。本节将主要从案例课程、人际交互数据、问卷数据三个部分介绍本研究的数据情况。

总结而言，本研究主要有三个数据来源，如表 4-2 所示。

表 4-2　本研究的数据来源

数据来源	获取的具体数据
MOOC 课程平台	①人际交互数据：全体师生在论坛上的交互数据，包括人际交互数量、交互方向、交互强度、交互内容等 ②学习成绩
课前问卷	学习者个人特征：性别、年龄、教龄、学段、学科、先前在线学习经历、翻转课堂实践经验、学习动机
课后问卷	①每讲学习时间 ②课程资源观看行为 ③学习满意度 ④学习收获

一　案例课程介绍

本研究选用中国 MOOC 大学平台的一门教师专业发展类 MOOC“翻转课堂教学法”作为案例课程，该课程致力于为广大一线教师和教育相关工作者引入翻转课堂教学理念（高瑜珊、汪琼，2017）。

1. 课程教学单元安排和学习活动设计

案例课程的学习时间为 6 周，共有 5 讲内容。除丰富的课程学习材料外，课程团队还设计了丰富的学习活动和互评作业，用于促进学习者的主动学习。每讲内容有 3~6 个学习活动、1 次互评作业。案例课程的教学安排和学习活动设计如图 4-5 所示。课程内容分别为：第一讲，什么是翻转课堂教学法；第二讲，如何布置课前自主学习任务；第三讲，如何制作优质教学视频；第四讲，如何组织课堂学习活动；第五讲，如何实施翻转课堂教学。

教学周		活动1	活动2	活动3	活动4	活动5	活动6	互评作业
week1	学习准备篇	课程介绍：含学员手册	学习相关技术技能	怎样学习：以第一讲为例				无
week1	第一讲 什么是翻转课堂教学法	感知翻转课堂教学法	认识翻转课堂教学法	翻转课堂背后的学习理论	开始你的翻转设计			我的翻转初步设计
week2	第二讲 如何布置课前自主学习任务	本周课程学习介绍与引入	美妙前奏——看看别人怎么做	学习理论——设计你的课前学习任务1.0	江湖利器——ARCS助你完善教学设计	拓展学习——培养学生的自主学习能力		课前学习任务设计
week 3~4	第三讲 如何制作优质教学视频	本周课程学习介绍与引入	多样的教学视频	成功录制教学视频的要点和原则	录制教学视频的经验分享	五步完成翻转课堂教学视频	教学视频制作实战	教学视频片段
week5	第四讲 如何组织课堂学习活动	本周课程学习介绍与引入	活动设计——借鉴成功的教学模式与方法	打磨细节（1）——教学问题设计	打磨细节（2）——小组学习活动设计	实战演练——课堂驾驭术	经验分享-北京119中学郑涛老师谈翻转教学	课上活动设计
week6	第五讲 如何实施翻转课堂教学	翻转课堂教案回顾	翻转课堂的实施保障	翻转课堂的成功进阶-如何开展翻转课堂研究				我的翻转课堂终极设计

图 4-5　案例课程的教学安排和学习活动设计

案例课程的学习材料主要由视频、富文本、文档组成，学习活动由讨论、小测验组成，评价活动由单元测验、单元作业和期末作业组成。案例课程教学单元安排和内容设计如图 4-6 所示。从图中可以发现，课程团队在每一讲都设计了一定数量的讨论活动，这一类活动就是本研究要关注的核心——问题引导讨论。

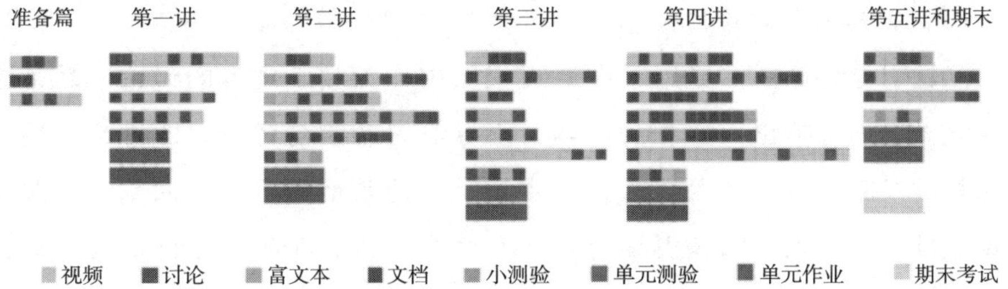

图 4-6　案例课程教学单元安排和学习活动设计

2. 学习者组成

案例课程的主要目标群体是一线教师，因此课程中绝大部分学习者均是来自各级各类学校的一线教师。除学习者外，此门课程还有 1 名主讲教师、13 名助教。虽然从职业上来看，此门 MOOCs 学习者的同质性很高，均是教师职业。但从学科、学段、地理位置来看，案例课程的学习者也有很高的异质性。在学科上，学习者基本覆盖了中小学所有学科。在学段上，学习者分布覆盖了从幼儿园到高等教育所有学段。在地理位置上，学习者分布覆盖大陆所有省份以及港澳台地区，但不同省份参与者人数存在较大差异。除各级各类教师外，学习者中还有部分高校在校生、公司职员、企事业单位职员、教师培训专员。

3. 评价设计

案例课程的评价使用形成性评价和总结性评价相结合的方式。形成性评价包括单元测试、单元作业、讨论，总结性评价是最终期末大作业。为了鼓励学习者积极参与在线讨论，分享实践经验，课程评价标准要求学习者参加讨论区的交互。问题引导讨论区的发帖计入形成性评价，发帖计分方式为满 30 条帖子计满分 20 分（因此后续的发帖量分析会以 30 为基准线）。

4. 课程论坛介绍

讨论区模块包括课堂交流区和自由讨论区两大模块。课堂交流区即有问题引导的讨论区，为了与本研究的研究问题表述一致，后文均用问题引导讨论区代替课堂交流区。下面分别介绍问题引导讨论区和自由讨论区的设计。

（1）问题引导讨论区

问题引导讨论区主要用于在课程视频中作为教学内容的讨论，教师根据课程教学内容提出一些相关问题，引导学习者参与讨论。即讨论主题由授课教师发起，学习者可以回复该主题、评论其他学习者的回复、围绕该讨论主题开展讨论。问题引导讨论区有两个入口。问题引导讨论区的讨论活动镶嵌在课程材料（课件）之中，学习者可以从左侧的“课件”菜单栏进入，同时问题引导讨论区也可以从左侧的“讨论区”菜单栏进入，如图

4-7 所示。问题引导讨论区的界面如图 4-7 的右侧所示，教师抛出讨论主题或问题，学习者在主题下开展讨论。从教学设计的角度来看，问题引导讨论区的讨论可以视为事先设计好的讨论活动。

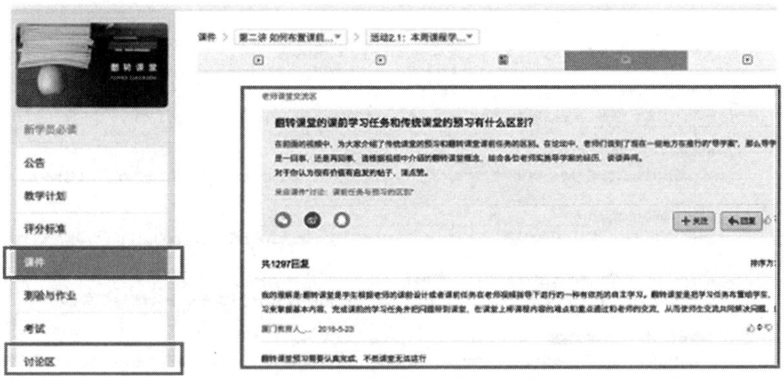

图 4-7 从“课件”菜单栏进入问题引导讨论区

（2）自由讨论区

案例课程利用分论坛的方式把整个课程的自由讨论区进行分块组织。这样设计的原因有两个：一是方便将相同主题的帖子汇集在固定的分论坛中，二是方便教师有针对性地参与讨论或寻找信息，避免迷失在海量的帖子中。讨论区的界面如图 4-8 所示，除课堂交流区（问题引导讨论区）外，其他的所有子板块（分论坛）都属于自由讨论区。自由讨论区就是传统意义上的论坛，由学习者根据自己的学习需求发布讨论主题。案例课程的自由讨论区设计了 40 个分论坛，各分论坛有不同的侧重点和目的。除了图 4-8 中显示的分论坛外，还有与课程各讲内容对应的分论坛，以及不同学段、学科类别的分论坛，如小学语文分论坛等。从案例课程的人际交互数据来看，学生参与自由讨论区各分论坛的情况有非常大的差别。总体而言，大部分的分论坛参与人数和发帖量都非常少，因此本研究将自由讨论区所有分论坛数据合并在一起研究，具体各分论坛的数据情况将在第五章介绍。

（3）论坛的结构

从论坛的结构设计来看，论坛支持三层消息发布，分别是首帖、回复、

图 4-8　案例课程的讨论区分论坛截图（未显示全部分论坛）

评论。分开看三者的合理性在于了解交互的持续性。三者之间的关系如图 4-9 所示，首帖是指由教师、助教或学习者发布的一个新主题（thread），回复是对主题的讨论，评论是对回复的讨论。问题引导讨论区比较特殊，仅有教师或助教有权限发布首帖，学习者仅能回复首帖或评论回复。

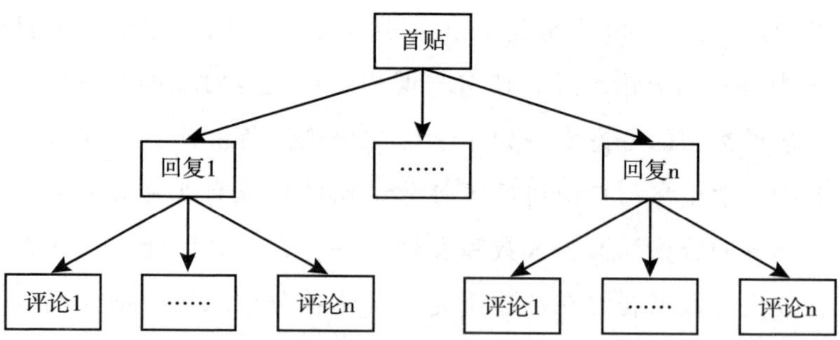

图 4-9　帖子的层次

二 案例课程代表性讨论

本研究的案例课程有一定的代表性。第一，教师专业发展类 MOOCs 已经发展成为一种具有典型代表意义的 MOOCs 类型；第二，MOOCs 越来越多地成为一种实现专业发展的方式，其学习者大多是在职学习者，并以职业/专业发展为主动学习动机；第三，MOOC 平台也开始从提供传统大学课程转向提供职业发展（终身学习）技能课程；第四，大规模调查发现，MOOCs 平均持续时间为 6 周，与本案例课程一致。下面具体讨论案例课程的代表性问题。

第一，教师专业发展类 MOOCs 已经发展成为一种具有典型代表意义的 MOOCs 类型。不少国家纷纷开始利用 MOOCs 支持教师专业发展。美国的主流 MOOC 平台已上线 400 多门教师专业发展类 MOOCs，英国最主流的 MOOC 平台 FutureLearn 已上线 75 门教师专业发展类 MOOCs。国内主流平台发布了 80 多门教师发展类 MOOCs。即使是在非教师发展类的 MOOCs 中，教师也可能成为主要的学习群体。如 MIT 提供的“物理学导论”原本是一门没有特定目标群体的 MOOC 课程。但调查发现 53%的学习者均是物理教师，90%的证书获得者是教师（Fredericks et al.，2013）。

第二，MOOCs 学习者大部分为在职学习者，他们的学习动机主要是实现职业发展。Christensen 等针对 20 多门 MOOCs 的学习者调查显示：有职业的学习者比例高达 62.4%。多个实证研究发现学习者的主要动机是职业发展（Balch，2013；Kellogg，Booth and Oliver，2014；Kizilcec，Piech and Schneider，2013a）。如 Gillani 的研究发现 80.9%的 MOOCs 学习者的主要动机是职业发展，参与 MOOCs 论坛讨论的学习者中，93%将职业发展视为最主要的学习动机（Gillani and Eynon，2014）。

第三，MOOC 平台已经开始从提供传统大学课程转向提供职业发展（终身学习）技能课程（Emanuel，2013）。学者认为目前很多学习者已经将 MOOCs 作为专业发展和终身学习方式。为了适应这种学习需求，MOOC 开始越来越多地被应用到在职或职前培训、教师专业发展等领域（Kleiman、Wolf and Frye，2013）。Coursera、EDX 等 MOOC 平台也相继推出了专项系列课学程以及职业证书认证，帮助学习者更好地获取专业知识和发展专业能力。

第四，MOOCs 的平均持续时间为 6 周。MOOC-MAKER 机构（2016）调查了 2123 门 MOOCs，发现这些 MOOCs 的平均持续时间为 6 周。Liyanagunawardena 等调研了 98 门医学类 MOOCs 课程，发现课程的平均持续时间为 6.7 周（Liyanagunawardena and Williams，2014）。

综上，普遍的 MOOCs 在学习者特征、学习动机、持续时间方面和本研究的案例课程有较多共性。说明本案例 MOOC 课程具有一定的代表性。

但本研究仅使用一门教师专业发展类课程作为案例，从代表性的角度来看，本研究的数据具有一定的局限性。首先，案例课程的特殊性在于学习者群体特征，绝大部分学习者都是一线教师，具有较高的职业同质性。其次，由于课程内容与学习者的工作情境/职业密切相关，学习者通常有较强的学习动机。最后，案例课程的持续时间为 6 周，似乎比传统大学制作的 MOOCs 持续时间短。这可能会导致研究结论无法推广到广泛的 MOOCs 中。

三　人际交互数据

在线论坛是学习者与教师和其他同伴进行互动、对话的空间，所以 MOOCs 在线论坛中的人际交互数据也就成为本研究最重要的数据来源。本研究中的人际交互数据主要来源于 MOOC 学习平台后台数据库的自动记录。

MOOC 学习平台能够自动实时记录学习者和教师的所有学习行为轨迹，包括登录平台时间、课程学习路径、在线交互过程等。对于本研究关注的在线人际交互过程，记录的信息包括帖子发布所处论坛 ID、首帖发布时间、发帖人 ID、帖子标题、回复者回复时间、评论者评论时间、帖子的线索位置、帖子内容、帖子被观看的次数、帖子被回复/评论次数。因此利用 MOOC 平台记录的数据，研究者可以分析各种因素与人际交互的关系，还可以进一步将人际交互与学习者的学习结果数据建立联系，深入研究 MOOCs 学习的人际交互过程和结果。本研究将借助 MOOC 平台中存储记录的以下数据。

1. 属性数据

学习者在注册 MOOC 平台时可以选择填写个人信息，主要是性别和年龄。MOOC 平台记录了这些个人信息数据，但由于个人信息属于选填项，大部分学习者并没有填写这部分数据，导致数据缺失。除性别、年龄外，系统还可以通过定位地理位置准确获取学习者的省份信息。因此地理位置信息基本没有缺失。除以上信息外，本研究从 MOOC 平台后台数据库直接导出了学习者 ID 与个人信息的数据表，后续将该数据作为学习者属性信息导入社会网络分析工具 R 中。

除学习者人口统计学信息外，为了研究学习者交互网络位置、交互网络形成与学习成绩的关系，本研究还从课程数据库中导出了学习者的成绩数据。与个人信息一样，成绩数据同样以数据表的形式作为学习者属性数据导入 R 分析工具。

2. 交互关系的方向和强度

常见的关系数据方式包括邻接矩阵（Adjacency Matrix）和边链表（Edgelist）。本研究从数据库中导出论坛数据，在不同数据表之间建立联结，经过处理生成表征人际交互关系的边链表。但在具体数据分析中，由于 R 中社会网络分析包（package）的格式需求，有时需要将边链表格式的关系数据转化为邻接矩。对应不同的数据格式，交互强度有不同的表示方法。在边链表中，某一关系的重复次数代表了两个学习者之间的交互关系强度。在邻接矩阵中，矩阵中的数值表示了两个学习者之间的交互关系强度。

3. 交互关系的内容

交互关系的内容即论坛全部帖子的内容，包括首帖、回复、评论三个层次。这些内容数据可以直接从 MOOC 平台数据库导出，案例 MOOC 课程中产生的帖子数量巨大，有 20 万余条。

四　问卷数据①

1. 课前问卷

为了获取学习者的个人属性、先前在线学习或实践经验、学习动机等因素，课程团队在课程开始邀请学习者参与课前问卷填写，并通过课程平台公

① 课前问卷和课后问卷均由北京大学“翻转课堂教学法”课程团队设计，问卷版权由课程团队享有。

告、邮件等方式发放通知，提高应答率。MOOC 学习平台无问卷系统，因此问卷填写和回收在问卷星平台开展。由于问卷调查并未在 MOOC 平台开展，后续需要通过学习者填写的电子邮箱进行问卷数据和人际交互数据的匹配。

课前问卷主要收集学习者基本信息、先前在线学习经历、学习动机等信息。学习者基本信息包括学习者的电子邮箱、性别、年龄、教龄、工作单位、所属教育阶段、学科、受教育程度等信息。先前在线学习或实践经验包括 3 个具体题项，学习动机包括 6 个具体题项，如表 4-3 所示。测量方式均使用李特式五点量表法，请应答者在“非常不符合”“不符合”“基本符合”“符合”“非常符合”中选择一项。

表 4-3　课前问卷指标示例

维度	题项	具体指标示例
先前在线学习或实践经验	3 个题项	我有丰富的在线学习经历
		我非常了解慕课(MOOC)课程的教学方式
		……
学习动机	6 个题项	单位鼓励,可承认学分
		周围老师同事推荐介绍一起选课
		建立翻转课堂的基本认识和理解
		……
		……
		……

注：由于问卷版权归北大课程团队所有，因此公开出版时，只列出示例题项，无法全部呈现。

2. 课后问卷

课程团队在课程最后一周邀请学习者参与课后问卷填写，同样通过课程平台公告、邮件等方式发放通知，提高应答率。课后问卷的填写和回收也是在问卷星平台开展的。课后问卷主要收集了学习者的学习结果数据，包括学习满意度、学习者学习收获，此外，还收集了学习者电子邮箱、学习者投入、课程资源观看行为等信息，具体指标示例如表 4-4 所示。

课前问卷和课后问卷均收集了学习者用于登录 MOOC 平台的电子邮箱，用于匹配以下三个数据集：课前问卷、课后问卷、MOOCs 人际交互数据。

课后问卷调查工具内部一致性系数（Cronbach'α）检验发现课程资源观看行为的 α 系数值为 0.912，学习满意度的 α 系数值为 0.957，学习收获的 α 系数值为 0.945。每个维度的 α 值都在 0.9 以上，说明每个维度题项的内部一致性信度甚佳。

表 4-4　课后调查问卷各维度指标示例

维度/一级指标	题项	具体指标示例
课程资源观看行为	5 个题项	我会关注课程公告，以了解正在发生什么
		我会认真观看每讲的全部课程视频，充分掌握课程内容主旨
		……
学习满意度	18 个题项	课程公告有助于我了解和明确本课程对学员学习任务和所达到目标的要求
		阅读材料和拓展资料没有给我造成额外的学习负担
		……
学习收获	8 个题项	在利用平台学习过程中，我逐步掌握了胜任网络学习所需要的能力
		我对翻转课堂教学法有了更深刻的了解，认识翻转教学意义
		……

第四节　研究中的学术伦理问题

本研究中的 MOOCs 人际交互日志数据由网易爱课程提供，数据版权归案例课程团队所有。问卷数据由案例课程团队收集和提供。本研究从以下几个方面保障不违背研究的伦理道德问题。首先，本研究所使用的数据征得了案例课程团队的同意。其次，该课程作为开放在线课程，所有的论坛数据都可公开访问。再次，在收集课前问卷和课后问卷时，均已将调查目的告知参与者，所有的参与者都知道数据会被用于研究。最后，研究者与数据版权所有方签订了数据使用相关协议，承诺在研究的过程中，不会透露任何个人信息。在分析和呈现数据结果的过程中，学习者全部用数字代码标识，不使用其网名。

第五章
数据整理和分析手段

本研究涉及复杂的数据转换和匹配、复杂社会网络指标测量，以及复杂的自然语言处理技术。为了更好地理解后续的数据分析以及结果解读，本章将主要介绍数据整理和分析手段。本章首先介绍了数据转换和匹配。人际交互数据是本研究的核心数据源，其原始数据是复杂的平台日志数据。因此，为了获得可供分析的人际交互数据，需要在数据分析前，先将复杂的日志数据转化为人际交互数据。同时，为了考察人际交互对学习结果的影响，需要将人际交互数据与课前问卷、课后问卷进行匹配。第二节主要介绍了人际交互数量性变量的操作化与测量，包括整体网络和个体网络的测量。第三节介绍了学习结果的操作化与测量。第四节介绍了本研究中分析人际交互质量的手段，其中，重点介绍了构建主题模型的过程和对最终输出结果的解读。

第一节　数据转换和匹配

一　从日志数据到人际交互数据的转换

人际交互数据需要从原始的日志数据（log data）中提取，提取后还需要将首帖、回复、评论三个单独的数据集建立联系，转换为社会网络分析需要的关系数据。人际交互数据整理流程如图 5-1 所示，主要包括以下几个步骤。①用 R 软件从原始的 MOOC 学习平台日志数据中提取出论坛数据。②提取出的数据包括三个数据集：首帖（posts）数据集、回复（replies）数据集、评论（comments）数据集。提取出的首帖数据示例如表 5-1 所示，提取出的回复数据示例如表 5-2 所示。③使用首帖编号（post id）作为关键字段实现首帖数据集和回复数据集的匹配，生成首帖-回复边链表（reply edgelist）；使用回复编号（reply id）作为关键字段实现回复数据集和评论数据集的匹配，生成回复-评论边链表（comment edgelist）。④将上一步生成的两个边链表合并，生成整体人际交互边链表，最终的数据格式如图 5-2 所示，其中前两列数据即为边链表中的关系数据，后面几列数据为关系数据的属性。

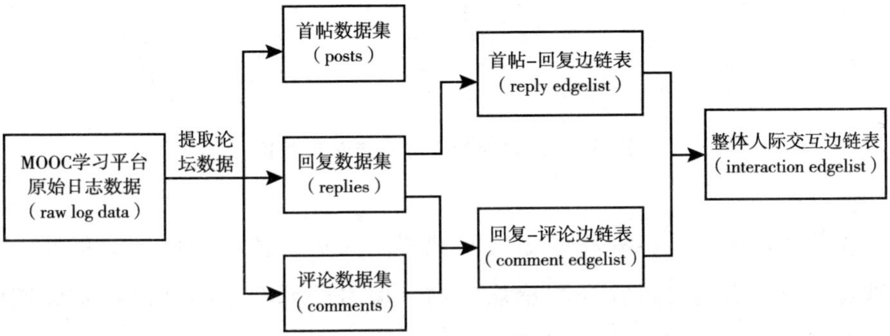

图 5-1　人际交互数据整理流程

表 5-1　从日志文件中提取的论坛首帖数据示例

{**id**[1]252051,**gmt_create**[1]1.408585e+12,**gmt_modified**[1]1.421681e+12,**type**[1]3,**lesson_unit_id**[1]"216290",**forum_id**　[1]120017,**root_forum_id**[1]-1,**term_id**[1]44001,**poster_id**[1]1566063,**post_time**[1]1.408585e+12,**title**[1]"我想做的教学改变",**last_replyer**[1]"4858135",**last_reply_time**[1]1.421681e+12,**anonymous**[1]"\\N",**tag_agree**[1]"\\N",**tag_top**[1]"\\N",**tag_top_time**[1]"\\N",**tag_solve**[1]"\\N",**tag_lector**[1]"1",**count_browse**[1]27466,**count_reply**[1]4903,**count_vote**[1]255,**deleted**[1]0,**active_flag**,[1]1,**lock_flag**[1]"0"}

注：仅展示第一行数据，加粗处理的是提取字段，移除学习者相关信息。

表 5-2　从日志文件中提取的论坛回复数据示例

{**$ id**[1]151182,**$ gmt_create**[1]1.404346e+12,**$ gmt_modified**[1]1.404544e+12,**$ replyer_id**[1]2049428,**$ anonymous**[1]0,**$ post_id**[1]132044,**$ content**[1]"我也是农村的老师,我也有你的顾虑,我教小学英语,孩子们的自主能力非常的差,学校教学资源也不尽如人意,要怎样解决这些问题啊,我也很头疼!",
$ count_vote[1]1,**$ count_comment**[1]0,**$ reply_time**[1]1.404346e+12,**$ deleted**[1]0,**$ tag_agree**[1]0,**$ tag_top**[1]0.**$ tag_top_time**[1]0,**$ active_flag**[1]1,**$ forum_id**[1]21045,**$ term_id**[1]21012}

注：仅展示第一行数据，加粗处理的是提取字段，移除学习者相关信息。

poster_id	replyer_id	post_id	reply_id	reply_time_formal	reply_month	reply_day	term_id	forum_id
1753001	2756586	463055	1126674	2014-12-16 10:50:52	12	16	207001	230009
1753001	2832604	463055	1126831	2014-12-16 12:27:13	12	16	207001	230009
4449454	4453124	510335	1128645	2014-12-16 16:02:27	12	16	207001	230045
1753001	4453521	463055	1128852	2014-12-16 17:04:51	12	16	207001	230009
4124794	4449656	508323	1128881	2014-12-16 17:18:42	12	16	207001	230044
4449541	3527898	508315	1129481	2014-12-16 14:49:56	12	16	207001	230007
1787057	4453469	509355	1129506	2014-12-16 15:01:50	12	16	207001	230007
2072818	2867910	510355	1129633	2014-12-16 15:52:17	12	16	207001	230007
4449454	4122051	510335	1129834	2014-12-16 16:36:33	12	16	207001	230045
1753001	3204516	463055	1129877	2014-12-16 16:51:05	12	16	207001	230009
1753001	3870859	463055	1130098	2014-12-16 13:35:15	12	16	207001	230009
1753001	3204516	463055	1130802	2014-12-16 16:49:09	12	16	207001	230009
4124794	4449507	508323	1130906	2014-12-16 17:43:51	12	16	207001	230044
4449541	4123641	508315	1131260	2014-12-16 14:51:06	12	16	207001	230007

图 5-2 转换后的人际交互关系数据

需要指出的是，在课程开始前和课程结束后一段时间内，课程处于开放状态，学习者均可以在课程论坛发帖。但本研究关注的是课程实施期间的人际交互情况，因此在数据清理时，删除了课程开始前和结束后的人际交互数据。

二 人际交互数据与问卷数据的匹配

本研究最终共回收有效课前问卷 3281 份、有效课后问卷 1004 份。如前文所述，MOOC 学习平台无问卷系统，问卷填写和回收在问卷星平台独立开展。为了开展后续数据分析，需要将以下三个数据集建立关联：课前问卷数据、MOOC 学习平台收集的人际交互与成绩数据、课后问卷数据。数据匹配的流程如图 5-3 所示，其处理步骤如下：①清理三个独立的匹配前数据集；②以电子邮箱为关键字段实现课前问卷和 MOOC 学习平台用户数据的匹配，完成问卷数据与人际交互、成绩数据的匹配，得到匹配后数据集 1；③再次以电子邮箱为关键字段，实现课后问卷和匹配后数据集 1 的匹配，得到匹配后数据集 2。

但在数据集关联和匹配过程中发现，很多学习者填写 email 格式不正确，或者填写了非 MOOC 学习平台的注册邮箱，导致了很多数据未匹配成功。课前问卷和 MOOC 学习平台用户数据最终匹配成功的样本仅为 1635

份。通过全部样本数据和匹配成功样本数据的对比，发现两者在所有题项上的应答分布高度一致，因此未匹配成功样本数据并不影响后续数据分析。

对于最后一个研究问题的回答，需要将课前问卷数据、课后问卷数据和 MOOC 学习平台用户数据进行匹配，三个数据集最终匹配成功的样本量为 689 份。将课后问卷与学习成绩完成匹配后，发现填写课后问卷的 689 人中，60%的学习者通过了课程，40%的学习者未通过课程。数据有一定代表性。

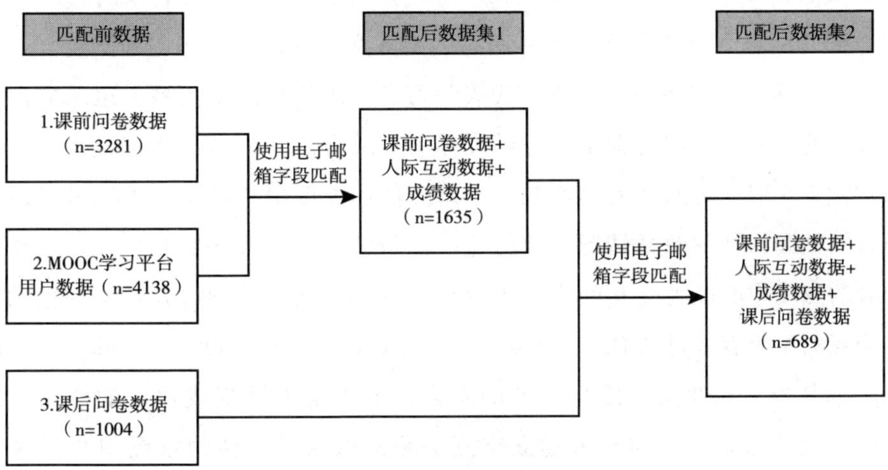

图 5-3　三个数据集匹配和整理流程

第二节　人际交互数量的操作化与测量

本文采用社会网络分析的方法来分析人际交互数据。如前文所述，社会网络分析一般将网络分为两种类型：整体网络（Whole network）和个体网络（Ego network）。其中，整体网络是在有边界的行动者群体中所有行动者之间的关系网络。整体网络分析研究网络全体成员之间的关系，具体包括网络大小（size of network）、密度（Density）、连通性（connectedness）、平均点度数（average degree）、平均路径长度、网络直径（network diameter）、互惠性（reciprocity）、传递性（transitivity）、平均聚类系数

（average clustering coefficient）等。整体网络可以对互动形成的网络进行较为全面的描述，可以揭示整体网络的基本特征。个体网络是一个以行动者为中心而形成的与其他行动者之间的关系网络。个体网络分析从个体行动者的角度出发，研究个体与其连接的其他个体之间的关系。因此，个体网络主要测量以下个体行动者的网络结构特征：关系类型，包括强连接和弱连接；中心度测量，包括点度、入度、出度。

本研究试图考察的是作为行动者的 MOOC 学习者之间的人际交互关系而形成的整体网络，以及以学习者个体为单位的人际交互个体网络。下面将详细介绍基于整体网络和个体网络的人际交互数量的操作化和测量。

在人际交互网络图中，节点代表学习者，边代表回帖关系，边的方向代表回帖的方向，由回复者指向首帖发布者，或者由评论者指向回复者。边的权重代表学习者之间互动的次数。本研究使用点度中心度这一指标来描述学习者发帖和回帖的数量情况，并将这一数量情况称为人际交互广度。一位学习者的点度中心度为交互网络中该成员主动建立交互的学习者数量和被动建立交互的学习者数量的总和，即入度（in-degree）和出度（out-degree）的总和。其中，入度代表该学习者的发言内容被他人回复或评论的数量，出度代表该学习者主动与他人建立交互关系的数量。社会网络图中相对稠密的区域表示学习者之间的交互较为频繁。

一　基于整体网络的测量

1. 网络大小（size of network）

网络中的节点或边的数量决定了网络规模的大小（约翰·斯科特，2016），由于网络大小表征了网络中建立的连接的数量，所以网络大小通常是网络结构的重要测量指标之一。

2. 网络密度（density）

密度是社会网络的一个重要特征，常用来分析、判断成员间的总体互动水平。密度描述了成员间的整体关联/紧密程度。其计算方法是实际连接数与可能连接数之比。在不考虑方向的情况下，其计算方法如公式 5-1 所示。在考虑方向的情况下，其计算方式如公式 5-2 所示。在两个公式中，l

是实际建立的连接数量，n 为网络中所有成员的数量，密度表征了网络中的相互连接程度。在成员数目一定的人际交互网络中，人际交互关系的数目越多，该交互网络的密度就越大（Wang and Li，2007）。

$$D = \frac{l}{n(n-1)/2} \quad (5-1)$$

$$D = \frac{l}{n(n-1)} \quad (5-2)$$

3. 连通性（connectedness）

在图论中，对于一个图来说，如果其中的任何两个点之间都存在一条路径，则称这两个点是可达的，称该图是连通图。在社会网络分析中，一个不连通的网络可能包含多个连通的子网络。研究者把社会网络中不相互连通的子网络称为成分（component）。连通性可以表征人际交互网络的脆弱程度或聚合程度（王永固，2005）。从信息流动的角度来看，人际交互网络的连通性会明显影响信息的流动速度。网络的连通性越好，信息传递的速度就越快。因此，在分析人际交互网络的特征时，网络的连通性通常是研究者关注的一个指标。在分析整体网络的连通性时，研究者首先要考察成分的数量。如果成分的数量比较多，则说明网络具有比较差的连通性。

4. 平均点度数（average degree）

点度数就是该节点的连接数。在有向社会网络图中，可以根据方向区分点度数，分为入度和出度。平均点度数即将网络中所有行动者的点度数取平均值，点度数的计算方式将在个体网络测量部分介绍。点度数可以表示一个行动者参与网络行为的程度，例如，人际交互网络中某一学习者的点度数，其值越大，表示该学习者互动行为越多。对整体网络而言，平均点度数可以反映网络行为的综合水平。如人际交互网络的平均点度数，其值越大，说明网络中人际交互关系越多。

5. 平均路径长度

两个节点之间的最短路径，被称为测地线（geodesic distance）。而测地线的长度被称为路径长度（Wasserman and Faust，1994）。如果两个行动者是相邻的，则他们之间的距离为 1。如果行动者 i 与行动者 j 连接，行动者 j

和行动者 k 连接，而行动者 i 与行动者 k 并不相连，那么 i 与 k 之间的路径长度为 2。平均路径长度可以反映网络中节点之间的距离，其值越小，说明网络中节点对之间的距离越近。

6. 网络直径（network diameter）

社会网络图中，图的直径是指最长测地线的长度。图的直径可以表征网络的连通性。其值越小，说明网络连通性越好，距离越短。

7. 互惠性（reciprocity）

互惠性是指网络中行动者之间是否相互选择，或者说是双向的。在有向图中，如果 i 指向 j，同时 j 也指向 i，就称 i 与 j 是互惠的。交友类在线社交网络的互惠性通常比较高，如 Facebook，朋友之间通常互相关注，方向是双向的。而微博类的互惠性通常比较差，如 Twitter、新浪微博，举例说明，很多粉丝会关注明星，但明星不会关注他们的粉丝，即方向是单向的（Ahn et al.，2007）。互惠性关注二元组（dyads），互惠性的计算方法是计算网络中具有互惠连接对的数量占网络中所有连接对的比例，如公式 5-3 所示。互惠性的值越大，说明该网络有更多的节点对实现了互惠关系，网络连接更紧密。

$$R = \frac{Num(X_{ij} > 0 \cap X_{ji} > 0)}{Num(X_{ij} > 0 \cup X_{ji} > 0)} \tag{5-3}$$

8. 传递性（transitivity）

传递性是指节点 i 向节点 j 发出一个连接，而节点 j 又向节点 k 发出一个连接，则可以认为节点 i 通过节点 j 向节点 k 传递出一个连接。传递性关注三元组（triad）。

9. 平均聚类系数（average clustering coefficient）

聚类系数测量的是某节点的邻节点与其他邻节点的实际连接数与最大可能连接数之间的比例。如果一个节点所拥有的邻节点少于两个，则无法计算聚类系数。举例来说明，节点 i 有 n 个邻节点 $j_1 \sim j_n$。如果 j_1 也连接到所有其他连接点 $j_2 \sim j_n$，则节点 i 的聚类系数为 1。否则，如果 $j_1 \sim j_n$ 这 n 个节点互不相连，则节点 i 的聚类系数为 0。整体网络的平均聚类系数可以反映该网络的内聚力。

二 基于个体网络的测量

社会网络分析法被广泛应用于分析在线教育中的人际交互。网络的中心度（centrality）是计算一位行动者在一个社会网络中主要的个体结构指标（王陆，2009）。不同的中心度具有不同的意义，第三章文献综述部分已经回顾过已有研究中的人际交互测量指标。在本研究中，需要测量不同的中心度以描述个人社会网络的不同指标，包括：点度中心度表征人际交互广度，边权重表征人际交互强度。由于人际交互网络是有向网络，又可以将人际交互广度细分为点入度和点出度，用于表征人际交互入度和人际交互出度。人际交互广度、强度、出度、入度均使用 R 软件中的 igraph 包计算获取。

1. 绝对中心度和相对中心度

在社会网络分析中，中心度一般有两种表达式，分别是绝对中心度（absolute centrality）和相对中心度（relative centrality）。绝对中心度的测量存在一个缺陷：只有在同一个网络的成员之间或者在同等规模的网络之间进行比较时，绝对中心度指标才有意义。为了避免这一局限性，社会计量学引入了相对点度中心度概念。相对中心度也被称为标准化中心度（normalized centrality）。

国内社会网络分析领域的著名学者刘军指出，在研究中心度时，一般采用以下方法：首先计算节点的各类“绝对中心度”；然后，出于“比较”的考虑，即为了对来自不同网络图的节点的中心度进行比较，需要计算“相对中心度”指标，即“标准化”的绝对中心度指标（刘军，2004）。虽然是在同一课程中形成的交互网络，问题引导讨论区和自由讨论区各自形成的网络有可比性。但考虑到问题引导讨论区和自由讨论区的大小有差异，也为了更好地保证研究的效度，本研究同时使用绝对中心度和相对中心度两个指标。下面分别介绍本研究将会作为测量指标的几个中心度的概念。

2. 人际交互广度

本研究采用点度中心度作为测量人际交互广度的指标。点度中心度是测量与该节点有直接连接的节点数量，通常用于测量网络中行动者的自身交互能力。点度中心度是网络图一个最简单、最具有直观性的指标。点度中心度是对直接关系的考察，忽略间接连接。行动者 i 的点度中心度有绝对点度中心度和相对点度中心度两类。

绝对点度中心度的计算方法是测量与某行动者（节点）直接相连的其他行动者（节点）个数。计算表达式如公式 5-4 所示。相对点度中心度等于该节点的绝对点度中心度与图中该节点的最大可能度数之比，如公式 5-5 所示。人际交互广度越大代表学习者与更多的同伴互动交流。

$$C_{ADi} = d(i) = \sum_j X_{ij} \tag{5-4}$$

$$C_{RDi} = d(i) / (n - 1) \tag{5-5}$$

3. 人际交互强度

MOOCs 的人际交互网络是一种加权网络，即两个节点之间的边权重不全为 1。在加权网络中，现有的文献通常有两种方式测量人际交互强度。加权网络中关系强度的测量有两种方法，最直观且最常见的是使用边权重。两个节点之间的边权重，代表两个节点之间互动的次数。

本研究选用人际交互网络中的边权重（某两位学习者之间的交互频次）作为测量人际交互强度的指标。理由如下：边权重是比较通用的概念，其计算方法简单直观，在学界也被普遍接受；且边权重仅考虑两个节点对之间的关系，不受互动广度（degree）的影响。而边强度这一概念目前主要用于文献计量学，并未被学界普遍接受。同时由于边强度的计算方法涉及度数中心度，因此边强度的大小受互动广度的影响。可能会由于 CD_i 过大而无法准确捕捉到互动强度。

为了将边权重这一节点对之间的指标操作化为个人指标，研究采用了以下方式，将节点之间的边权重同时赋予两个节点。在人际交互网络中，边权重是指两个学习者之间的交互次数，但学习者会与多人建立联系，会有多个边权重值。根据本研究关注的问题学习者与学习者之间交互关系的强度，最终选择该节点边权重的最大值作为人际交互强度的测量指标。如果使用均值，n 过大会导致边强度较小。在人际交互强度这一指标上，只需要关注某学习者与同伴最强的人际交互关系，因此选择最大值。人际交互强度越大，代表学习者与同伴开展了越多次的交互。

4. 人际交互入度和出度

为了进一步考察人际交互的方向，本研究使用点入度和点出度分别作为测量人际交互入度和出度的指标。在有向网络图中，点度中心度又可分为点入度和点出度。点入度是社会网络图中指向该节点的直接关系的节点数目，而点出度是该节点指向自身以外的直接关系的节点数目。在本研究的人际交互网络图中，点入度就是某位学习者获得来自其他学习者互动的数量，而点出度是某个学习者主动与其他学习者互动的数量。人际交互入度越大代表学习者得到了越多同伴的主动联系，人际交互出度越大代表学习者主动与更多的同伴建立了互动交流。

第三节　学习结果的操作化与测量

无论是传统教育情境，还是在线教育情境，最常见的学习结果测量方式均是学习成绩。虽然使用学习成绩作为学习结果的测量指标并不一定是最佳的选择。但 Dumont（1996）、Hiltz 等（2000）通过研究认为，学习者的成绩仍将是测量学习者学习结果最为流行的手段。因此，本研究认为用学习成绩测量学习者的学习结果是合适的。在很多在线学习情境中都用期末成绩测量学习者的学习表现。此外，Verduin 和 Clark（1991）综述了 56 个针对面授和远程教学情境下学习者学业成绩的对比研究后发现，学习者通过远程或在线学习的方式获得的学习效果，即使不比传统教学方式更优越，两者的学习效果也相差无几。

学习满意度被很多研究者视为衡量在线学习成功与否的重要标志，用于测量学习者的学习结果。虽然有研究者认为学习满意度不一定真正地反映了实际的学习效果，但有研究证实，学习满意度的确能够反映学习效果（Bray et al.，2008）。同时，黄天慧等的研究发现学生会对深度学习收获更满意，即对高质量教学更满意（黄天慧、牛新春，2016），说明将满意度视为评价学习结果的指标具有一定合理性。此外，无论学习满意度是否准确反映了实际的学习结果，它都十分重要，因为它可以影响学习者是否继续参与在线课程的学习。

学习收获同样被很多研究者作为测量学习结果的指标（陆一、黄天慧，2019；周海涛、胡万山，2019）。学习者自陈的学习收获调查的是“学生学得怎么样?”，从学习者自身感受出发，报告他们在完成学习后，知识、技能等方面的增长。

综上，本研究将使用学习成绩、课程学习满意度、学习收获作为学习结果的操作化变量。在测量方面，学习成绩使用案例课程的最终成绩，学习满意度主要测量学习者对课程资源、课程设计、测试设计、互评、讨论等资源或学习过程的满意度。学习收获主要测量学习者完成课程学习后获得的相关技能和知识。

第四节　人际交互质量的分析手段

上述社会网络分析中的各类测量指标关注人际交互的数量，不能把握人际交互的质量。而在线学习情境中的人际交互研究需要同时关注人际交互的数量和质量，如此才能深化对人际交互的认识（Henri，1992）。文本内容是学习者表达观点的主要形式，包含了丰富的信息，可以反映人际交互的质量。

在线教育领域，内容分析法被广泛用于对论坛中产生的文本进行分析。如前文所述，传统在线课程的讨论内容分析一般使用手工编码方式。但由于案例课程中产生了海量的讨论文本数据，共 20 多万条帖子，总字数超过 1000 万。面对海量的讨论文本数据，传统的人工编码方式过于耗时耗力，不再适用。自然语言处理（NLP）可以较好地从文本大数据中挖掘出重要的信息，为分析大规模的学习者讨论文本数据提供了可行性。但这些挖掘出的信息只有以合理的方式组织和呈现，才更适合人们对其理解、浏览、传播和应用（唐家渝、孙茂松，2013）。基于信息可视化的“词云图”和“主题模型”为分析大规模讨论内容提供了可行的路径。

本研究将两类讨论产生的人际交互文本数据作为语料库，使用自然语言处理方法开展分析，文本数据预处理及分析流程如图 5-4 所示。

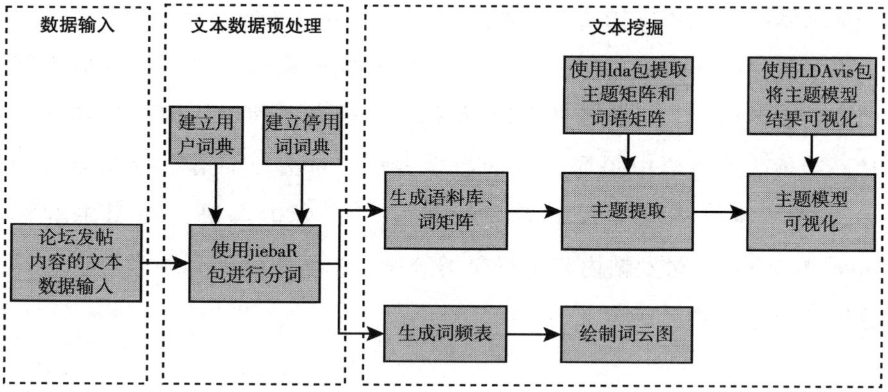

图 5-4　文本数据预处理及分析流程

一　帖子的长度

帖子长度已经被一些研究者用于测量交互质量（Strijbos et al.，2006；Chen and Huang，2019）。本研究同样使用帖子长度作为测量交互质量的指标之一。具体的测量如下：首先以每一条帖子为分析单位，使用 Excel 中的 Len 函数计算帖子长度。从整体网络视角分析时，分别计算两类讨论区所有帖子的平均字数，然后进行差异比较。从个体网络视角分析时，将带有字数属性的帖子导入 R 软件，根据学习者 ID 提取出某一位学习者发布的所有帖子，然后计算每个学习者的帖子平均长度。

二　主题模型（Topic Model）

学习者在线讨论围绕哪些主题展开；这些讨论主题与课程内容是否相关，学习者是否在闲聊；这些问题都能反映人际交互的质量。因此本研究将使用主题模型挖掘案例 MOOC 论坛中的讨论主题，以判断在线讨论是否出现了漂移还是紧紧围绕课程内容。

1. 主题模型简介

近几年随着社会化媒体的兴起，文本数据成为越来越重要的分析资料；海量的文本数据对社会科学研究者的分析能力提出了新的要求，于是 LDA 主题模型（Topic Model）作为一种能够从大量文本中提取出主题的概率模型，被越来越多地运用到主题发现、文档标记等社会科学研究中来。

主题模型是一种用于分析大规模文档的概率模型，该模型提取隐藏在文档中的主题信息。从实现方法上来看，主题模型利用快速的机器学习算法从高维稀疏的词语中提取低维的数学表示，对文档词语进行聚类（杜慧等，2017）。主题模型实现的思想如图 5-5 所示。本研究使用主题模型（Topic Modeling）对发帖内容进行聚类分析，挖掘案例课程中学习者在两类讨论区的讨论主题。

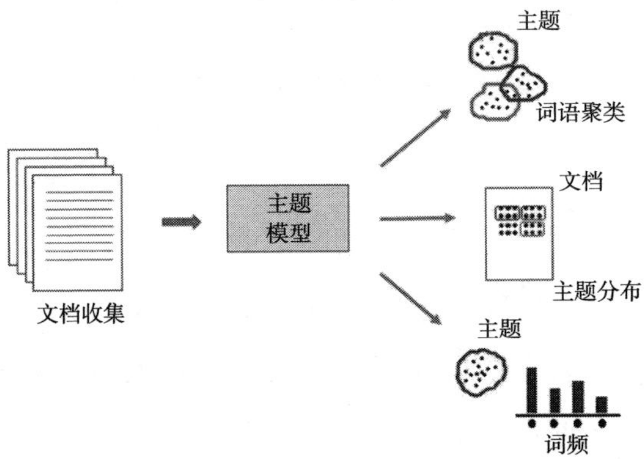

图 5-5　主题模型实现思路

2. 文本数据预处理和分析

在构建主题模型前，需要对文本数据进行一系列的预处理。主要包括以下几个步骤：①整理文本，②建立用户词典，③建立停用词词典，④中文分词，⑤数据清洗。

（1）中文分词（Chinese Word Segmentation）

在英文中，单词之间以空格作为分界符，而中文只有字、句和段能通过明显的分界符来简单划界，唯独词没有形式上的分界符。现代汉语的基本表达单元为“词”，且以双字或者多字词居多。而中文却是以字为单位，为了获取有意义的词，在自然语言处理前需要对文本数据进行分词处理。通俗来说，中文分词就是将连续的字序列按照一定的规范重新组合成词序列的过程，即把一个汉字序列切分为单独的词，或者说有意义的词。图 5-6 展示了分词处理前输入的文本数据（为案例课程讨论区的一条帖子），图 5-7 展示分词处理后的结果，图 5-8 展示了分词处理后的词频。

老师布置的课前学习任务学生不愿去做或不去做，肯定是有原因的。要么任务多、难度大，要么对此任务不感兴趣，此时的老师就应该反思调整，站在学生的角度去想想。记得我在教学小学高段说明文《卧看牵牛织女星》时，也曾想到让学生去读《牛郎织女》的故事，去看希腊神话中有关星座的神话，去比较牵牛星与织女星的特点，去查阅了解文中有关的天文知识，面对课前众多的任务，我想大多数学生都会应付，更不能落到实处。怎样让学生走进枯燥的说明文？我想到了现在的孩子都特别关注自己的星座，于是将课前学习任务定为：西方常说的十二星座是哪些星座？你的幸运星座是什么？你的星座有什么传说或故事？你还知道哪些关于星座的天文知识？可以动笔画一画你熟悉的星座，特别是牵牛星与织女星。没想到学生的准备很充分，课堂交流也很积极。可见，关注学生的学习起点与兴趣是翻转课堂必不可少的前奏。

图 5-6　分词前输入的文本数据（案例课程讨论区帖子）

```
> doc.list <- strsplit(as.character(comments),split=" ")
> doc.list
[[1]]
  [1] "老师"    "布置"    "的"      "课前"    "学习"    "任务"    "学生"
  [8] "不愿"    "去"      "做"      "或"      "不"      "去"      "做"
 [15] "肯定"    "是"      "有"      "原因"    "的"      "要么"    "任务"
 [22] "多"      "难度"    "大"      "要么"    "对此"    "任务"    "不感兴趣"
 [29] "此时"    "的"      "老师"    "就"      "应该"    "反思"    "调整"
 [36] "站"      "在"      "学生"    "的"      "角度"    "去"      "想想"
 [43] "记得"    "我"      "在"      "教学"    "小学"    "高段"    "说明文"
 [50] "卧"      "看"      "牵牛织女" "星"     "时"      "也"      "曾"
 [57] "想到"    "让"      "学生"    "去读"    "牛郎织女" "的"     "故事"
 [64] "去"      "看"      "希腊神话" "中"     "有关"    "星座"    "的"
 [71] "神话"    "去"      "比较"    "牵牛星"  "与"      "织女星"  "的"
 [78] "特点"    "去"      "查阅"    "了解"    "文中"    "有关"    "的"
 [85] "天文"    "知识"    "面对"    "课前"    "众多"    "的"      "任务"
 [92] "我"      "想"      "大多数"  "学生"    "都"      "会"      "应付"
 [99] "更"      "不能"    "落到实处" "怎样"   "让"      "学生"    "走进"
[106] "枯燥"    "的"      "说明文"  "我"      "想到"    "了"      "现在"
[113] "的"      "孩子"    "都"      "特别"    "关注"    "自己"    "的"
[120] "星座"    "于是"    "将"      "课前"    "学习"    "任务"    "定为"
[127] "西方"    "常说"    "的"      "十二"    "星座"    "是"      "哪些"
[134] "星座"    "你"      "的"      "幸运"    "星座"    "是"      "什么"
[141] "你"      "的"      "星座"    "有"      "什么"    "传说"    "或"
[148] "故事"    "你"      "还"      "知道"    "哪些"    "关于"    "星座"
[155] "的"      "天文"    "知识"    "可以"    "动"      "笔画"    "一画"
```

图 5-7　分词处理后的词语（R 输出结果）

```
> term.table <- table(unlist(doc.list))
> term.table

    比较      笔画 必不可少        不 不感兴趣      不能      不愿      布置        曾
       1         1        1         1        1         1         1         1         1
    查阅      常说      充分      传说      此时        大    大多数        的      定为
       1         1         1         1        1         1         1        20         1
      动        都      对此        多      翻转      反思      高段        更      故事
       1         2         1         1        1         1         1         1         2
    关于      关注        还      孩子        很        会        或      积极      记得
       1         2         1         1        2         1         2         1         1
      将      交流      角度      教学        就        看      可见      可以      课前
       1         1         1         1        1         2         1         1         3
    课堂      肯定      枯燥      老师        了      了解  落到实处    没想到      面对
       2         1         1         2        1         1         1         1         1
    哪些      难度        你  牛郎织女      起点    牵牛星  牵牛织女      前奏        去
       2         1         4         1        1         2         1         1         6
    去读        让      任务      什么      神话      十二        时        是      熟悉
       1         2         5         2        1         1         1         5         1
  说明文      特别      特点      天文      调整      文中        我        卧      西方
       2         2         1         2        1         1         3         1         1
希腊神话      现在        想      想到      想想      小学        星      星座      兴趣
       1         1         1         2        1         1         1         8         1
    幸运      学生      学习      要么        也      一画      应付      应该        有
       1         7         3         2        2         1         1         1         2
    有关      于是        与      原因        在      怎样        站      知道      知识
       2         1         3         1        2         1         1         1         2
  织女星        中      众多      准备      自己      走进        做
       2         1         1         1        1         1         2
```

图 5-8　分词处理后的词频（R 输出结果）

目前有多款国内中文分词软件或工具，比较流行的开源分词工具有 jieba、SnowNLP、THULAC、NLPIR。jieba 是国内使用人数最多的中文分词工具。因此本研究使用 R 开源软件中的 jiebaR 包（jiebaR package）对文本数据进行分词处理。分词处理需要建立用户词典和停用词词典。本研究使用的用户词典为研究者自定义的词典，选择的停用词典为较常用的最新版哈工大停用词典。常见的停用词有数字、标点符号、各类介词等，本研究结合学习者的发帖内容，将案例课程中出现的常用却无意义的词也设置为停用词。具体而言，根据案例课程内容，将“学生”“学习”“翻转课堂”“老师”这一类词选为停用词。

（2）数据清洗

数据清洗主要是指去掉低频词、没有意义的词（如虚词）或指代词、特殊的表情符号、项目列表等。很多无效词凭借着高出现率，在每个主题下都排名较高。去除无效词的清洗过程，需要反复执行。如图 5-9 所示，得到语料库词频表后，发现在排名比较靠前的高频词中，出现了方框标出的“1.”“2.”这类项目符号和“这种”“已经”等太多无实际意义的常用词。这时需要返回数据清理这一步骤删除这类词。如果不删除这类无实际意义的高频词，会出现无法提取主题意义的情况。如图 5-10 所示，主题 6 下的所有高频词均是无实际意义的常用词，研究者无法准确提取该主题的主要内容。在本研究的数据清洗过程中，删除了“我们”“他们”“这个”“这样”“这种”“一个”“已经”“可以”“就是”“但是”“如果”“对于”“所以”等无效高频词。

学生	学习	课堂	翻转	视频	老师	设计	问题	作业	活动	课前
9450	6975	5809	4756	3464	3076	2915	2757	2137	2121	2064
教学	教师	任务	进行	小组	内容	时间	没有	需要	完成	分钟
2056	1971	1898	1879	1709	1687	1370	1300	1260	1227	1203
讨论	知识	目标	课程	评价	展示	过程	情况	形式	能力	说明
1151	1040	981	965	905	894	772	769	755	731	710
方法	应该	理解	交流	环节	不是	学校	自主	觉得	制作	要求
708	708	700	689	684	658	648	626	614	602	593
方式	不能	兴趣	分析	大家	掌握	解决	合作	课堂教学	能够	很多
590	587	582	573	563	563	557	549	538	535	533
知道	互评	观看	不同	一定	10	同学	是否	效果	谢谢	总结
531	525	523	518	518	515	512	504	501	501	489
提交	比较	课上	录制	现在	可能	教育	了解	实施	组织	提高
485	475	472	469	467	462	461	460	452	452	451
参与	环境	讲解	感觉	使用	软件	每个	一下	重要	培养	主要
447	441	438	426	426	418	410	410	401	397	396
这种	部分	已经	下载	1.	2.	孩子	基础	检测	不会	非常
391	388	386	383	381	380	376	371	368	367	363
希望	应用	流程	激发	探究	适合	练习	选择	看到	实验	微课
357	355	345	344	344	343	340	339	338	335	335
提供	技术	思路	准备	反馈	个人	最后	实践	测验	成绩	生活
333	332	330	330	329	329	328	327	322	320	317
运用	采用	引导	出现	发现	相关	资料	学科	一种	帮助	电脑
316	313	313	312	312	310	310	309	305	304	304
思考	模板	认为	实现	提出	分配	具体	才能	提问	指导	border
304	303	303	301	293	286	286	285	282	279	277
操作	利用	测试	更好	传统	积极性	平台	实际	所有	尝试	分享
276	276	275	273	271	269	267	266	263	262	262

图 5-9　分词结果中的无效高频词示例

3. 主题数量的确定

主题数量的选择是主题模型的一个难题。当各个主题之间的相似度最小时，就可以认为找到了合适的主题个数（里彻特、科埃略，2014）。本研究采用探索的方式确定主题数量，探索方法具体如下：①笔者根据对发帖内容的经验性判断，设置主题数量的初始值 k 值，得到初始主题模型。检查各主题之间的相似度。②增加或减少主题数 k 值，重新训练得到模型，再次检查各

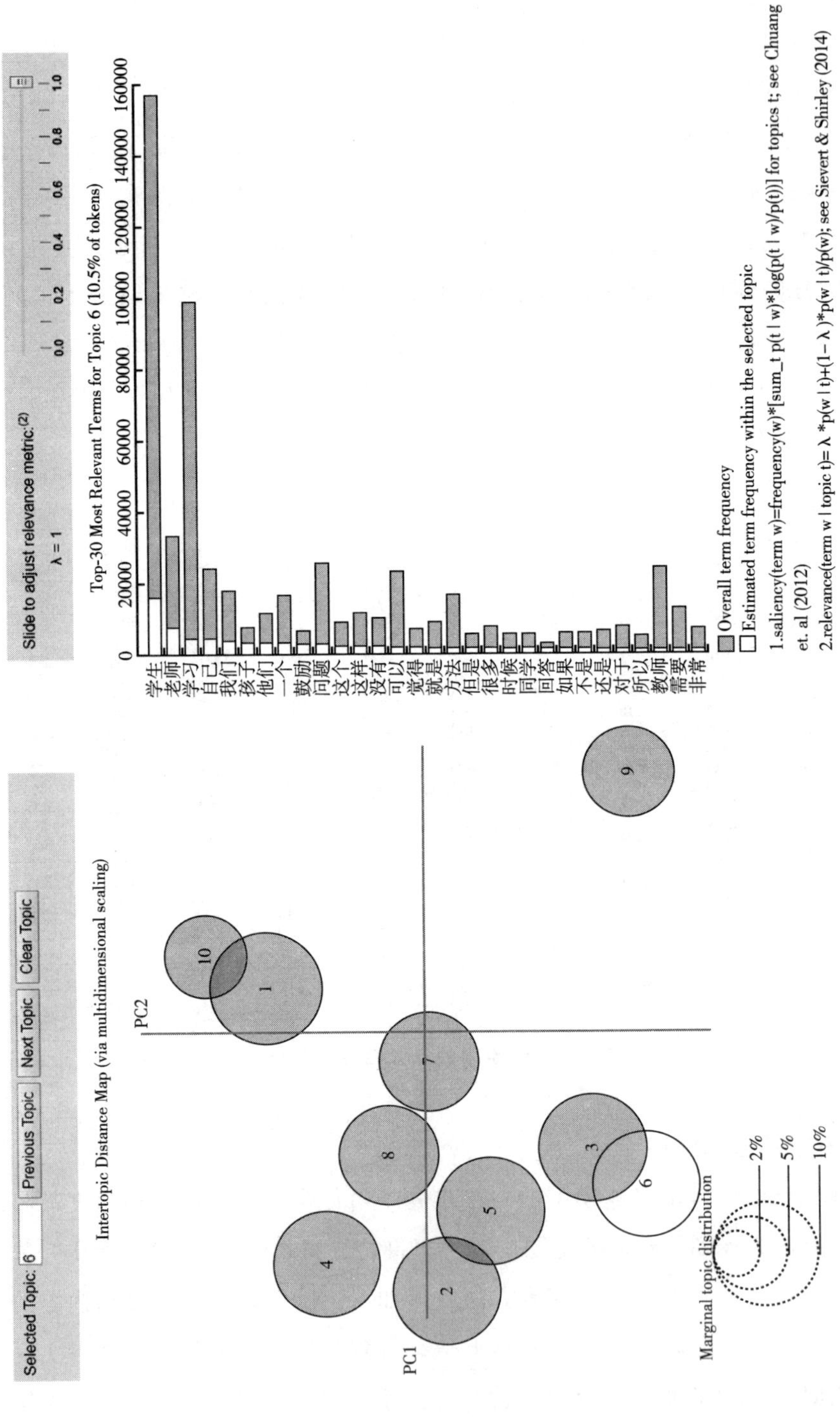

图 5-10　主题模型输出结果中前 30 的高频词均是无效高频词示例

主题之间的相似度。③重复第二步，直到得到最优的主题数 k 值。

4. 主题模型可视化工具

主题模型可以通过很多编程工具实现，但存在一个较大的局限：对分析结果的解释比较抽象。基于此，计算机领域的学者开发了主题模型可视化包，帮助研究者解释模型输出结果，直观表达模型结果。目前比较常用的主题模型可视化工具主要有两种：基于 R 语言开发的 LADvis 包，基于 Python 语言开发的 pyLDAvis 包。两个软件包都是交互式的主题模型可视化包。该软件包可以将主题模型建模后的结果，利用封装好的可视化模板，制作成交互网页界面的结果分析工具。由于笔者更熟悉 R 语言，因此本研究使用基于 R 语言开发的 LADvis 包。

5. 主题模型可视化结果解读

主题模型可视化结果的解读方式如图 5-11 所示，研究者可以使用主题模型可视化结果中的可视化指标和一系列操作提取三个重要信息。为了更准确地说明如何解读主题模型可视化结果，此部分利用案例课程自由讨论区帖子文本数据作为语料库，构建主题模型，并将模型结果可视化。下面将用示例图详细说明如何解读可视化结果。

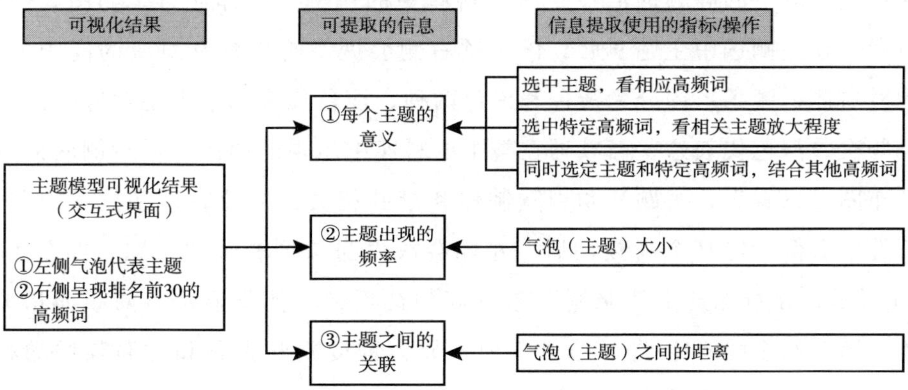

图 5-11 主题模型输出的可视化结果解读示意

(1) 可提取的信息

主题模型的可视化界面是一个交互式界面，如图 5-12 所示。左侧每个气泡代表一个主题，右侧展示了主题对应的高频词（前 30）。从主题模型的可视化结果可以获取以下信息。①主题的意义。将鼠标悬浮在界面左边的气泡上，可以自主选择查看某个主题。选定具体主题后，界面的右侧面板会相应地显示跟这个主题相关的词汇。②主题出现的频率。气泡大小表示主题出现的频率，研究者可以直观判断主题频率。如图 5-12 的可视化结果，主题 1、主题 2、主题 4 的气泡较大，表示这三个主题在语料库中的频率较大。而气泡较小的主题 8 和主题 9 在语料库中出现的频率较小。③主题之间的关联。LADvis 用多尺度分析，提取出主成分作为维度，将主题分布到两个维度上，主题气泡相互之间的远近，就表达了主题之间的接近度/相似度。从图 5-12 的可视化结果，可以大致了解，主题 6 和主题 10 的相距甚远，表明这两个主题非常独立。而主题 1、主题 2 和主题 4 则彼此相对靠近，表明这三个主题之间有较大的相似度。

（2）主题意义提取

主题意义提取是主题模型的主要目标，主题意义提取可通过操作交互式界面实现，主要的操作方式如下。①将鼠标悬浮在界面左侧的气泡上，可以自主选择查看某个主题。选定左侧具体主题后，界面的右侧面板会显示与此主题相关的高频词汇，并用条形图表示其频数。研究者还可以直观获取此主题下的高频词汇在整体语料库中的比例。具体而言，如图 5-13 所示，在左侧选中主题 9 后，该主题右侧会展示与主题 9 对应的高频词。此时右侧词频条形图分为浅色和深色两种，浅色代表选中主题对应的高频词频次，深色代表这些高频词在整个语料库中出现的频次。从右侧的词频分布图可以看出，主题 9 和视频制作和录制相关，涉及软件和技术问题。②选中右侧特定某个高频词后，左侧会放大与该词相关的主题。如图 5-14 所示，在右侧选中“录制”这一高频词后，左侧仅显示与高频词相关的主题 9 和主题 10。进而通过气泡被放大程度判断主题和此高频词的相关程度，主题 9 与此高频词密切相关，因此放大程度较高。③合并以上两个操作，首先选中特定主题，然后选中特定高频词。两者与此主题的其他高频词结合，可以直观总结出该主题的主要内容。如图 5-15 所示，首先选中主题 9，然后选择“录制”这一高频词，左侧显示与“录制”这一高频词相关的主题 9 和主题 10。但根据主题 10 的放大程度可以推断：“录制”

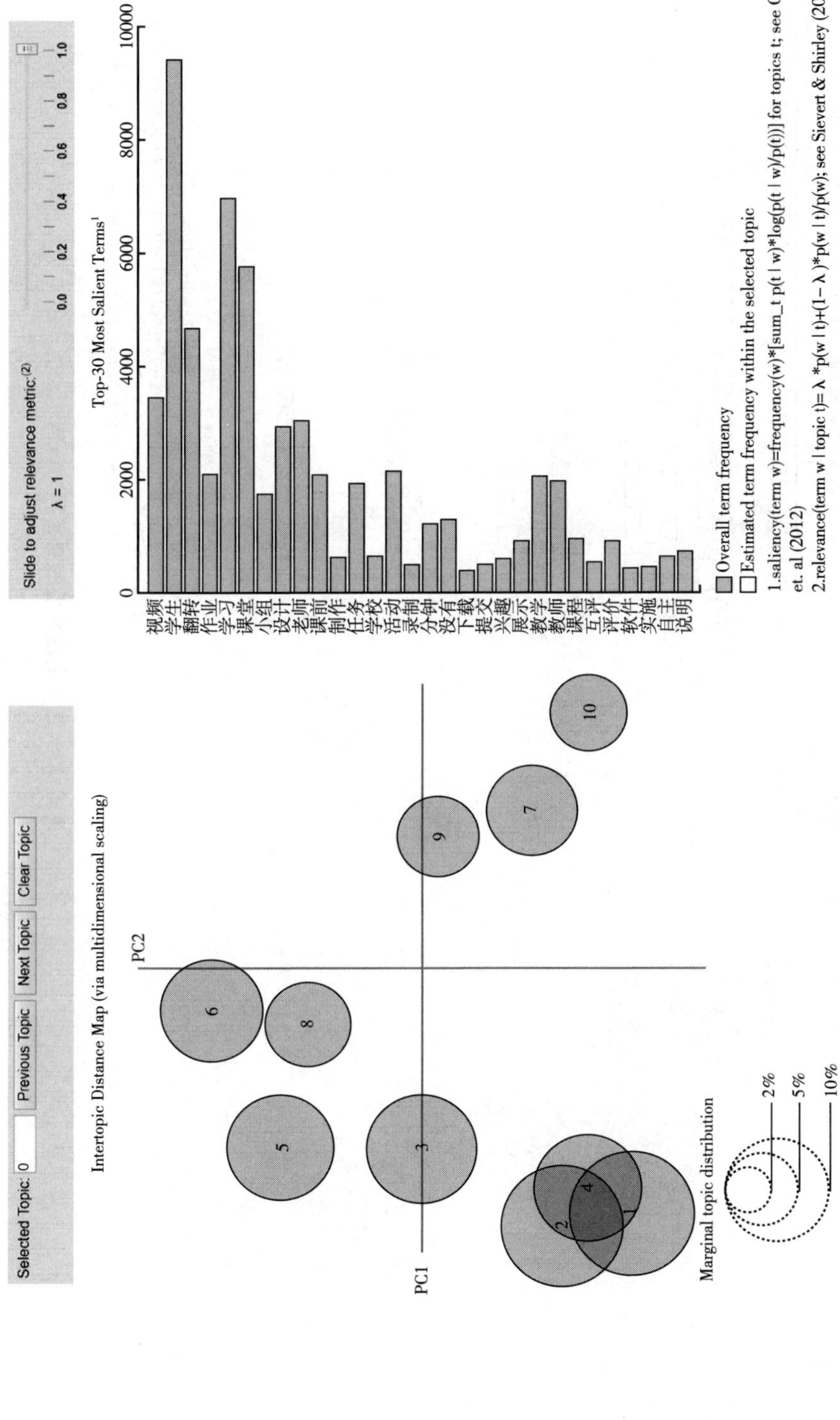

图 5-12　主题模型可视化交互界面示例

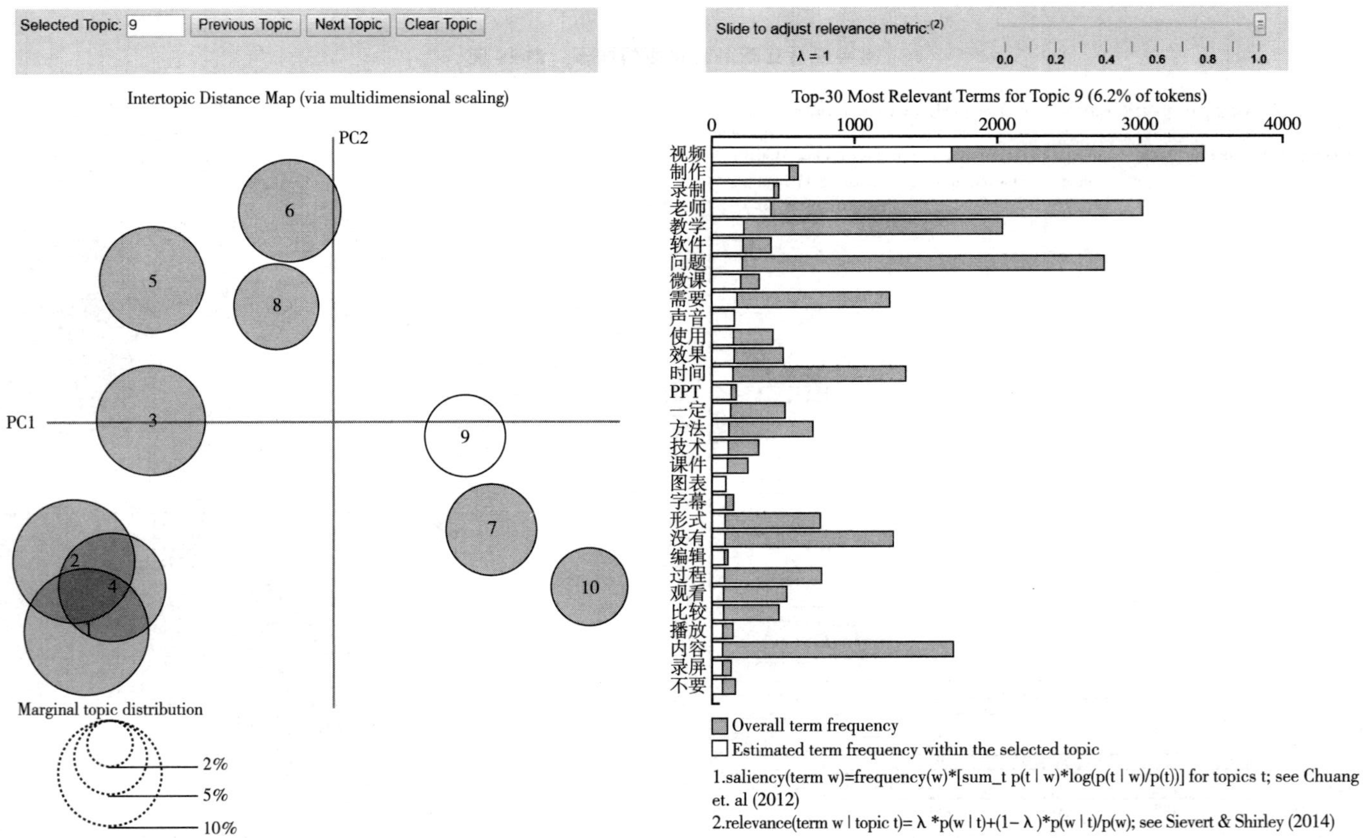

图 5-13　选中主题 9 后的交互界面示例

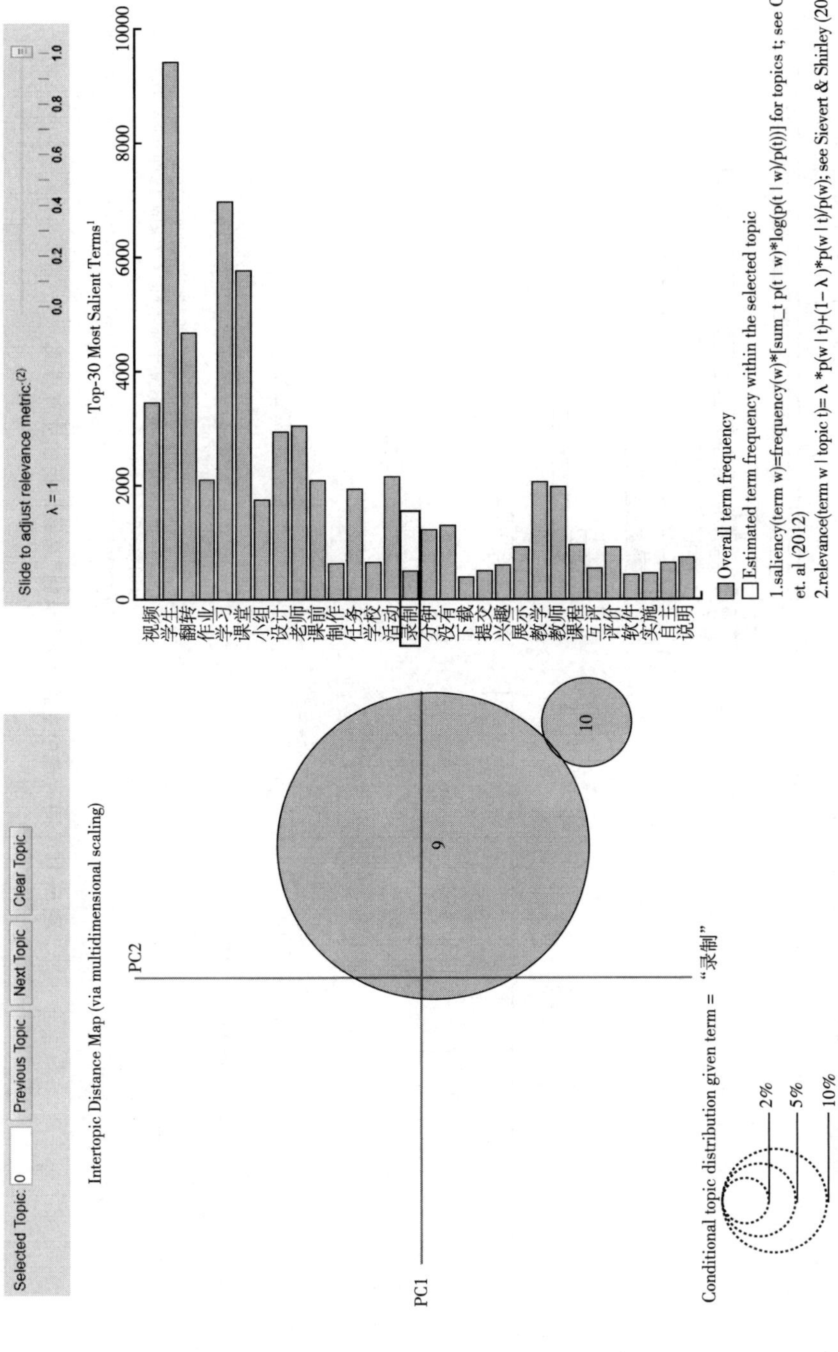

图 5-14 选中右侧"录制"这一高频词后的交互界面（左侧与此高频词相关的主题气泡被放大）

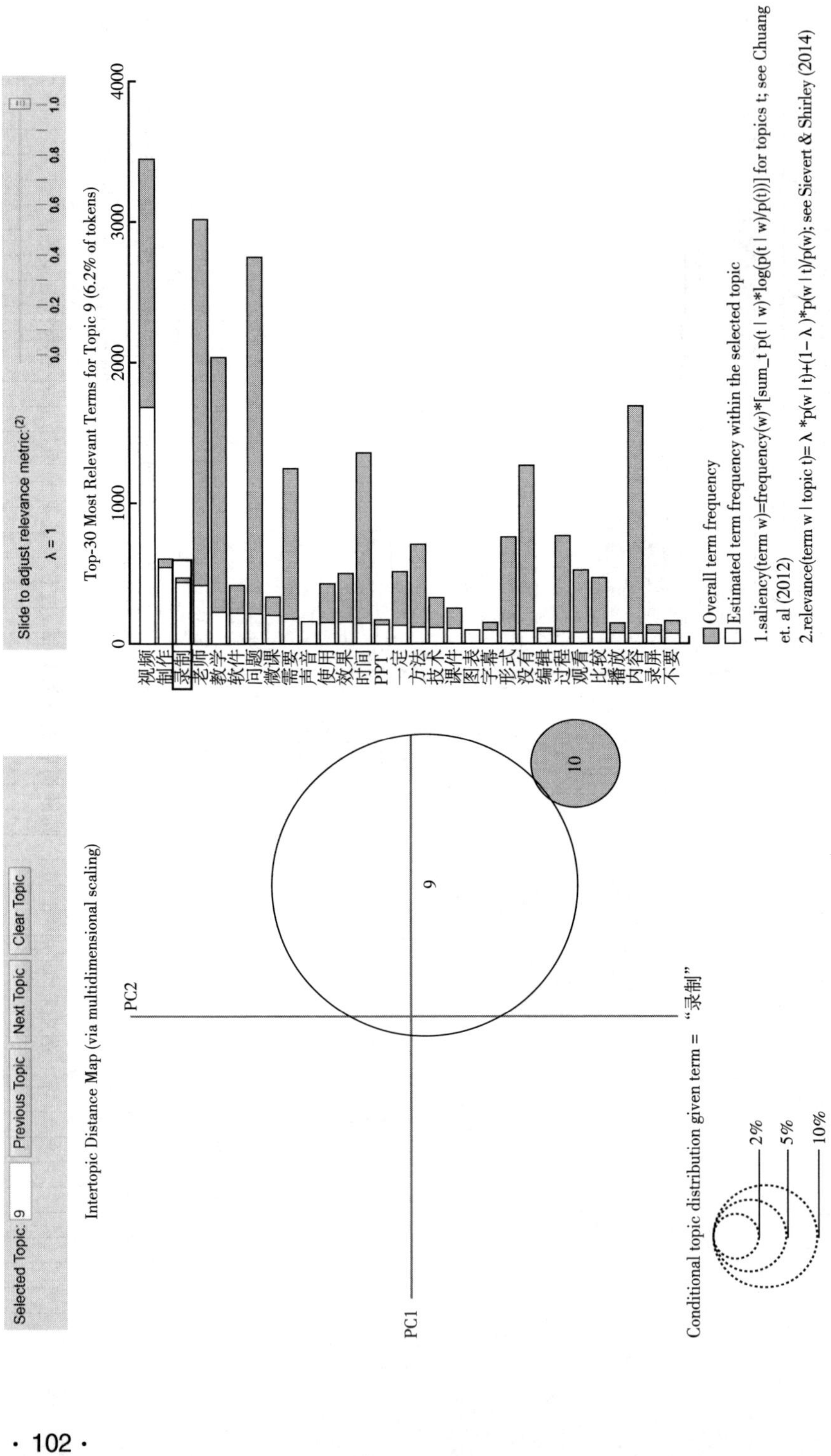

图 5-15 同时选中主题 9 和"录制"高频词后的交互界面

这一高频词与主题 9 密切相关，且可以将主题 9 和其他主题区分开来，可将这类词称为“区分词”。再结合主题 9 的其他高频词，可以总结出主题 9 的主要内容是“视频录制、制作的相关软件或技术问题”。这一主题与案例课程第三讲“如何制作优质教学视频”内容高度相关。

三　词云图与词频统计

为了探索 MOOC 平台学习者讨论内容是否偏离讨论主题，本研究使用词云图、词频图两类数据可视化表达，以及词频与帖子数量的比例、出现某一个高频关键词的帖子数量两个数量指标。

1. 词云图

词云图，也叫文字云，是文本数据可视化的一种方式。词云图使用自然语言处理技术，首先对文本数据进行分词处理，然后将词语按照一定顺序和规律进行排列，通常按照频次排列，并以词语的大小代表词语的频次（重要性）。词云图可以对文本中出现频率较高的“关键词”予以视觉化的展现，过滤掉大量的低频低质的文本信息，使得读者从一张图就可领略文本的主旨。如在 2008 年美国总统大选期间，大量新闻报道采用了词云图对比民主党和共和党候选人在演讲用词上的差异，如华盛顿邮报利用 Wordle 生成词云，呈现了自 1960 年以来两个党派总统候选人在接受提名的演讲中使用的核心词汇的频次（唐家渝、孙茂松，2013）。

2. 词频统计

高频关键词可以很好地反映讨论内容是否紧扣主题。但如果仅使用词云图呈现讨论内容，存在一个局限：某个主题原帖下的回复/评论帖子数量较多，即使讨论内容较分散，但还是会将一些关键词突显出来（词语大小代表词频），但此关键词并不能很好地代表总体回复/评论的主题。为了弥补这个缺陷，本研究还使用以下两个指标来表征讨论内容是否围绕主题：词频与帖子数量的比例（每一个帖子可计多次高频词），以及出现某一个高频关键词的帖子数量（每一个帖子仅计一次高频词）。第二个指标中包含特定高频词的帖子数量用 Excel 的“查找”功能获得，如图 5-16 所示，“自主”这一高频词在 1576 个单元格（每个单元格代表一条帖子）中出现，说明高频词在帖子中出现的频率为 1576。

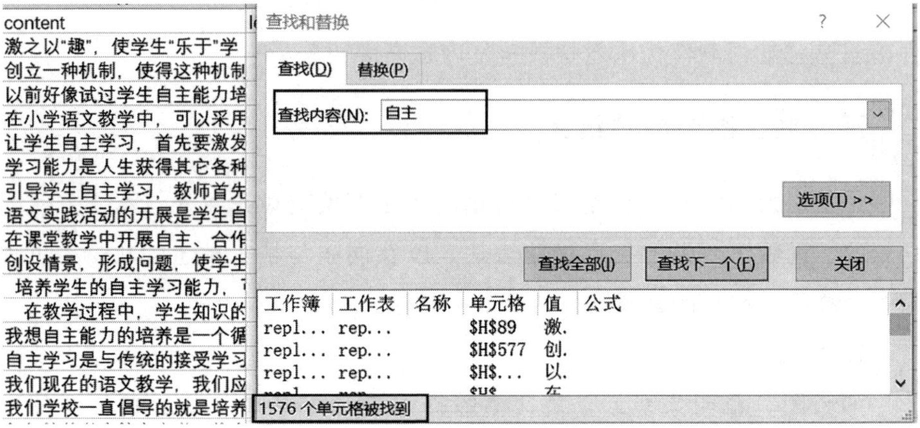

图 5-16　利用 Excel 的“查找”功能计算出现特定关键词的帖子数量

第五节　问题引导讨论区和自由讨论区的特征

本章第二节案例介绍部分已经说明问题引导讨论区和自由讨论区的一些概况。本节主要从数据的角度来说明课堂讨论区和自由讨论区的特征。

问题引导讨论区的参与人数和发帖量较多，而自由讨论区各分论坛的参与人数和发帖量差异较大，大部分分论坛参与人数和发帖量都非常少。问题引导讨论区和自由讨论区各分论坛的帖子总数、参与人数如表 5-3 所示。

表 5-3　问题引导讨论区和自由讨论区各分论坛的发帖量和参与人数

单位：条，人

	分论坛	帖子总数	参与人数
问题引导讨论区		198217	4000
自由讨论区	老师答疑区	3148	739
	综合讨论区	1650	422
	第一讲讨论区	1547	457
	第三讲讨论区	875	228
	第二讲讨论区	780	215

续表

	分论坛	帖子总数	参与人数
自由讨论区	第五讲讨论区	735	197
	第四讲讨论区	597	164
	我所理解的翻转课堂	399	162
	见招拆招：常见问题及对策	354	172
	技术求助	307	127
	小学语文	252	75
	职业教育实践类课程	190	61
	小学数学	183	71
	职业教育理论课程	181	51
	自我介绍	170	94
	大学外语、思想政治、体育、艺术等公选课	142	44
	高中理化生	134	47
	课程团队对共性问题的回答	122	64
	中小学信息技术	117	45
	大学信息科学、工程类学科	117	46
	其他情况	102	34
	高中史地政	101	28
	初中理化生	99	40
	初中语文	87	40
	初中数学	78	34
	初中史地政	77	27
	企业产品试用推荐论坛	67	46
	小学实践课及其他课程	64	25
	地区/学校/教师翻转课堂试验经验展示区	52	43
	大学理学及自然科学类课程	51	24
	高中语文	45	19
	初中英语	42	14
	高中英语	41	18
	高中数学	39	14
	小学英语	37	19
	大学社会科学类课程	30	17
	中小学阶段艺术等	27	14
	大学人文科学类课程	26	14
	中小学阶段体育	23	10
	学前教育阶段	6	6
	总计	13094	—

从表 5-3 可以发现，问题引导讨论区的参与人数最多，相应的发帖量也最多。问题引导讨论区的帖子总数接近 20 万条，参与人数是 4000 人。自由讨论区按分论坛的形式组织，分为 40 个分论坛。自由讨论区中所有分论坛的总发帖量为 13094 条。由于自由讨论区的大部分分论坛发帖量较少，因此在分析数据时，将自由讨论区各分论坛的数据合并在一起分析。

第六章
问题引导教学设计与人际交互

——基于整体网络的数量分析

第一节　概述

本章的研究思路如图 6-1 所示，本章将通过社会网络分析、聚类分析等多重分析方法，从整体网络视角回答本研究的第一个研究问题：问题引导讨论这一教学设计如何影响人际交互的数量，包括人际交互的整体网络特征、学习共同体的形成？本章第一节首先介绍了案例课程问题引导讨论

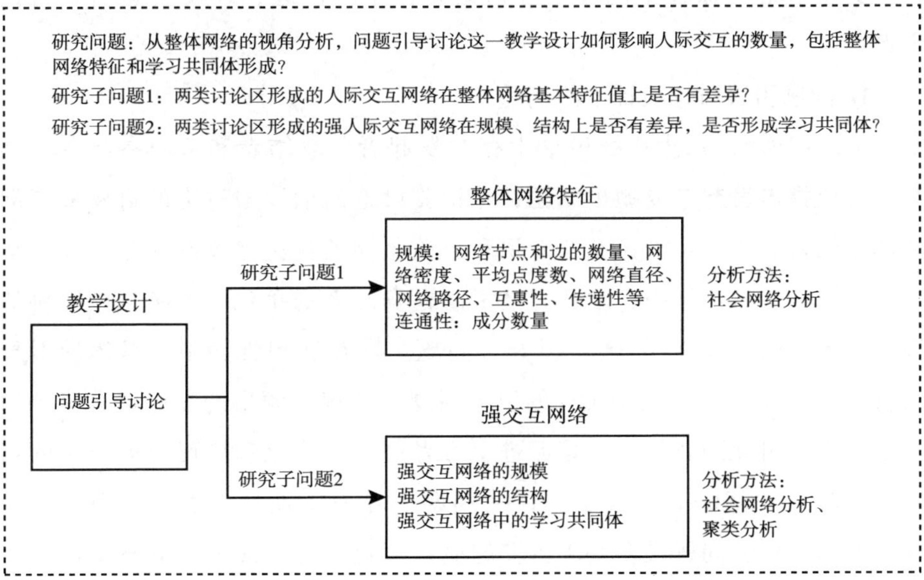

图 6-1　第六章研究思路

这一教学设计。第二节分析了两类讨论区的人际交互整体网络的特征。为了探索 MOOCs 中是否会形成学习共同体，第三节从两类讨论区中过滤出强人际交互网，并在第四节中进一步对强交互网络进行聚类分析。数据分析发现两点结论。①相比自由讨论区形成的人际交互网络，问题引导讨论区形成的人际交互网络在所有整体网络特征值上更优。具体而言，问题引导讨论区的人际交互网络规模更大，人际交互关系更多、更紧凑，内聚力更好，学习者之间的距离更近，互惠性、传递性、连通性均更好。②问题引导讨论区形成的强人际交互网络规模更大，且形成了紧密连接的学习共同体。

第二节　问题引导教学设计

问题引导教学设计就是通过问题帮助学生思考，并进一步建立师生、生生交互关系。问题引导教学设计被证实有良好的效果，如汪琛发现问题引导教学设计在中小学教师培训中取得了较好的效果（汪琛，2003）。本节将主要介绍案例课程中问题引导讨论设计中的问题，以及问题引导讨论示例。

1. 问题引导讨论设计中的问题

Zhu（1996）认为在线讨论中存在发起者、总结者和每周参与者三类角色。他指出发起者要抛出问题，并将要讨论的话题与过去的讲座或者阅读建立联系，将学习者已有的知识和当前每周的讨论建立联系等。在本研究的问题引导讨论区中，教师充当了问题发起者的角色。本研究中案例课程的课程团队共设计了 38 个引导式问题，嵌在课程视频中。具体的引导问题如表 6-1 所示。教师设计的引导问题与课程视频中的知识点有紧密的联系，设计引导问题的目的是促进学习者理解、消化和应用当前学到的新知识。此外，表 6-2 呈现了具体的问题引导教学设计示例，从中可以发现，教师设计的问题大多基于真实的应用情境，与一线教师的教学实践密切相关。

表 6-1　案例课程引导问题设计

章节主题	引导问题
第一讲 什么是翻转课堂教学法？	我想做的教学改变
	怎样帮助学生成为自主学习者？
	我学了什么？学到了什么？还想学什么？
第二讲 如何布置课前自主学习任务？	翻转课堂的课前学习任务和传统课堂的预习有什么区别？
	案例 1 专题讨论（围绕“课前任务怎么激发学生兴趣”这一主题讨论）
	案例 2 专题讨论（围绕“授人以鱼不如授人以渔”这一主题讨论）
	案例 3 专题讨论（围绕“真实情境下的课前任务设计”这一主题讨论）
	案例 4 专题讨论［围绕“学生课前不认真看文献（不认真完成任务）怎么办”这一主题讨论］
	案例 5 专题讨论（围绕“趣味性、游戏化教学设计在课前任务的应用”这一主题讨论）
	关于布鲁姆三类教学目标分类的讨论
	案例 1 专题讨论（围绕“通过提供反馈来维护学生学习信心”这个主题讨论）
	案例 2 专题讨论（围绕“所学知识与学生实际生活之间如何建立联系”这个主题讨论）
	案例 3 专题讨论（围绕“如何吸引学生对所学知识的注意力”这个主题讨论）
	案例 4 专题讨论（围绕“设置挑战任务激发学习信心”这一主题讨论）
	你是怎么理解 ARCS 模型的？
	自主学习能力讨论专区
	我学了什么？学到了什么？还想学什么？
第三讲 如何制作优质教学视频？	我在制作视频的时候有什么困难或疑惑？
	教学视频制作装备谈（请分享你所了解的教学视频制作装备）
	大家来找茬（讨论一下，刚刚看过的教学视频怎样才能做得更好？）
	教学视频制作经验谈（请分享你自己在教学视频制作过程中总结的成功经验）
	我学了什么？学到了什么？还想学什么？
第四讲 如何组织课堂学习活动？	课堂中教师角色发生了怎样的变化？
	同伴教学法有效的关键
	大班翻转经验谈
	分享我曾设计的好问题（用好问题激发学生建构知识、形成认识的做法分享）
	分享小组学习活动设计和组织的成功经验

续表

章节主题	引导问题
第四讲 如何组织课堂学习活动？	结合实例谈谈自己对辅助学习技巧的理解
	集思广益:课堂活动工具宝典
	分享您采用的学生分组方法
	分享您帮助学生掌握学科概念的方法
	分享您课堂检查学生知识掌握情况的妙招
	分享您帮助学生将学科知识与生活关联的好故事
	我学了什么？学到了什么？还想学什么？
第五讲 如何实施翻转课堂教学？	翻转课堂评价设计
	翻转课堂的实施保障
	我的教学研究问题是？
	节课反思活动(从 V1 到 V5,变化有多大?)

注：案例课程引导问题设计版权归北京大学课程教学团队享有。

2. 问题引导讨论设计示例

案例课程的问题引导讨论区中不仅设计了引导学习者讨论的问题，而且问题引导讨论的设计遵循了学习活动设计的原则——促进更具目的性、针对性和参与性的人际交互的发生（Abrami et al.，2011），并根据讨论的需要为学习者提供相关的“脚手架”，帮助学习者减少复杂性。具体而言，案例课程在问题引导讨论区为学习者提供了与讨论相关的课程内容要点，讨论的具体要求、讨论的规则等如图 6-2 和图 6-3 所示。

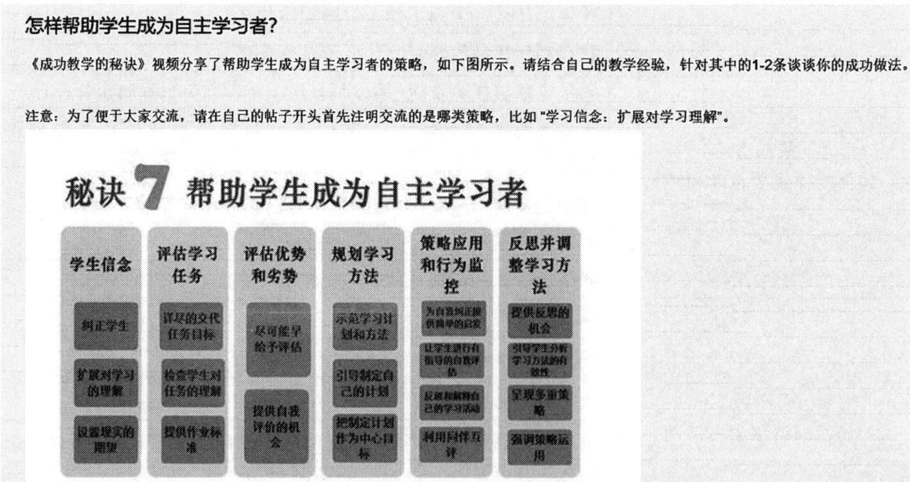

图 6-2　案例课程问题引导讨论区的引导问题设计示例 1

讨论：翻转课堂评价设计

翻转课堂教学设计中，对学生学习状况的评价设计，影响着翻转课堂的成败。当向家长和学生介绍翻转课堂教学理念的时候，经常也会被问及：这是否会影响我的成绩？是否会影响未来的升学？是否会影响奖学金？因此如何让学生不只是关心成绩，而且要在此过程中学会学习，评价的设计就很关键了。

在第一讲的视频中，我们看到北大陈江老师采用让学生出题的方式来引导和促进学生掌握知识，美国林地中学的亚伦老师也谈到学生只要能够证明他们掌握知识就行了。怎么证明？每学期他们的学生中都会有25%的学生选择用编电子游戏、做艺术作品的方式来证明他们学会了。也有英语课程老师是让学生拍摄数字故事来表明他们掌握了。还有一些老师是通过让学生讲课的方法来展示他们对知识的掌握程度，这些都是另类考核设计，学术的说法是，21世纪的能力要求突破纸笔的新型考法。

每个老师都有"独门绝技"，总有办法用评价的"指挥棒"调动学生，比如第四讲的郑涛老师是用"小抄"激励学生的，请围绕"**翻转课堂评价设计**"这一主题分享你的故事和经历

要求具体说明，你的创新评价过程，评分维度与权重，为什么如此设计，是否实施过，效果如何。

图 6-3　案例课程问题引导讨论区的引导问题设计示例 2

通过对案例课程中 38 个引导问题的详细内容和设计的总结，笔者认为这些用于引导学习者讨论的问题有以下一些特征：①问题有疑惑，而且通过认真思考之后可以做出回应；②问题贴近学习者的工作实践（真实情境），并且与课程内容相关，在学习者的共同经验范围之内可以理解掌握；③问题能够激起学习者参与讨论的兴趣和好奇心；④问题能够考虑学习者的能力差异；⑤提供了与问题讨论相关的背景和重要知识点；⑥问题对于学习者而言是有意义的，具有前瞻性并能够产生影响或者是可以改变现状的。

3. 问题性质与人际交互

引导性问题的设计中，问题的性质是一个重要的因素。问题的性质是指问题的类型。案例课程设计了 38 个引导问题，问题的性质是否会影响人际交互，或者说，不同性质的问题对人际交互的促进程度是否有差异？本研究根据引导问题的性质将其分为四类：反思、实践经验分享、综合分析、案例分析。表 6-2 展示了四类引导问题示例。

表 6-2　不同类型的引导问题示例

引导问题性质	引导问题示例
反思	反思是经验积累的有效方式,在课程的最后,希望大家能够对自己在本讲的学习进行一次反思。最后,大家需要完成两个任务来结束本讲内容的学习。(1)请每位老师在论坛中发一帖(300 字以上),谈谈在这一讲的感想。①我学了什么?"合上书本",你还记得你浏览了什么?用自己的话谈谈你记住了什么,记住了多少。如果不记得了,可以回去翻看。不要复制粘贴课程活动标题,不要复制粘贴别人的总结。请记住,这些信息过不过脑子、怎么过脑子,会影响到你以后的课程设计和行动。②我学到了什么?本讲内容很多,哪个内容或哪句话最能打动你,引起了你的共鸣?或者与你之前的想法不一样,或者你从来没从这个角度想过?这讲你有收获吗?谈谈你的收获,要求具体、有意义,不要空话、套话。可以只谈你最有收获的一两点。③我还想学什么?本讲的内容可能引发了你对某个话题进一步了解或探究的兴趣。你想继续深入了解本讲的哪个内容?为什么了解这个内容很重要?我们会收集大家的学习兴趣,努力在课程中满足大家的要求。(2)在完成了自己单元总结之后,每位学员至少要阅读其他十个同学的总结,为其中有启发的优秀总结帖点赞
实践经验分享	在这个案例中,无论是展示风光图、生活图,还是设置角色扮演的情境,熊老师都试图在学生要学习的新知识和他们的实际生活之间建立联系。建立这样的联系不仅能够吸引学生的学习兴趣,也能够让学生发现所学知识与自己的生活息息相关,并且能够用新知识解释实际生活中的问题,这一点,相信各位老师都有所体会。请围绕"所学知识与学生实际生活之间如何建立联系"这个主题,分享您在教学中的经历和故事,包括教授的知识点、实际生活内容、建立联系的方式、教学效果这几方面内容。每位老师在发帖之外,至少观看其他三位老师的分享并进行评价。看到觉得很有价值的帖子,请点赞
综合分析	在前面的视频中,我们为大家介绍了传统课堂预习和翻转课堂课前任务的区别。在论坛中,老师们谈到了现在一些地方在推行的导学案,那么导学案和翻转课堂教学法是一回事,还是两回事?请根据视频中介绍的翻转课堂概念,结合各位老师实施导学案的经历,谈谈异同。对于你认为很有价值、有启发的帖子,请点赞
案例分析	在观看了"翻转课堂是如何翻转的"视频之后,想必大家对企鹅代表的学生和海象代表的教师印象深刻,翻转课堂让海象教师从以往的站在讲台后走向了学生们中间,这看似简单的几步,却让课堂发生了深刻的变化。请大家从各自的角度就这样的改变来说一说你的观点,你认为在这样的过程中教师的角色发生了怎样的转变,这对课堂又产生了怎样的影响

案例课程共 5 讲,每一讲中各类性质的引导问题分布情况如表 6-3 所示。从表 6-3 中可以发现,引导问题以实践经验分享、反思这两类居多。

需要说明的是，虽然案例分析类的引导问题数量较少，但是绝大部分的实践经验分享是结合课程视频中的案例开展的。

表 6-3　案例课程各讲各类引导性问题分布情况

单位：个

	反思	实践经验分享	综合分析	案例分析
第一讲	2	1	0	0
第二讲	4	9	1	0
第三讲	2	2	0	1
第四讲	1	9	1	1
第五讲	2	1	1	0
总计	11	22	3	2

综合分析和案例分析两类引导问题下的发帖量高于反思类和实践经验分享类，反思类引导问题下的讨论浏览量明显高于其他类引导问题。表 6-4 展示了案例课程中各类引导问题下的讨论浏览量和发帖量。考虑到 MOOCs 学习存在参与人数随时间递减的现象，表 6-4 根据时间顺序呈现了每一讲各类引导问题下的讨论浏览量和发帖量。对同一讲进行横向比较可以发现，综合分析和案例分析这两类引导问题下的发帖量大于该讲的平均值，但同时也需要指出，这两类引导问题数量非常少。而反思类引导问题下的讨论浏览量都明显大于其他三类引导问题，但总体来看发帖量略小于其他三类引导问题。看五讲的数据时，呈现同样的趋势。

如果仅看主要的两类引导问题，即反思类和实践经验分享类时，两类引导问题下的发帖量并无太大差异，但反思类引导问题下的浏览量明显大于实践经验分享类。

表 6-4　每讲各类引导问题下的讨论浏览量和发帖量

单位：条，次

	反思		实践经验分享		综合分析		案例分析		平均值	
	浏览量	发帖量	浏览量	发帖量	浏览量	发帖量	浏览量	发帖量	浏览量	发帖量
第一讲	14501	3583	7069	3711	—	—	—	—	12024	3625
第二讲	4986	2046	4785	2010	6365	3334	—	—	4955	2115

续表

	反思		实践经验分享		综合分析		案例分析		平均值	
	浏览量	发帖量	浏览量	发帖量	浏览量	发帖量	浏览量	发帖量	浏览量	发帖量
第三讲	5746	2271	4019	2370	—	—	4025	2482	4711	2353
第四讲	4987	1680	3240	2062	4223	2501	4388	2829	3563	2131
第五讲	4152	2251	3761	2252	3379	2265	—	—	3861	2255
平均值	6874.4	2366.2	4574.8	2481.0	4655.7	2700.0	4206.5	2655.5	5822.8	2495.8

第三节　人际交互整体网络的特征

本节分析两类讨论区形成的人际交互整体网络的特征。网络的特征使用特征值表征，研究使用 R 软件的 igraph 包测量了案例课程的网络节点数、网络边数、网络密度、平均点度数、平均聚类系数、平均路径距离、网络直径、互惠性、传递性、连通性等特征值。

在问题引导讨论区，学习者参与讨论更多，实现了更多的观点分享/交流。从社会网络分析的视角分析问题引导讨论区和自由讨论区的人际交互网络测量指标数据，发现两个人际交互网络特征值有差异。如表 6-5 所示，相比自由讨论区的人际交互网络，问题引导讨论区的人际交互网络所有特征值均更优。具体而言，问题引导讨论区的人际交互网络规模更大，交互关系更多，更紧凑，内聚力更好，学习者之间的距离更近，互惠性、传递性、连通性均更好。

从节点和边的数量来看，问题引导讨论区形成的人际交互网络节点和边的数量更多，说明参与问题引导讨论区的学习者人数更多，且他们建立了更多的人际交互关系。

问题引导讨论区人际交互网络的密度为 0.010，自由讨论区人际交互网络的密度为 0.006。说明问题引导讨论区人际交互网络有 1%的网络连接，而自由讨论区仅仅有 0.6%的网络连接。从密度的数值来看，两类讨论区形成的人际交互网络均为稀疏网络，但这一结果与之前的研究结论一致，大规模网络通常都是稀疏网络。尽管两者均为稀疏网络，但还是可以发现问题引导讨论区形成的人际交互网络的密度是自由讨论区的 1.67 倍，表明相比自由讨论区的人际交互网络，问题引导讨论区的人际交互网络内聚力更好、更紧凑，建立的连接数量更多，实现了更多的知识传递。

问题引导讨论区人际交互网络的平均点度数为 25.854，自由讨论区人际交互网络的平均点度数为 5.192，前者是后者的近 5 倍，说明问题引导讨论区形成了更多的直接人际交互。

网络直径和平均路径距离测量方法不同，但反映的都是网络中各节点之间的距离。问题引导讨论区人际交互网络的直径为 8，平均路径距离为 3.025；自由讨论区人际交互网络的直径为 11，平均路径距离为 3.859。两个指标的比较结果说明问题引导讨论区人际交互网络中学习者之间的距离更短，更有利于观点传播。

相比自由讨论区形成的人际交互网络，问题引导讨论区的平均聚类系数更大，说明该网络的内聚性更好，学习者之间的互动更频繁。问题引导讨论区的互惠性、传递性两个数值更大，说明问题引导讨论区的双向互动更多，实现了更多的知识、观点传递。

在分析整体网络的连通性时，要考察网络中成分的数量。如果成分的数量比较多，则说明网络具有比较差的连通性。问题引导讨论区形成的人际交互网络中仅有 5 个成分，而自由讨论区人际交互网络中有 16 个成分，说明前者网络连通性更好。

表 6-5　两类讨论区整体网络特征值

序号	属性名称	属性值	属性值	备注
		问题引导讨论区	自由讨论区	
1	节点数	3426	1541	
2	边数	103712(88136)	9281(7731)	括号内为无权网络边数
3	密度	0.010	0.006	
4	平均点度数	25.854	5.192	
5	网络直径	8	11	
6	平均路径距离	3.025	3.859	
7	平均聚类系数	0.1	0.055	
8	互惠性	0.099	0.037	按有向图算
9	传递性	0.094	0.083	
10	成分数量	5	16	

第四节　强人际交互网络的聚类分析

一　提取强人际交互网络

关于在线学习共同体的特征，研究者共同强调的几个特征是积极的人际交互、信息和知识的共享、协作学习、共同的话题或目标。Poquet（2017）指出学习共同体不是简单的在结构上连通的社会网络，还需要考察其内部的交互质量，而交互质量体现在两个方面：交互强度和交互内容。交互强度可以表征强弱关系，强交互代表强关系，其建立在个人信任和情感基础上；弱交互（短暂交互）利于信息传递。但关注共同话题和目标的共同体需要强调强关系，因此，当使用"网络"这一隐喻来表征不同学习时，需要区分网络中关系的强弱。Poquet 进一步指出，学习共同体内部的交互应该是强交互，强交互是学习共同体形成的重要基础。因此在考察在线学习共同体时，首先需要排除强度较小的弱交互。强交互表征的是学习者与特定同伴之间的高频率互动。

为了更清楚地考察案例课程中学习共同体的形成情况，笔者去掉了两个人际交互网络中交互强度较小的节点（边权重为 1 和 2）。去掉权重为 1 和 2 的节点以后，显示的是强的节点与节点之间的人际交互网络，可以称之为强人际交互网络，如图 6-4 和图 6-5 所示。对比两类讨论区的强人际交互网络可以发现，虽然两个网络都有部分强交互节点处于网络外围，未连通，但总体来看，问题引导讨论区强的节点对之间的连通性较好。

此外，问题引导讨论区强交互网络规模较大，且结构比较复杂，有星型结构、自我交互型结构、桥接型结构。而自由讨论区的强互动网络规模较小，且结构比较简单，几乎都为星型结构。星型结构的信息分享和流通性最差。同时可以从可视化的强人际交互网络中发现一些紧密联系的互动群体。

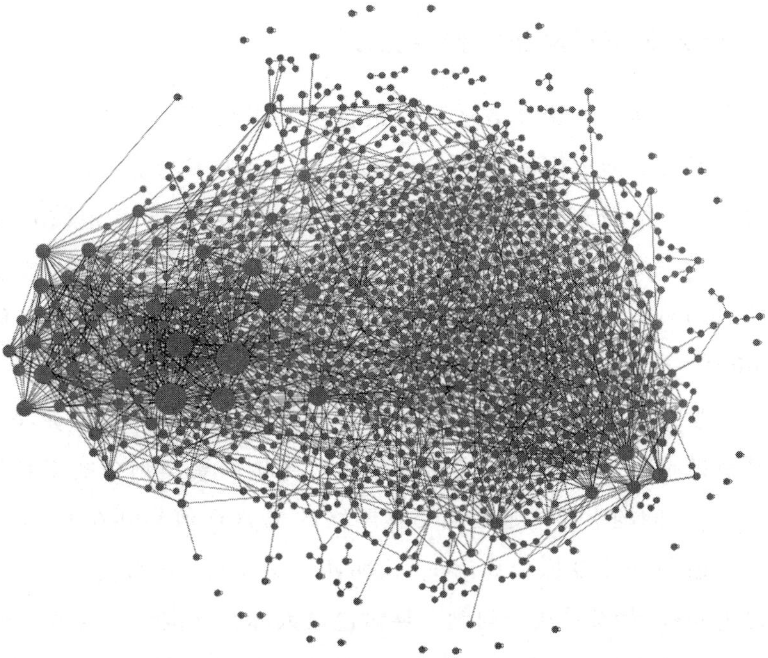

图 6-4　问题引导讨论区的强人际交互网络

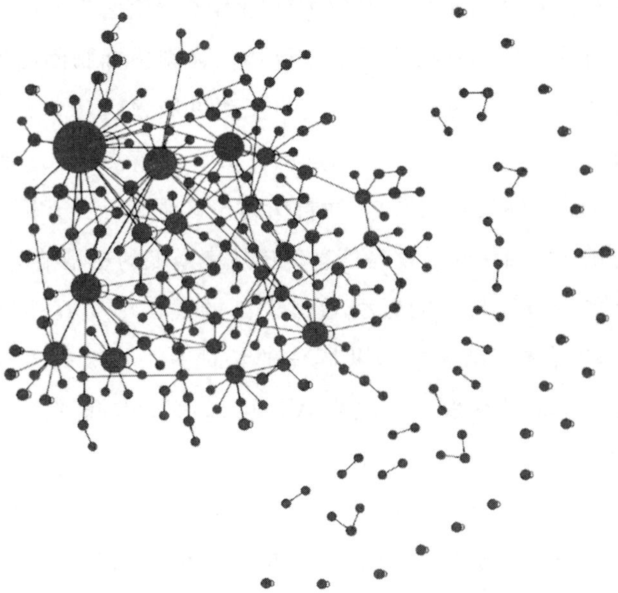

图 6-5　自由讨论区的强人际交互网络

二　强人际交互网络的聚类分析

社会网络分析中的聚类方法可以根据网络中行动者彼此间相互关系的邻近程度、频度、接近度等属性，定义具备一定内聚力的社区。此种聚类方法在社会网络分析中被称为共同体探索/共同体发现（community detection）。为了探索共同体的存在，对上述强人际交互网络进一步进行聚类。使用 Louvain 聚类算法对网络进行聚类分析［也称模块化分析（modularity）］，Louvain 聚类算法是一种对大型网络进行聚类的算法，可以对稀疏的大型网络进行快速分层。聚类 Q 值是聚类算法中衡量聚类划分效果最常用到的指标，Q 值越大代表该算法所产生的聚类划分效果越好（黄福等，2018）。问题引导讨论区强交互网络的聚类 Q 值为 0.631，自由讨论区强交互网络的聚类 Q 值为 0.704，说明两个交互网络的聚类效果均较好。

通过 Louvain 聚类算法，问题引导讨论区人际交互网络一共聚类出 10 个交互群体（不包括孤立的交互群体和人数极少的交互群体），自由讨论区的人际交互网络聚类出 8 个交互群体（不包括孤立的互动群体）。聚类后的可视化结果如图 6-6 和图 6-7 所示。可以发现问题引导讨论区强人际交互网络中确实存在一个互动频率高的紧密连接的小群体，为图中椭圆圈出的群体。这个小群体紧密结合在一起，他们彼此之间的互动更加频繁（节点大小代表点度中心度，即与该学习者建立交互关系的同伴数量，节点越大，代表该学习者与更多的人建立了人际交互关系）。而自由讨论区强人际交互网络聚类后的群体较小，且交互群体结构几乎都是信息传递效率最低的星型结构。

通过以上的分析发现，问题引导讨论区的强人际交互网络中存在一个互动非常频繁的群体。结合学习共同体的特征——积极的人际交互、信息和知识的共享、共同的话题——笔者认为可以将图中椭圆圈出的群体视为学习共同体的雏形，至于其是否为学习共同体，需要进一步考察这一群体内部的讨论内容。第七章的分析发现问题引导讨论区的讨论内容均围绕课程内容，学习者在问题引导讨论区围绕相同的话题或目标，可以视为学习者有共同的话题。基于数据分析结果可以判断，问题引导讨论区形成了学习共同体，为图 6-6 中的椭圆圈出的群体。

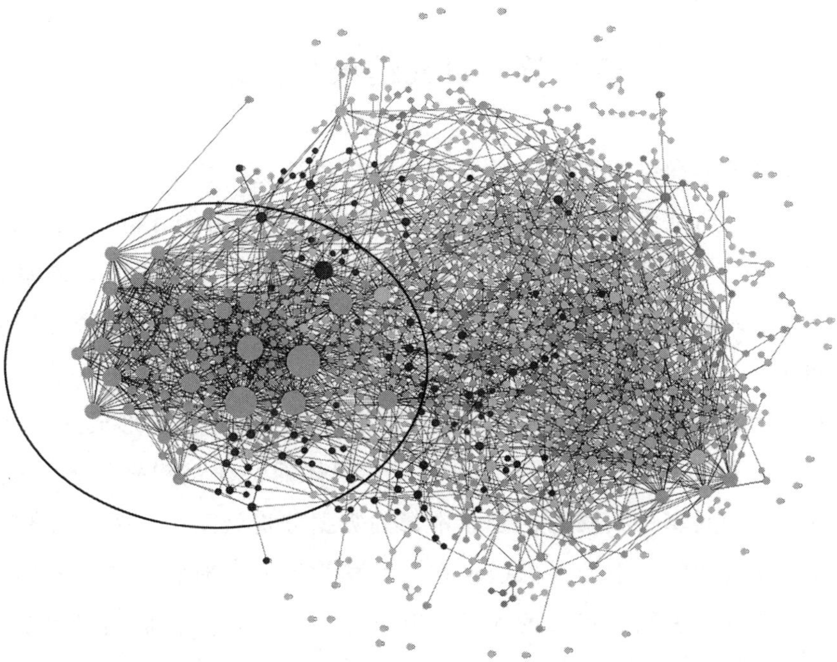

图 6-6　问题引导讨论区的强人际交互网络聚类分析

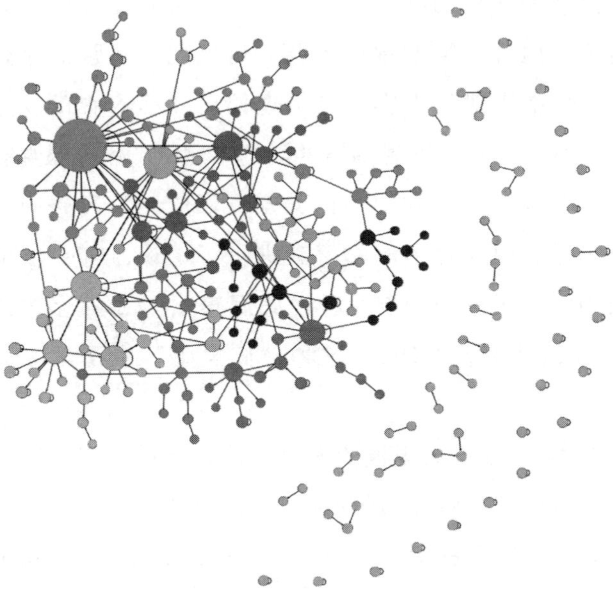

图 6-7　自由讨论区的强人际交互网络聚类分析

第五节　研究结果与讨论

本章从整体网络的视角分析了问题引导讨论这一教学设计对人际交互数量的影响。研究发现问题引导讨论这一教学设计提升了人际交互的数量，表现为问题引导讨论区形成的人际交互网络规模更大、更紧凑，内聚力更好，学习者距离更近等，同时问题引导讨论区还形成了一个紧密连接的学习共同体。

对于问题引导讨论这一教学设计可以促进学习共同体的形成这一结论，需要结合第七章的主题分析结果。学习共同体的特征是积极的人际交互、信息和知识的共享、共同的话题。本章的数据分析结果中，强人际交互网络过滤结果表明问题引导讨论区存在一大群学习者，他们与特定同伴存在高频率的互动，表征了积极的人际交互。进一步的聚类分析结果表明，存在一个小群体，他们之间交流频繁，实现了信息和知识的流动和共享，即图 6-6 中椭圆圈出的紧密连接的小群体。根据学习共同体的定义，除积极的人际交互、信息和知识的共享外，还需要有共同的话题。共同的话题通常需要考察讨论的内容。第七章的主题分析发现，问题引导讨论区的讨论主题非常集中，均围绕课程内容，未出现偏离课程内容的现象。因此，可以认为问题引导讨论区的学习者围绕共同的主题（“翻转课堂教学法”）实现了积极的人际交互、信息和知识的共享，形成了学习共同体。而且范逸洲对重复注册学习此门课程中的学习者进行了访谈，有一位重复学习者明确表示在此门 MOOC 的学习中有一种“归属感”，“那么多志同道合的人在一起很幸福”（范逸洲，2019）。这种“归属感”也是学习共同体的重要特征。

已有研究对 MOOCs 中大规模的学习者能否形成学习共同体这一结论存在分歧。首先，不少学者质疑 MOOCs 中大规模的学习者群体会导致人际交互无法有效开展，无法形成学习共同体（Milligan，2015；Gillani and Eynon，2014）。但这些研究都是简单探讨或对少数学习者论坛参与感受的简单描述，并未直接测量和考察学习共同体形成与否。而本研究的研究结果与

Poquet（2017）和 Wise 等（2018）的研究结论一致，均发现在 MOOCs 情境中可以形成学习共同体。笔者考察了这些研究中案例课程的实施情况后发现，认为无法形成学习共同体的案例课程研究中，研究者并未提及课程论坛是否有促进者（facilitator）的参与（促进者是指课程教师和助教）。但通过直接测量方式发现，在 MOOCs 情境中形成学习共同体的案例课程研究，都提及论坛讨论有促进者的积极参与。似乎学习共同体的形成与是否有讨论促进者有关。其次，学习者的学习受讨论气氛的影响较大。讨论话题的组织、讨论参与的积极性均会影响讨论气氛（汪琛，2003）。本研究的案例课程中，教师和助教也参与了论坛讨论，但在问题引导讨论区的参与程度并不高。但案例课程以另一种方式——问题引导讨论来促进学习者的交流互动。从数据分析结果来看，为学习者提供引导讨论的问题，也十分有效地促进了学习者的交流。更重要的是，为学习者提供有意义的讨论问题后，可以帮助学习者形成学习共同体，而形成学习共同体是社会建构主义学习理论认为的有效学习发生的重要标志。

为学习者提供引导讨论的问题，可能是一种既有效果又有效率的方式，理由如下。首先，有学者认为学习共同体的培养主要是通过学习者之间的沟通，师生互动未必能培养学习者在网络学习环境中的学习共同体意识（Drouin，2008）。其次，有实证研究发现教师在课程论坛中非常活跃，会降低学习者的讨论参与度，阻碍学习者之间的深入交流（孙洪涛等，2016；García-Saiz et al.，2014；Hernández-García et al.，2015）。最后，MOOCs 由于其大规模和免费的特性，教师的支持和投入十分有限，师生互动也受到了限制。而在教学设计环节设计引导性问题，是一种规模化的设计，仅需在课程设计和开发阶段投入即可，有规模效应。相比教师和助教在课程实施过程中花费大量时间和精力去促进学习者讨论，设计引导讨论的问题，似乎更加节约时间成本和经济成本。

第七章
问题引导教学设计与人际交互

——基于整体网络的质量分析

第一节　概述

第六章对两类讨论区中形成的人际交互网络数量方面的指标进行了比较，本章将在数量分析的基础上，进一步从整体网络视角，分析问题引导讨论这一教学设计对人际交互质量的影响，包括帖子的长度、讨论主题、讨论主题集中度、关键时间和关键事件。本章的研究思路如图 7-1 所示。需要指出的是，本章分析帖子长度时，是以帖子为分析单位。

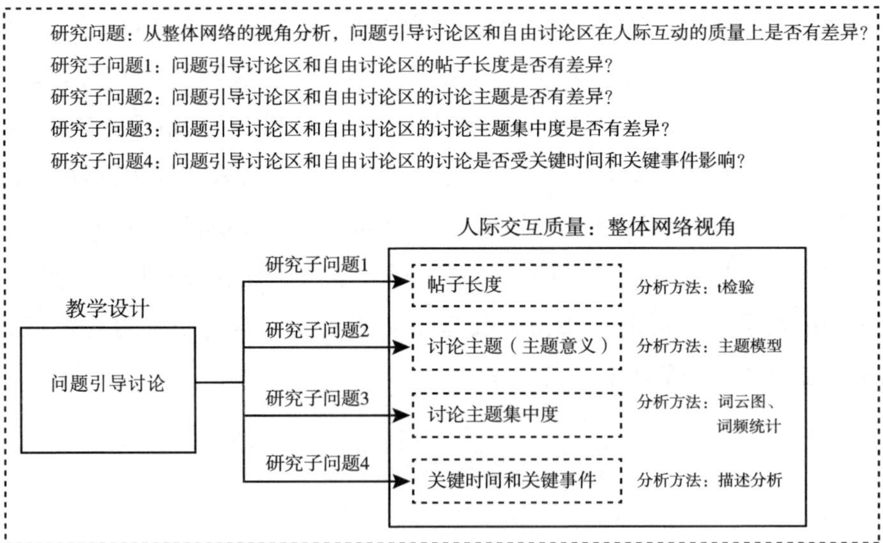

图 7-1　第七章研究思路

本章采用t检验、主题模型、词云图、词频统计、描述分析等多种方法分析数据。其中主题模型和词云图、词频统计使用自然语言处理技术处理海量文本数据。数据分析结果表明四点。①问题引导讨论区中的帖子字数更多，平均字数是自由讨论区的近2倍，且差异显著。②两类讨论区的讨论主题围绕课程内容，并且讨论主题高度重合。两类讨论区均聚类出10个讨论主题，其中有8个讨论主题高度重合。③问题引导讨论区的讨论内容比较集中，紧扣首帖的主题，案例主题帖的讨论内容未出现偏离主题现象；而自由讨论区的讨论内容比较松散，较多帖子出现漂移现象，并未围绕主题展开讨论。④两类讨论区的交互数量均受到关键时间和关键事件的影响。其中，关键时间是指课程的第二周，关键事件是作业截止日期和视频发布日期。

第二节　帖子的长度

本节利用箱线图、密度图这两种描述性分析手段比较了两类讨论区帖子的长度差异，并检验了这种差异在统计上的显著性。数据分析结果表明问题引导讨论区的帖子长度显著大于自由讨论区，前者是后者的近2倍。

一　两类讨论区的差异

有问题引导的问题引导讨论区的帖子字数远远多于自由讨论区，分层次分别考察回复和评论时，结果仍然一致。帖子字数的多少可以在一定程度上反映学习者的学习投入情况，问题引导讨论区的帖子字数多于自由讨论区，表明学习者在问题引导讨论区的投入更多。

在考察两类讨论区帖子长度时，利用箱线图作为描述工具。在利用帖子字数绘制箱线图的过程中，均去掉异常值。需要指出的是，在以帖子为分析单位时，滤除了教师在问题引导讨论区发布的引导问题帖。

在问题引导讨论区考察全部帖子字数时发现，75%的帖子字数为1~63字，中位数为31字，如图7-2所示。分层次考察帖子字数时，75%的回复帖子（replies）字数为1~96字，中位数为47字；25%的回复帖子字数较多，为 96～209 字，如图 7-3 所示；75%的评论帖子字数为 8～37 字，中位数为 20 字，如图 7-4 所示。总结而言，有问题引导的问题引导讨论区帖子字数在 31 字左右，其中回复帖子的字数约为 47 字，评论帖子字数约为 20 字。

在自由讨论区考察全部帖子字数时发现，75%的帖子字数为 1～40 字，中位数为 21 字。分层次考察帖子字数时，75%的回复帖子字数为 1～39 字，中位数为 20 字；75%的评论帖子字数为 7～31 字，中位数为 18 字。总结而言，自由讨论区帖子字数大约为 21 字，其中回复帖子字数约为 20 字，评论帖子字数约为 18 字。

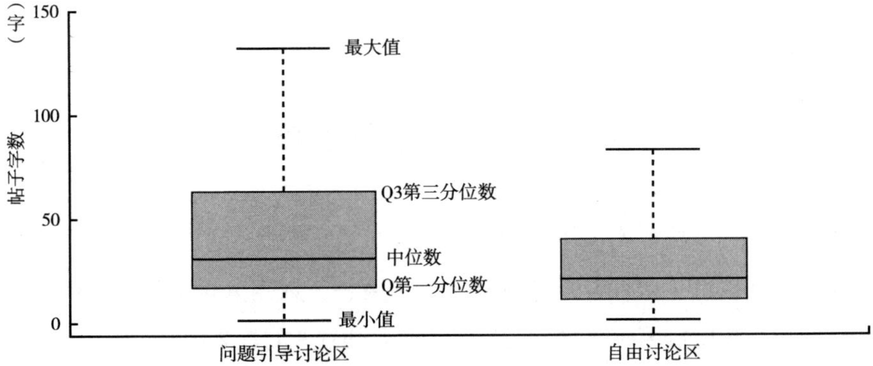

图 7-2　两类讨论区帖子字数箱线图（以帖子为分析单位）

说明：本书中，箱线图各指标均如本图所示，不再赘述。

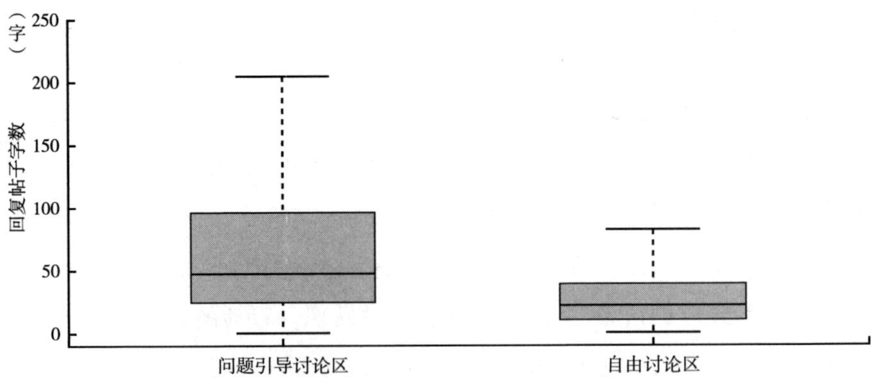

图 7-3　两类讨论区回复帖子字数箱线图（以帖子为分析单位）

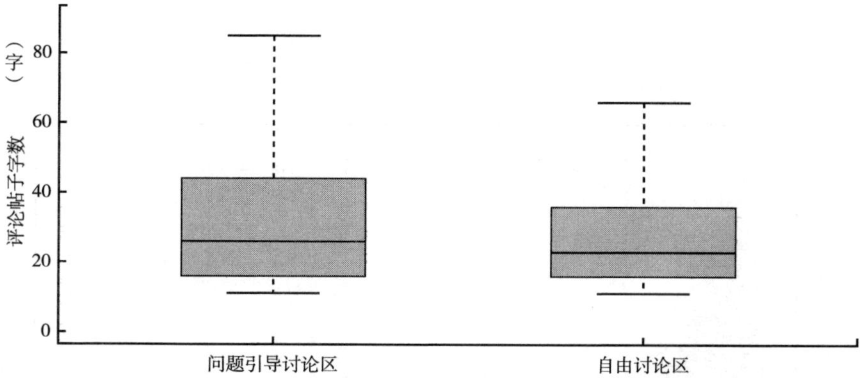

图 7-4　两类讨论区评论帖子字数箱线图（以帖子为分析单位）

从图 7-5 的帖子字数密度图可以发现，当考察全部帖子字数时，在 A 和 B 两交点之间的区域，问题引导讨论区的密度小于自由讨论区。而在交点 B 右侧的区域，问题引导讨论区的密度明显大于自由讨论区，这表明问题引导讨论区的帖子字数大于自由讨论区。分层次考察回复、评论的帖子字数，结论基本一致，如图 7-6 和图 7-7 所示。

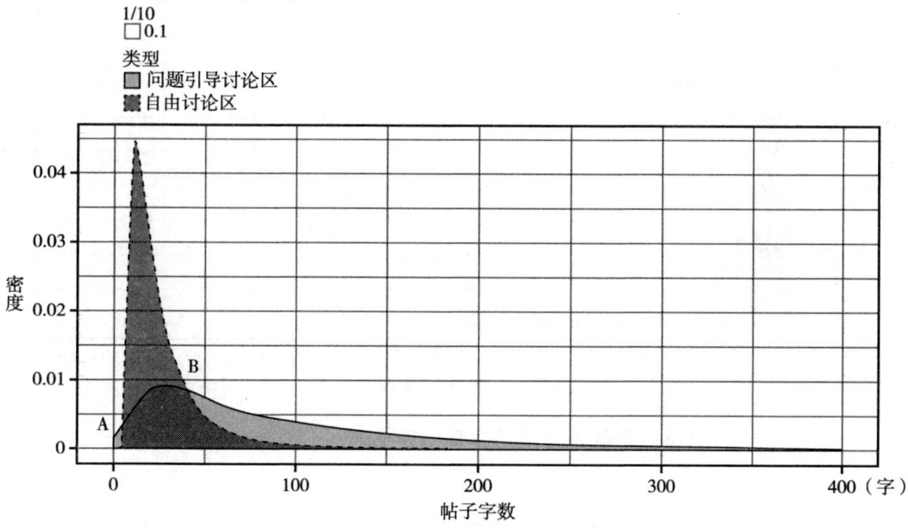

图 7-5　两类讨论区帖子字数的密度图（以帖子为分析单位）

注：密度图的横坐标表示变量的取值范围，纵坐标表示概率的密度。本书中密度图同，不再赘述。

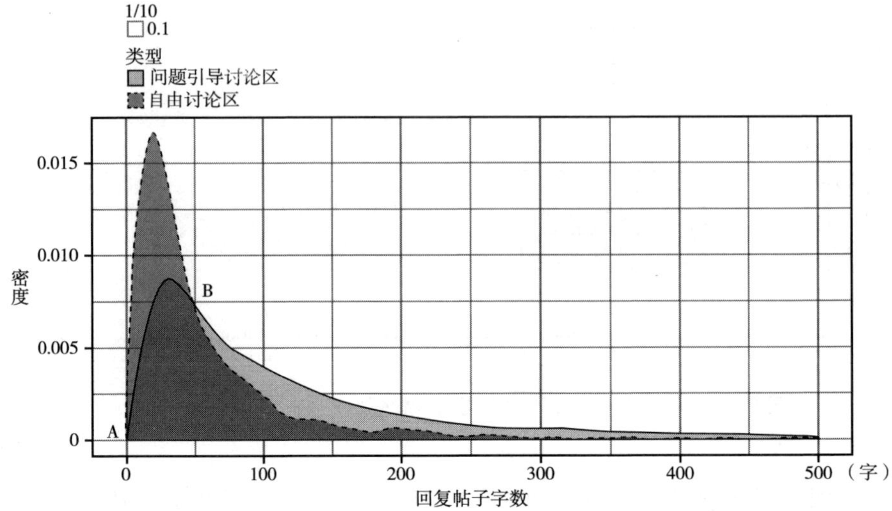

图 7-6　两类讨论区回复帖子字数的密度图（以帖子为分析单位）

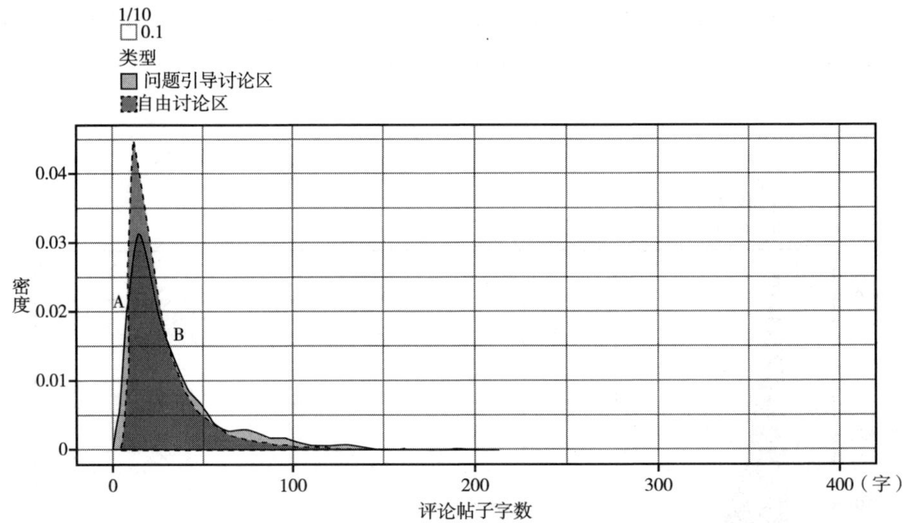

图 7-7　两类讨论区评论帖子字数的密度图（以帖子为分析单位）

从以上箱线图和密度图的描述性数据分析可以得出以下结论：有问题引导的问题引导讨论区的帖子平均字数明显多于自由讨论区，表明学习者在问题引导讨论区的投入更多。

二　差异的统计检验

箱线图和密度图表明问题引导讨论区的帖子平均字数远远多于自由讨论区，那么这种差异是否达到统计上的显著？为了回答这个问题，本研究使用t检验进行统计分析。如表7-1所示，t检验结果显示问题引导讨论区帖子平均字数显著多于自由讨论区（t=127.106，p=0.000<0.001），问题引导讨论区帖子平均字数（均值为57.041字）是自由讨论区（均值为30.412字）近2倍。将回复和评论分开来看，问题引导讨论区的回复字数均值显著多于自由讨论区（t=45.776，p=0.000<0.001），前者是后者的2.15倍，如表7-2所示。问题引导讨论区的评论字数显著多于自由讨论区（t=-2.912，p=0.003<0.01），如表7-3所示。

表7-1　两类讨论区所有帖子字数t检验（以帖子为分析单位）

变量	问题引导讨论区（n=198311）		自由讨论区（n=9854）			
	均值	标准差	均值	标准差	t	p
所有帖子字数	57.041	49.065	30.412	23.767	127.106	0.000***

注：*代表p<0.05，**代表p<0.01，***代表p<0.001。表7-2、表7-3同，不再赘述。

表7-2　两类讨论区回复帖子字数t检验（以帖子为分析单位）

变量	问题引导讨论区（n=93444）		自由讨论区（n=8559）			
	均值	标准差	均值	标准差	t	p
回复帖子字数	81.226	104.620	37.709	82.001	45.776	0.000***

表7-3　两类讨论区评论帖子字数t检验（以帖子为分析单位）

变量	问题引导讨论区（n=104867）		自由讨论区（n=1295）			
	均值	标准差	均值	标准差	t	p
评论帖子字数	35.112	43.043	28.889	29.649	-2.912	0.003**

第三节　主题分析

知识建构层级是表征人际交互质量的一个常见维度，但它是以帖子为分析单位的。而由于研究者时间和精力的有限，知识建构层级分析仅能抽取部分帖子，并不能反映所有讨论内容。主题分析可以很好地弥补知识建构层级分析的不足，具体表现为：主题分析可以将所有帖子内容作为语料库，从海量文本中挖掘出学习者的讨论主题，反映讨论的整体情况。

此外，学习者在线讨论围绕哪些主题展开、这些讨论主题与课程内容是否相关、学习者是否在闲聊，这些问题都能反映人际交互的质量。因此本研究使用主题模型挖掘案例 MOOC 论坛中的讨论主题，以判断在线讨论是否出现了偏离课程内容的现象，或者说讨论是否紧紧围绕课程内容。

一　两类讨论区的差异

为了探索问题引导讨论区和自由讨论区的主题，本研究使用主题模型分别对两类讨论区所有发帖内容进行聚类分析。主题模型算法的本质是一种文本聚类，它通过一系列算法用词群（bag of words）来描述文本的属性，每一组词群可以理解为一个主题（王涛，2018）。

1. 主题确定

主题模型面对的第一个问题就是如何合理地确定语料库的主题数量。关于主题数量确定的方法，已在第五章做过介绍，在此不再赘述。根据选择主题数量的步骤，研究分别对问题引导讨论区和自由讨论区的帖子内容进行主题分析探索。图 7-8 到图 7-13 分别展示了主题数量探索的过程，从中可以发现，当两类讨论区的主题数量少于 10 个或大于 10 个时，主题之间的交叉较多。无论是问题引导讨论区，还是自由讨论区，均是当主题数量为 10 个时，各主题之间的相似度最小，且重合主题也较少。因此最终确定的问题引导讨论区主题数为 10 个，自由讨论区主题数同样为 10 个。两类讨论区的最终主题模型可视化结果如图 7-14 和图 7-15 所示。

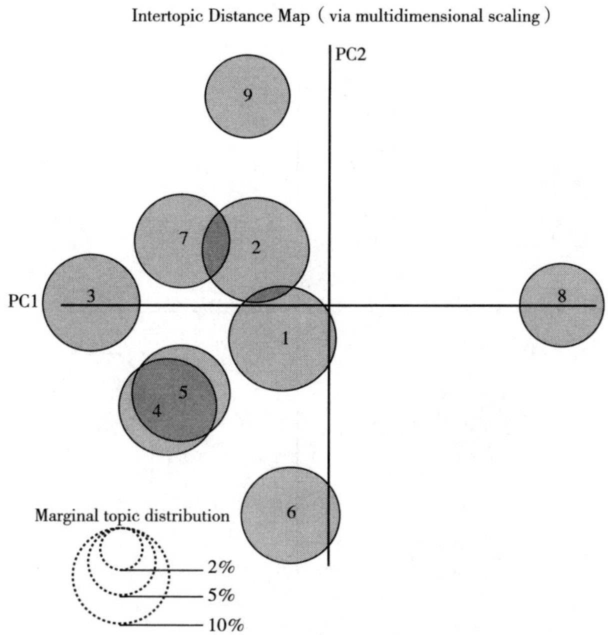

图 7-8　问题引导讨论区主题数量为 9 个时各主题之间的距离分布图

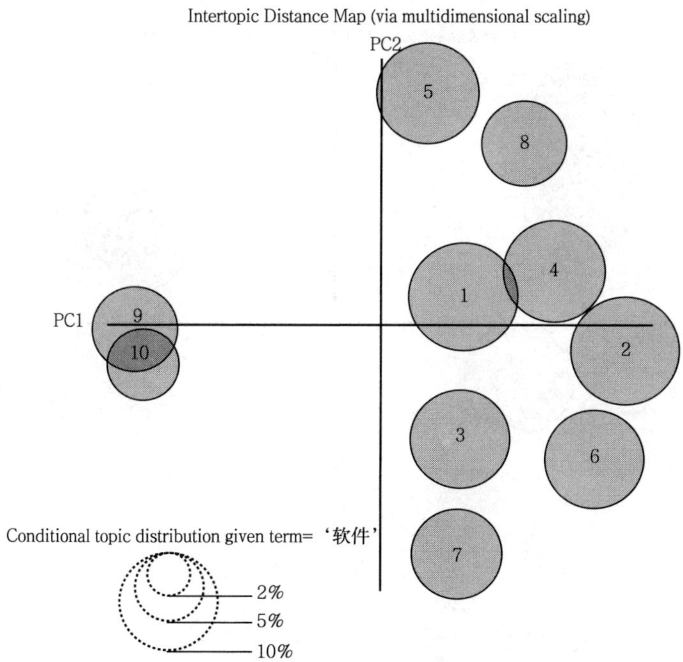

图 7-9　问题引导讨论区主题数量为 10 个时各主题之间的距离分布图

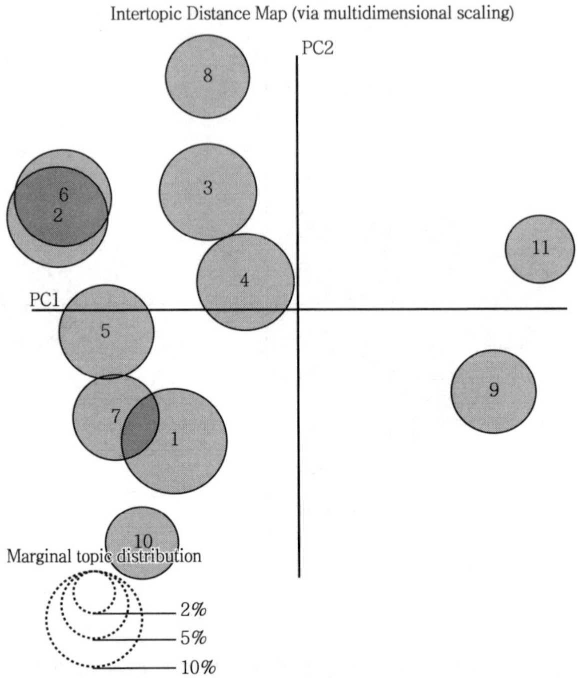

图 7-10　问题引导讨论区主题数量为 11 个时各主题之间的距离分布图

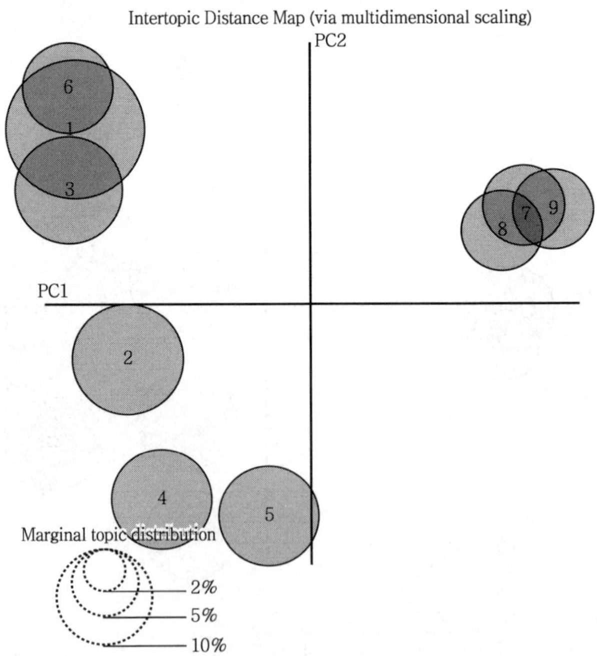

图 7-11　自由讨论区主题数量为 9 个时各主题之间的距离分布图

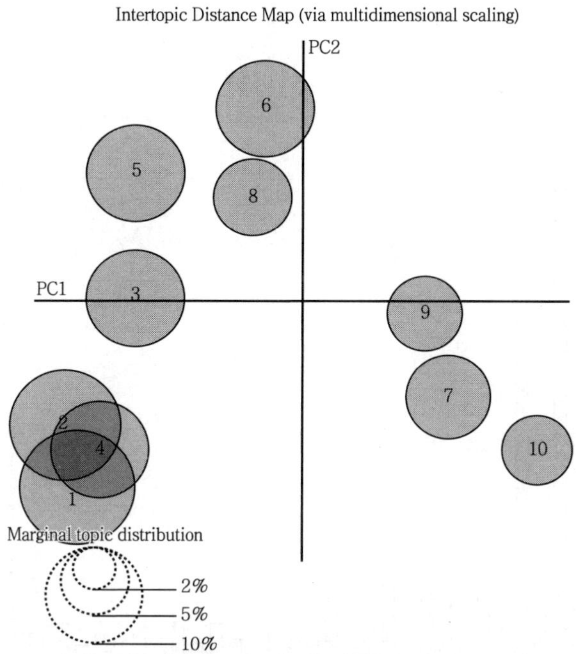

图 7-12　自由讨论区主题数量为 10 个时各主题之间的距离分布图

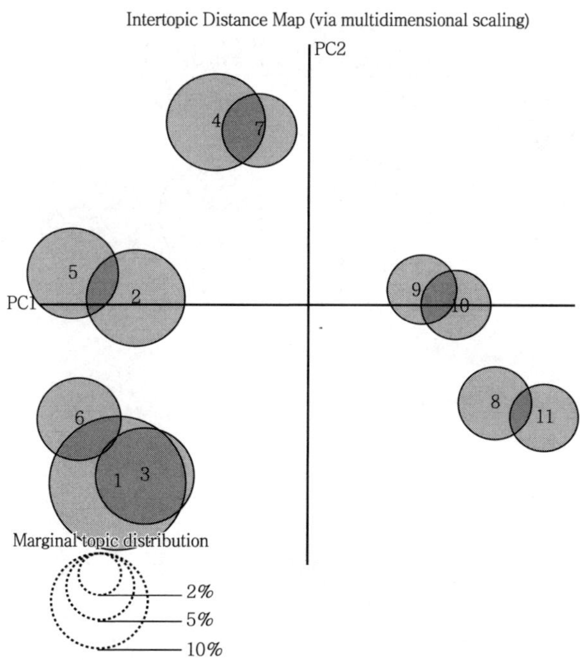

图 7-13　自由讨论区主题数量为 11 个时各主题之间的距离分布图

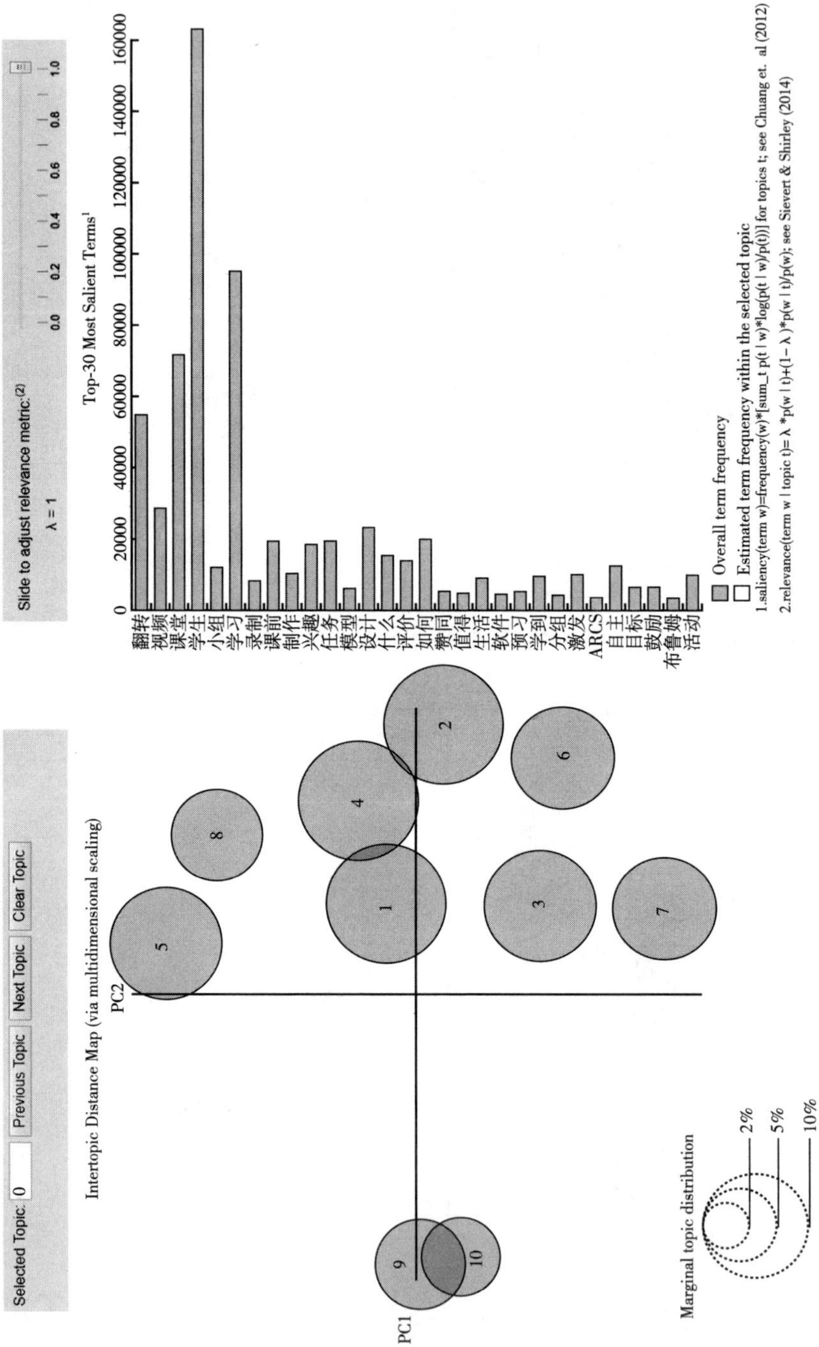

图 7-14 问题引导讨论区最终的主题模型可视化输出

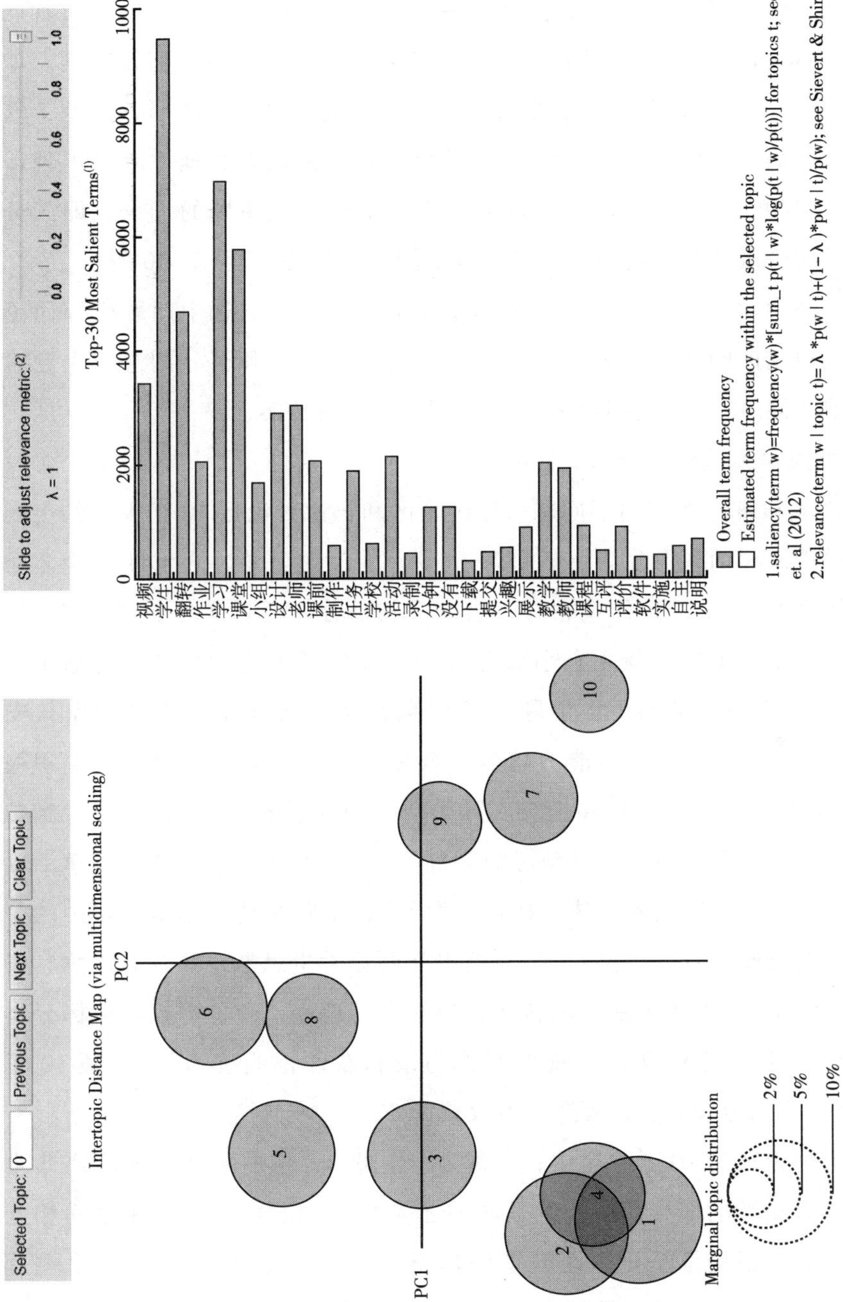

图 7-15　自由讨论区最终的主题模型可视化输出

2. 关键高频词和区分词

关键高频词是该主题高频词下与主题关联性较强的词语群，区分词是指能将某主题与其他主题明显区分开的词语，也可以视为特殊词、独有词（exclusive words）。高频词则是该主题内容下出现频次较高的前几个词。如图 7-17 所示，当在高频词列表中选中“提交”这一特定词语时，主题 7 气泡被放大，而其他主题缩小（说明“提交”这一词语在其他主题中出现得非常少），则可以认为“提交”是主题 7 区别于其他主题的词语，即区分词。两类讨论区的关键高频词与区分词示例如图 7-16 至图 7-20 所示。

关键高频词和区分词是提取主题意义的主要依据。选中问题引导讨论区和自由讨论区的各个主题后，即可根据关键高频词和区分词进行主题意义的提取。同时，主题意义的提取还需要结合课程内容。

3. 两类讨论区的主题意义提取

表 7-4 和表 7-5 列出了问题引导讨论区和自由讨论区 10 个主题的主题名称、关键高频词和区分词。如图 7-14 所示，问题引导讨论区的 10 个主题中，主题 9 和主题 10 的距离很近，有交叉的部分，说明这两个主题有一定的相似度；主题 1 和主题 4 有小部分交叉。根据可视化主题模型的输出结果，10 个主题的意义如下：主题 1 是“翻转课堂实施需要学校和家长支持”；主题 2 是“自主学习能力培养，激发学生学习兴趣，调动学生积极性”，主题 3 是“建立学科知识与实际生活之间的联系”，主题 4 是“翻转课堂课前学习任务与传统课堂预习的区别”，主题 5 是“翻转课堂教学活动和小组活动设计与实施的方法、技巧、案例”，主题 6 是“小组学习中的分组、评价与合作学习”，主题 7 是“提出问题让学生思考，并及时鼓励、肯定、表扬学生”，主题 8 是“翻转课堂教学设计理论：布鲁姆教学目标分类和 ARCS 模型”，主题 9 是“视频制作与录制软件相关技术”，主题 10 是“社交类，赞同他人观点，表达学习收获”。

自由讨论区的 10 个主题中，主题 1、主题 2、主题 4 之间的距离非常近，甚至有交叉的部分，但无论是增加还是减少主题数量，主题之间相互交叉会加大。根据可视化主题模型的输出结果，自由讨论区的 10 个主题的意义分别如下：主题 1 是“学习任务和活动设计”；主题 2 是“小组学习

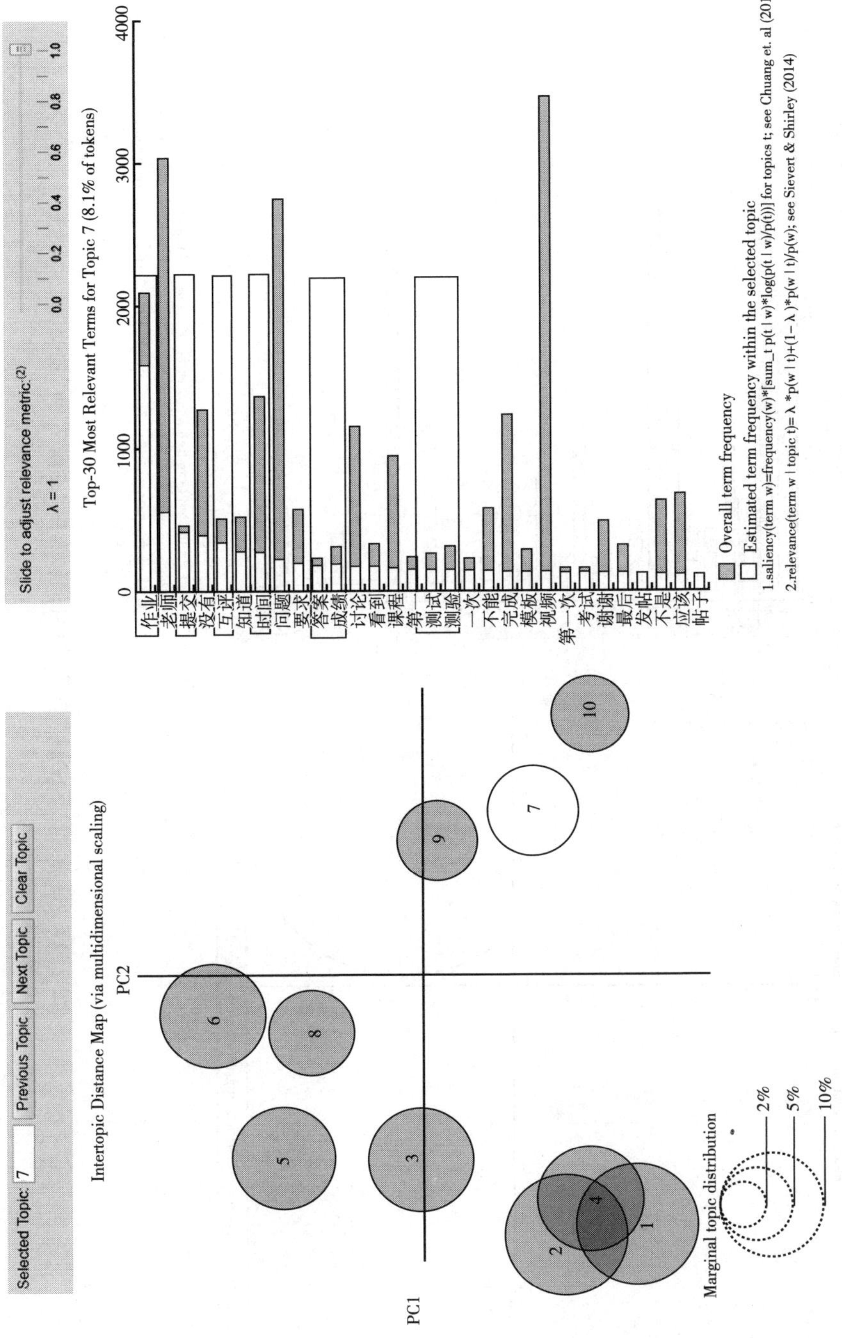

图 7-16　自由讨论区主题 7 的关键高频词

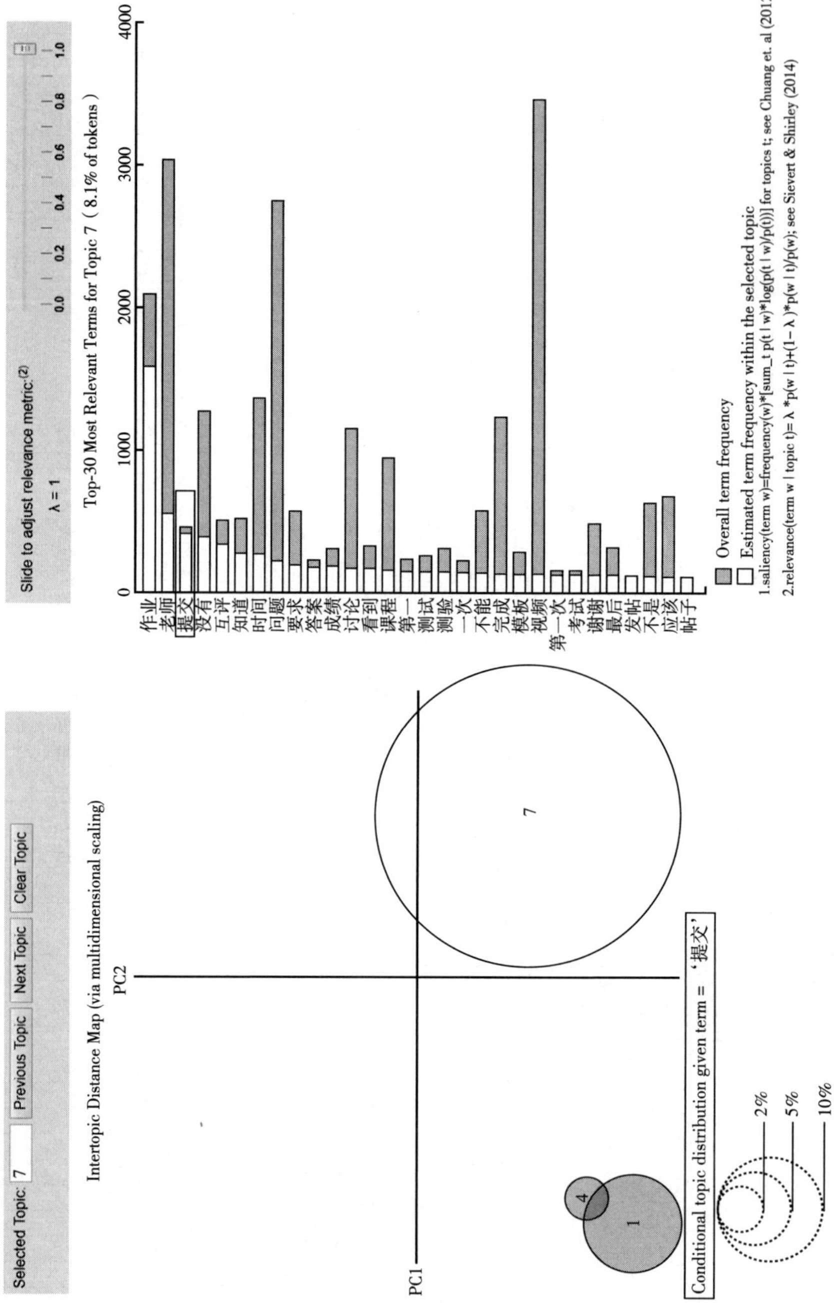

图 7-17 自由讨论区主题 7 的区分词（同时选中"主题 7"和"提交"）

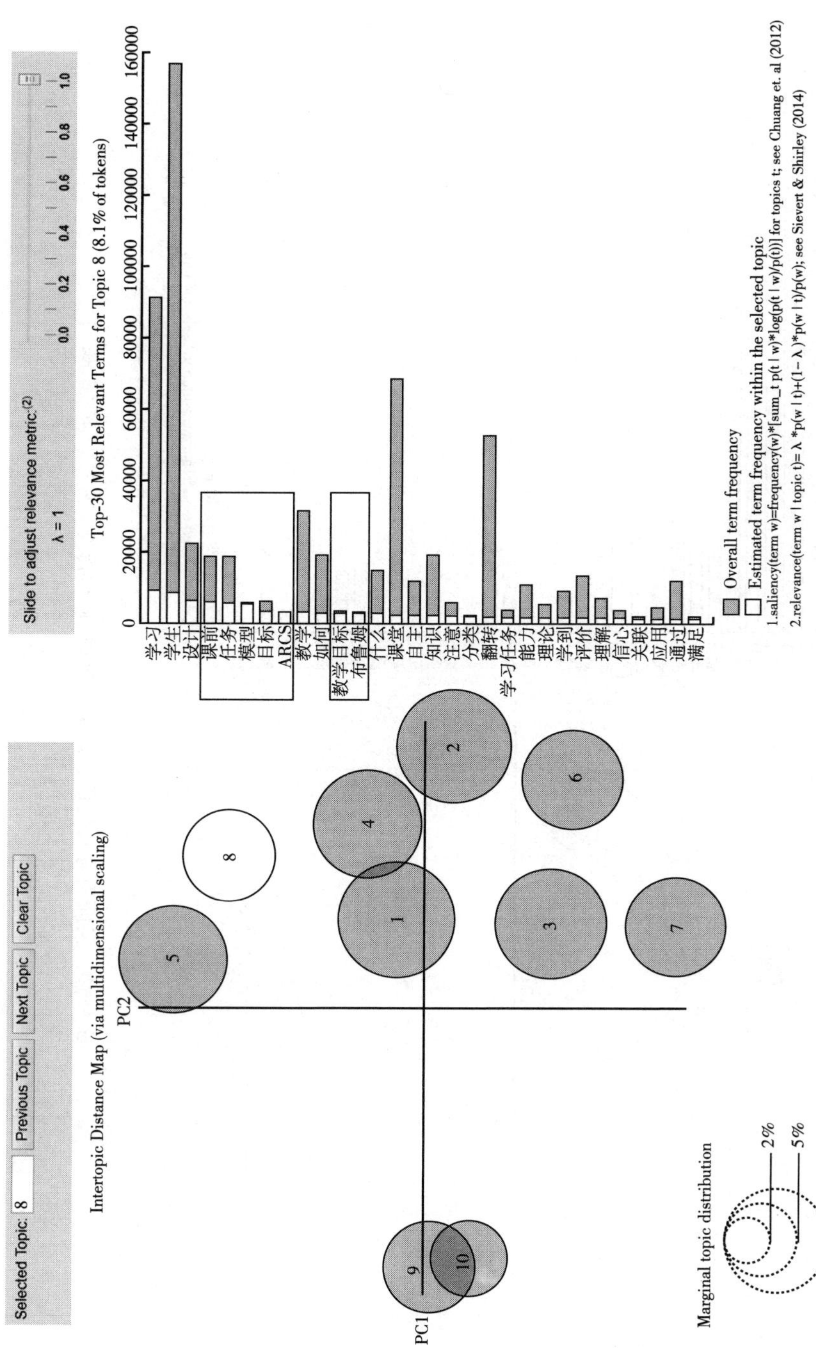

图 7-18　问题引导讨论区主题模型选中“主题 8”

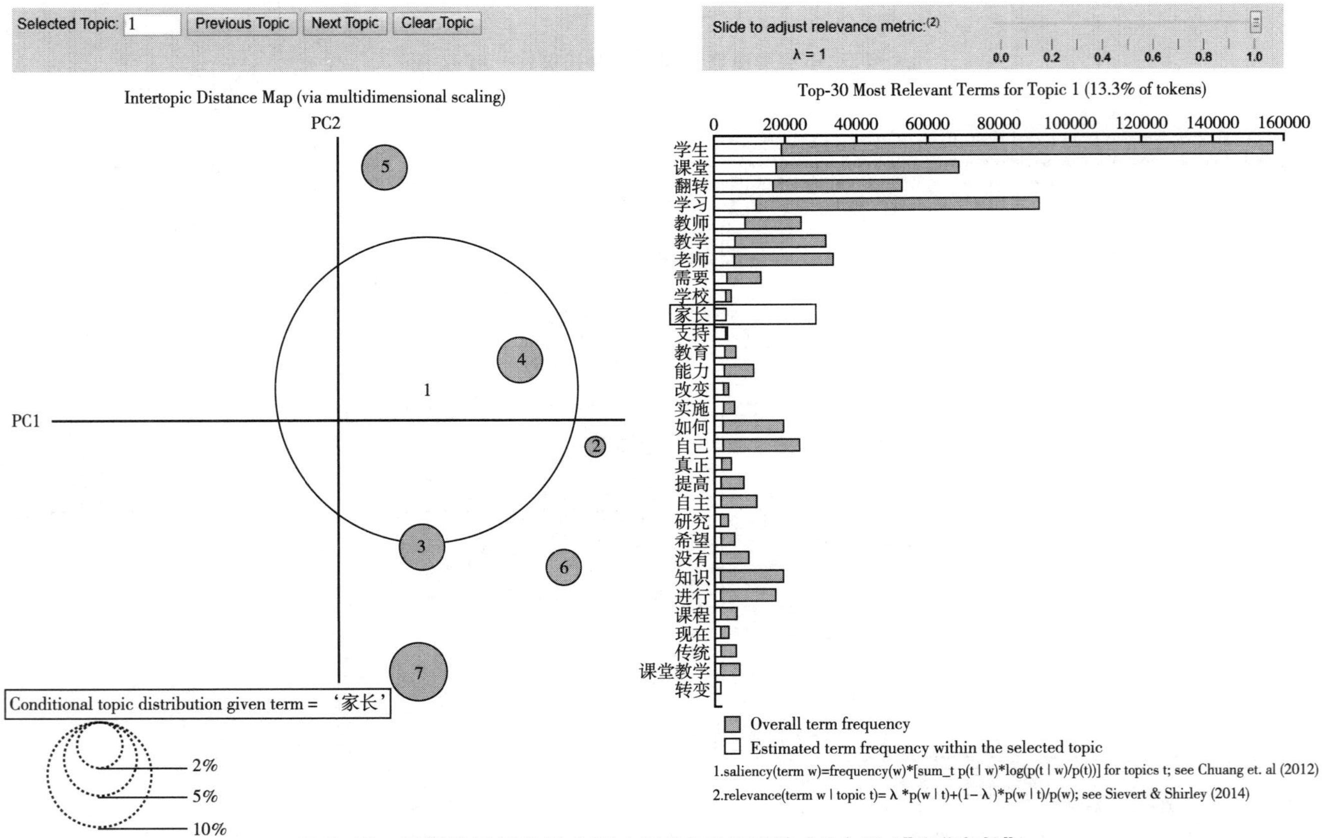

图 7–19　问题引导讨论区主题 1 区分词（同时选中"主题 1"和"家长"）

说明：主题 8 中无"家长"或"学校"这两个词，所以不显示。

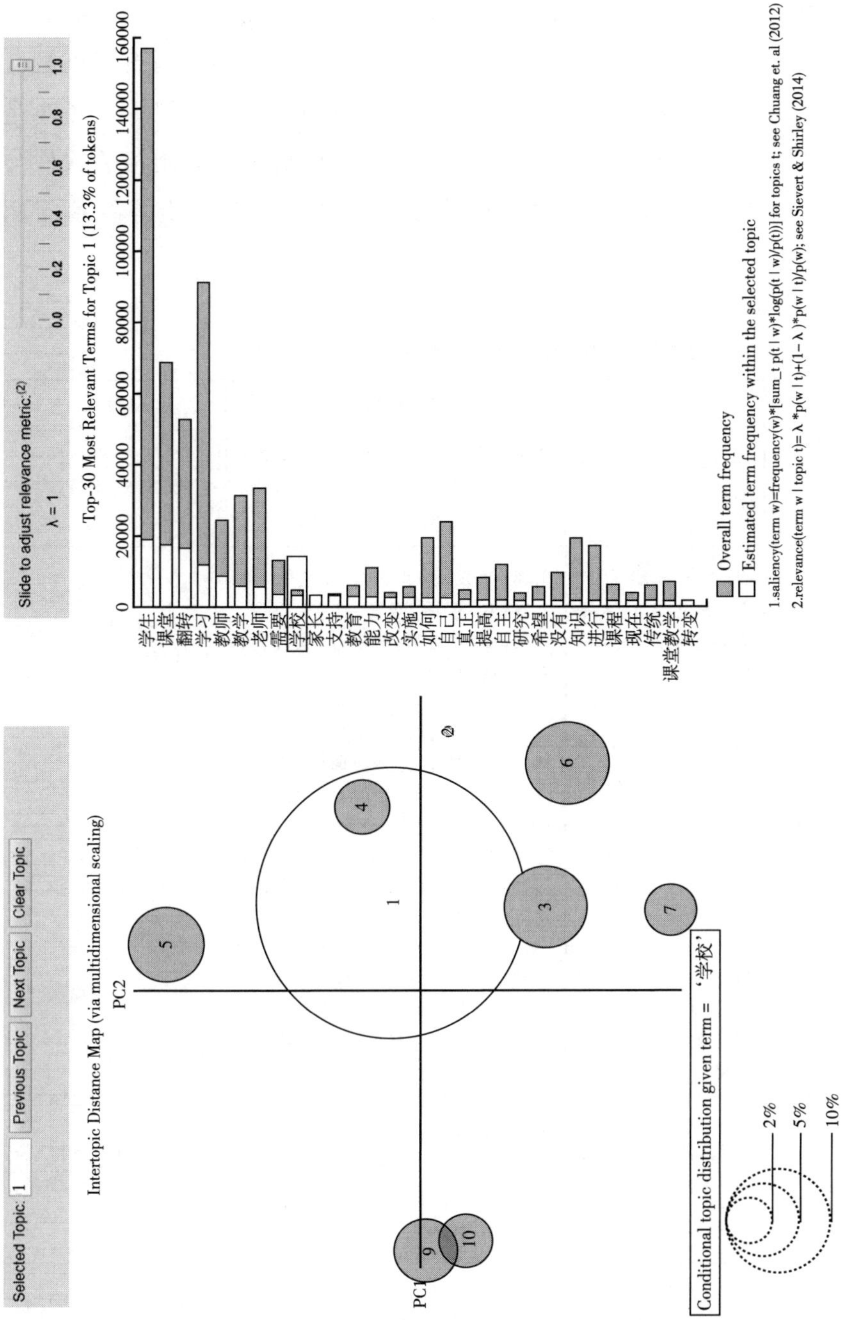

图 7-20　问题引导讨论区主题 1 区分词（同时选中“主题 1”和“学校”）

活动设计、评价、展示，以及合作学习”；主题 3 是“翻转课堂课前学习任务与传统课堂预习的区别”；主题 4 是“建立学科知识与生活的联系”；主题 5 是“自主学习能力培养”；主题 6 是“学校条件是否适合实施翻转课堂教学”；主题 7 是“作业提交与互评以及考试相关问题”；主题 8 是“课程学习收获、感受和建议”；主题 9 是“视频制作和录制相关软件与技术”，主题 10 是“视频软件下载链接和安装、PDF 转换等技术问题交流”。

表 7-4　问题引导讨论区的主题意义提取结果

主题	主题意义	关键高频词	区分词
主题 1（占比 13.3%）	翻转课堂实施需要学校和家长支持	课堂，翻转，教师，教学，需要，学校，家长，支持，能力，改变，实施，真正，提高，自主，研究，希望	学校，家长，支持，实施
主题 2（占比 12.4%）	自主学习能力培养，激发学生学习兴趣，调动学生积极性	兴趣，激发，知识，自主，生活，能力，培养，教学，问题，任务，重要，方法，设计，提高，积极性，实际，过程，联系，调动	兴趣，激发，自主，能力，培养，积极性，联系，调动
主题 3（占比 11.7%）	建立学科知识与实际生活之间的联系	学习，生活，自己，知识，问题，兴趣，方法，教学，效果，理解，设计，内容，实际，联系，知识点，比如	生活，效果，联系，知识点
主题 4（占比 11.1%）	翻转课堂课前学习任务与传统课堂预习的区别	课堂，翻转，课前，任务，预习，课程，知识，传统，内容，导学案，指导，自主，作业，针对性，学习任务	课前，任务，预习，传统，导学案，指导，针对性
主题 5（占比 10.9%）	翻转课堂教学活动和小组活动设计与实施的方法、技巧、案例	课堂，翻转，如何，什么，设计，活动，学到，教学，问题，课堂教学，了解，方法，技巧，有效，案例，组织，理论，实施，小组活动	活动，学到，课堂教学，技巧，有效，案例，小组活动
主题 6（占比 9.6%）	小组学习中的分组、评价与合作学习	小组，评价，学习，分组，问题，合作，讨论，方式，同伴，每个，同学，过程，参与，成绩，成员，完成，任务，采用，展示	小组，评价，分组，合作，讨论，同伴，成绩，成员，
主题 7（占比 9.6%）	提出问题让学生思考，并及时鼓励、肯定、表扬学生	鼓励，评价，回答，肯定，同学，重要，提问，需要，作业，别人，表扬，提出，思考，及时，给予	鼓励，回答，肯定，提问，表扬，给予

续表

主题	主题意义	关键高频词	区分词
主题 8 (占比 8.1%)	翻转课堂教学设计理论:布鲁姆教学目标分类和 ARCS 模型	翻转课堂,设计,课前,任务,模型,目标,ARCS,教学,如何,教学目标,布鲁姆,理论,注意,分类,学习任务,能力,理论,理解,信心,关联,满足	模型,目标,ARCS,教学目标,布鲁姆,分类,关联,满足
主题 9 (占比 7.9%)	视频制作与录制软件相关技术	视频,制作,录制,教学,软件,如何,录屏,使用,画中画,原则,形式,PPT,效果,声音,需要,注意,拍摄,时间,微课	视频,制作,录制,软件,录屏,画中画,原则,PPT,效果,声音,拍摄,微课
主题 10 (占比 5.5%)	社交类,赞同他人观点,表达学习收获	赞同,值得,同意,很多,不错,方法,借鉴,总结,收获,同感,实践,非常,感觉,尝试,希望,有道理,确实,详细,受益匪浅	赞同,值得,同意,借鉴,总结,收获,同感,受益匪浅

表 7-5 自由讨论区的主题意义提取结果

主题	主题意义	关键高频词	区分词
主题 1 (占比 15.1%)	学习任务和活动设计	学习,任务,活动,设计,内容,问题,分钟,目标	任务,活动
主题 2 (占比 14.4%)	小组学习活动设计、评价、展示,以及合作学习	小组,学习,设计,问题,活动,评价,展示,说明,讨论,合作,思路	小组,评价,展示,说明,合作
主题 3 (占比 11.6%)	翻转课堂课前学习任务与传统课堂预习的区别	学习,课堂,翻转,视频,课前,任务,时间,内容,知识,问题,观看,课上,预习,讲解,解决,传统	课前,任务,观看,预习,讲解,传统
主题 4 (占比 11.1%)	建立学科知识与生活的联系	学习,设计,内容,活动,分钟,生活,课时,课文,数学,作者,面积,教学内容,英语	生活,课时,课文,数学,作者,面积,英语
主题 5 (占比 10.7%)	自主学习能力培养	学习,翻转课堂,兴趣,能力,自主,培养,提高,积极性,习惯	兴趣,能力,自主,培养,积极性
主题 6 (占比 10.2%)	学校条件是否适合实施翻转课堂教学	翻转课堂,学校,实施,适合,课堂教学,时间,条件,传统,电脑,模式,学科	学校,实施,适合,条件,电脑
主题 7 (占比 8.1%)	作业提交与互评以及考试相关问题	作业,提交,互评,时间,问题,要求,答案,成绩,讨论,测试,测验,模板,考试	作业,提交,互评,答案,成绩,测试,测验,考试

续表

主题	主题意义	关键高频词	区分词
主题 8 （占比 6.9%）	课程学习收获、感受和建议	设计，翻转课堂，大家，希望，很多，收获，感觉，非常，不错，值得，团队，觉得，谢谢	希望，收获，不错，值得，团队
主题 9 （占比 6.2%）	视频制作和录制相关软件与技术	视频，制作，录制，软件，微课，声音，使用，PPT	视频，制作，录制，声音，PPT
主题 10 （占比 5.7%）	视频软件下载链接和安装、PDF 转换等技术问题交流	视频，下载，软件，链接，打开，格式，PDF，Camtasia，安装，打不开，Studio	下载，链接，格式，PDF，Camtasia

二　共同主题与特有主题

对比问题引导讨论区和自由讨论区的主题，可以发现：两类讨论区有 8 个主题意义高度相似，如表 7-6 所示，说明总体而言，两类讨论区的讨论主题高度一致。这一现象可能是因为自由讨论区的讨论受到引导式问题的影响。好的讨论需要好的问题引导。正如 Reeves 指出（1993），交互媒体不能保证学习的发生，为学习者提供人际交互平台并不意味着学习者就一定会开展互动交流，就像学校的图书馆不能保证学习一定会发生一样。根据社会建构主义学习理论，学习是在社会协商（人际交互）中发生的，因此有效学习的发生，需要促进学习者的人际交互。但人际交互并不是将一群学习者聚在一起就会发生，需要以问题引导讨论的方式，让学习者的讨论有的放矢。正因为如此，虽然自由讨论区没有限定讨论主题，但学习者还是围绕问题引导讨论区的引导式问题开展讨论。这说明了教师设计的引导式问题的重要性。在线教育中，不能期望将学习材料和学习平台提供给学习者后，有效学习就会发生，教师必须设计学习活动、学习任务、讨论问题等，引导学习者有效开展学习。

问题引导讨论区剩余两个与自由讨论区差异较大的主题如表 7-7 所示：①提出问题让学生思考，并及时鼓励、肯定、表扬学生；②翻转课堂教学设计理论：布鲁姆教学目标分类和 ARCS 模型。学习者在问题引导讨论区就这两个主题开展了积极的讨论，在自由讨论区却没有得到同样的关注。

自由讨论区剩余两个与问题引导讨论区差异较大的主题如表 7-7 所示：①作业提交与互评以及考试相关问题；②视频软件下载链接和安装、PDF 转换等技术问题交流。自由讨论区两个独特的主题与作业和技术相关，这与已有 MOOCs 相关研究结论一致。如 Wise 和 Cui （2018）、Gillani （2014）的研究也发现除课程内容相关的帖子外，关于作业、考试的帖子是 MOOCs 讨论主题的主要类型之一。

表 7-6　两类讨论区相似的主题

问题引导讨论区	自由讨论区
主题 1：翻转课堂实施需要学校和家长支持	主题 6：学校条件是否适合实施翻转课堂教学
主题 2：自主学习能力培养，激发学生学习兴趣，调动学生积极性	主题 5：自主学习能力培养
主题 3：建立学科知识与实际生活之间的联系	主题 4：建立学科知识与生活的联系
主题 4：翻转课堂课前学习任务与传统课堂预习的区别	主题 3：翻转课堂课前学习任务与传统课堂预习的区别
主题 5：翻转课堂教学活动和小组活动设计与实施的方法、技巧、案例	主题 1：学习任务和活动设计
主题 6：小组学习中的分组、评价与合作学习	主题 2：小组学习活动设计、评价、展示，以及合作学习
主题 9：视频制作与录制软件相关技术	主题 9：视频制作和录制相关软件与技术
主题 10：社交类，赞同他人观点，表达学习收获	主题 8：课程学习收获、感受和建议

表 7-7　两类讨论区有差异的主题

问题引导讨论区	自由讨论区
主题 7：提出问题让学生思考，并及时鼓励、肯定、表扬学生	主题 7：作业提交与互评以及考试相关问题
主题 8：翻转课堂教学设计理论：布鲁姆教学目标分类和 ARCS 模型	主题 10：视频软件下载链接和安装、PDF 转换等技术问题交流

两个讨论区主题的相似性再次说明问题引导讨论这一教学设计的重要性，即使是给学生讨论主题的自由，学生也必须有的放矢，围绕一些有意义的主题进行讨论。

第四节　讨论主题的集中度

上一节将所有讨论内容作为语料库，探索了两类讨论区的讨论主题情况，考察讨论是否出现偏离课程内容的现象。利用主题模型分析帖子内容有一个局限，即主题模型是以整个语料库为单位，并不是以帖子为单位。通常与讨论课程内容相关的帖子字数较多，而与讨论课程内容无关的帖子字数较少。而使用语料库建立主题模型是以内容多少来对文本进行聚类的，换言之，主题模型反映整体讨论内容的主题，并不能很好地反映具体帖子线索的主题。

因此，为了进一步探索讨论的质量，研究还进一步聚焦具体的案例主题帖，考察讨论是否围绕主题开展，判断两类讨论区的案例主题帖的讨论集中度。本节分析采用自然语言处理方法，主要涉及词频统计、词云图等方法，考察学习者讨论内容的关键词与主题关键词的对应程度，以检验讨论是否围绕主题。除词频统计和词云图外，研究还使用了两个数量指标来表征主题讨论的集中度：①词频与帖子数量的比例；②出现某一个高频关键词的帖子比例。

由于案例课程的主要目标群体是一线教师，课程内容也与一线教学实践息息相关，因此发帖内容中经常出现一些高频词，而这些词意义并不大。如“翻转”“课堂”“学生”“学习”“老师”“教师”“教学”等。为了避免这些无实际意义的课程相关高频次影响，研究分别呈现了删除这类高频词前后的词云图和词频统计数据结果。

学习者参与越积极，讨论内容越多，越容易辨别讨论是否围绕主题。基于这个原则，本部分将回复/评论数量作为选择案例主题帖的标准。从问题引导讨论区抽取两个案例主题帖，即教师设计的引导式问题讨论，主题帖的标题分别是“如何培养学生自主学习能力”和“翻转课堂的课前学习任务和传统课堂的预习的区别”。从自由讨论区抽取一个回复/评论排名靠前的案例主题帖，即无引导的问题讨论，主题帖的标题是“如何在教学中引导学生自主学习”；同时抽取所有首帖（发起讨论的帖子）。数据分析发现问题引导讨论区的讨论内容紧扣讨论主题，而自由讨论区的讨论内容比较分散，很多讨论内容偏离讨论主题。

一　基于词云图的差异分析

1. 问题引导讨论区案例主题帖

（1）“如何培养学生自主学习能力”主题帖

选择问题引导讨论区“如何培养学生自主学习能力”这一问题引导讨论主题帖下回复和评论的内容。考虑到“学生”“学习”“老师”“教师”这类常见词会影响词云图的结果，图 7-21 和图 7-22 分别展示了去掉课程常见高频词前后的词云图。删除常见词前，除“学生”“学习”两个常用词外，“自主”“能力”“培养”是该主题帖下回复和评论中出现频率的前三位。而删除了常用词后，词云图中突出显示了这三个词，表明该主题下的发帖内容和主题高度相关，围绕主题讨论。总结而言，案例主题帖下的发帖内容中的高频词（“自主”“能力”“培养”）与主题帖的关键词（自主学习能力培养）高度相关，说明学习者的讨论内容围绕讨论主题，比较集中，并未偏离最初的讨论主题。

图 7-21　问题引导讨论区“如何培养学生自主学习能力”主题帖词云图

说明：帖子数量 n = 2114。

（2）“翻转课堂的课前学习任务和传统课堂的预习的区别”主题帖

本研究选择问题引导讨论区“翻转课堂的课前学习任务和传统课堂的

图 7-22　问题引导讨论区“如何培养学生自主学习能力”主题帖词云图（删除常见高频词）

说明：帖子数量 n = 2114。

预习的区别”这一问题引导的讨论主题帖下的回复和评论内容。考虑到“学生”“学习”“老师”“教师”这类常见词会影响词云图的结果，图 7-23 和图 7-24 分别展示了去掉课程常见高频词前后的词云图。去掉后，“课前”“预习”“任务”“传统”“导学案”是该主题帖下回复和评论中出现词频较高的前几个词，词云图中突出显示了这些高频词，而这些高频词与主题的关

图 7-23　问题引导讨论区“翻转课堂的课前学习任务和传统课堂的预习的区别”主题帖词云图

说明：帖子数量 n = 3335。

图 7-24　问题引导讨论区“翻转课堂的课前学习任务和传统课堂的预习的区别”主题帖词云图（删除常见高频词）

说明：帖子数量 n=3335。

键词高度相关，表明该主题下的发帖内容和主题高度相关，围绕主题讨论。说明学习者的讨论内容围绕讨论主题，比较集中，并未偏离最初的讨论主题。

2. 自由讨论区案例主题帖和首帖

(1)“如何在教学中引导学生自主学习”主题帖

选择自由讨论区“如何在教学中引导学生自主学习”这一问题引导的讨论主题帖下的回复和评论内容。图 7-25 和图 7-26 分别展示了讨论内容的词云图以及去掉课程常见高频词前后的词云图。

图 7-25　自由讨论区“如何在教学中引导学生自主学习”主题帖词云图

说明：帖子数量 n=105。

从图7-26中可以发现，“自主”“兴趣”“赞同”“问题”“说得好”是该主题帖下回复和评论中出现词频较高的前几个，词云图中突出显示了这些高频词，而这些词中仅有“自主”和“兴趣”这两个高频词与主题的关键词高度相关，其他高频词代表一种简单的附和，因此讨论内容是否围绕主题，还有待进一步考察。

图7-26　自由讨论区“如何在教学中引导学生自主学习”主题帖词云图（删除常见高频词）

注：帖子数量n=105。

（2）自由讨论区首帖

对自由讨论区的考察，除了案例主题帖外，我们还查看了所有首帖（n=3771）的内容，图7-27展示了其词云图。从图中可以发现在自由讨论区，就所有首帖来看，“视频”“作业”“设计”“如何”“问题”“吗”这些词成为关键高频词。说明自由讨论区大部分首帖与视频录制、制作相关技术、作业提交有关，且大部分帖子均是寻求帮助帖，这与之前MOOC论坛内容相关研究结论一致。

二　基于词频的差异分析

1. 问题引导讨论区案例主题帖

（1）“如何培养学生自主学习能力”主题帖

案例主题帖的词频统计如图7-28和图7-29（删除课程相关高频词）

图 7-27　自由讨论区所有首帖词云图

说明：帖子数量 n=3771。

所示。可以发现删除课程常见高频词后，与主题高度相关的几个词语中，“自主”“能力”“培养”出现的频次排名前三。

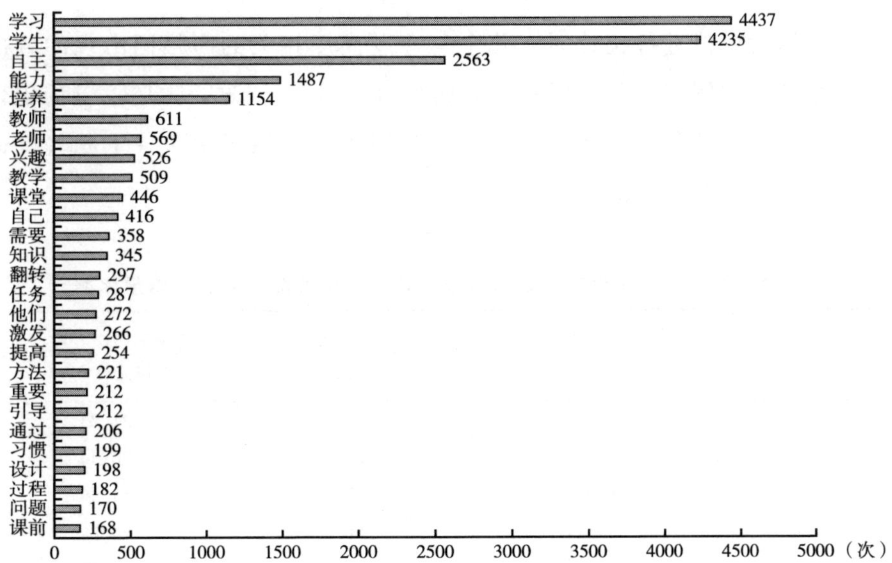

图 7-28　问题引导讨论区“如何培养学生自主学习能力”主题帖词频统计

说明：帖子数量 n=2114。

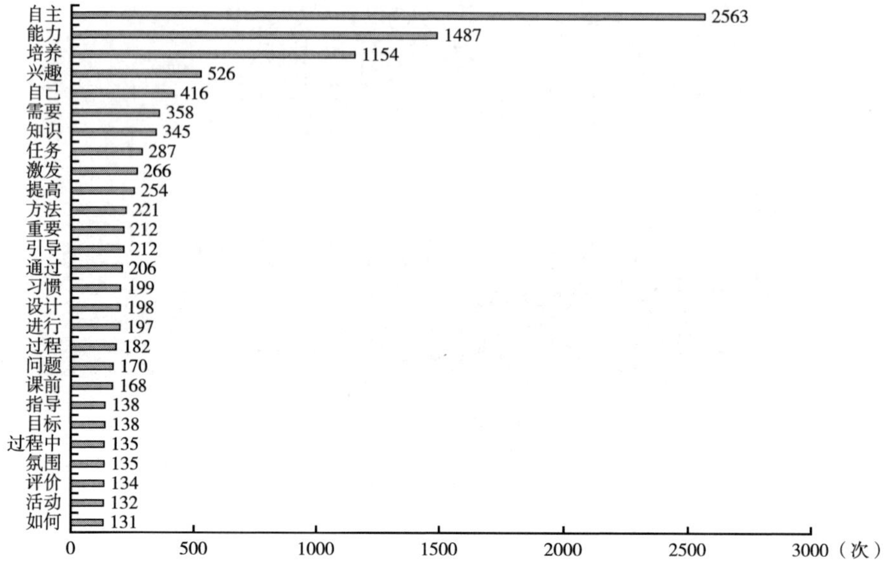

图 7-29 问题引导讨论区"如何培养学生自主学习能力"主题帖词频统计（删除课程常见高频词）

说明：帖子数量 n=2114。

以词语为单位进行统计时，几个与主题高度相关的高频词出现的频次与帖子数量的比例如表 7-8 所示。数据表明，"自主"这一主题关键词出现的频次大于帖子数量，为 121.24%。这是因为部分帖子中这一主题关键词出现了多次，表明讨论围绕主题进行。

表 7-8 案例主题 1 相关高频词（以词语为单位计数）与帖子数量比例

主题相关高频词	高频词频次（次）	帖子数量（条）	高频词频次与帖子数量之比(%)
自主	2563	2114	121.24
能力	1487	2114	70.34
培养	1154	2114	54.59
兴趣	526	2114	24.88
任务	287	2114	13.58
激发	266	2114	12.58
提高	254	2114	12.02

以帖子为单位进行统计时，几个与主题高度相关的高频词的频次与帖子数量的比例如表 7-9 所示，数据表明：74.55%的帖子出现了“自主”这一主题关键词，51.84%的帖子出现了“能力”这一主题关键词，43%的帖子出现了“培养”这一主题关键词。这一结论与词云图、词频统计的数据一致，说明这一主题下的绝大部分帖子均围绕“如何培养学生自主学习能力”这一主题开展讨论，没有偏离讨论主题。

表 7-9　案例主题 1 相关高频词（以帖子为单位计数）与帖子数量比例

主题相关高频词	出现高频词的帖子数量（条）	帖子数量（条）	出现高频词的帖子与总帖子数量之比(%)
自主	1576	2114	74.55
能力	1096	2114	51.84
培养	909	2114	43.00
兴趣	449	2114	21.24
任务	231	2114	10.93
激发	253	2114	11.97
提高	250	2114	11.83

（2）“翻转课堂的课前学习任务和传统课堂的预习的区别”主题帖

案例主题帖的词频统计如图 7-30 和图 7-31（删除课程常见高频词）所示。可以发现删除课程常见高频词后，与主题高度相关的几个词语，如“预习”“课前”“任务”“传统”“导学案”出现的频次非常高，排在前几位。

以词语为单位进行统计时，几个与主题高度相关的高频词出现的频次与帖子数量的比例如表 7-10 所示，数据表明，“预习”“课前”这两个主题关键词出现的频次分别为 96.64%和 79.64%。需要说明的是，部分帖子中这两个主题关键词出现了多次，表明讨论围绕主题进行。

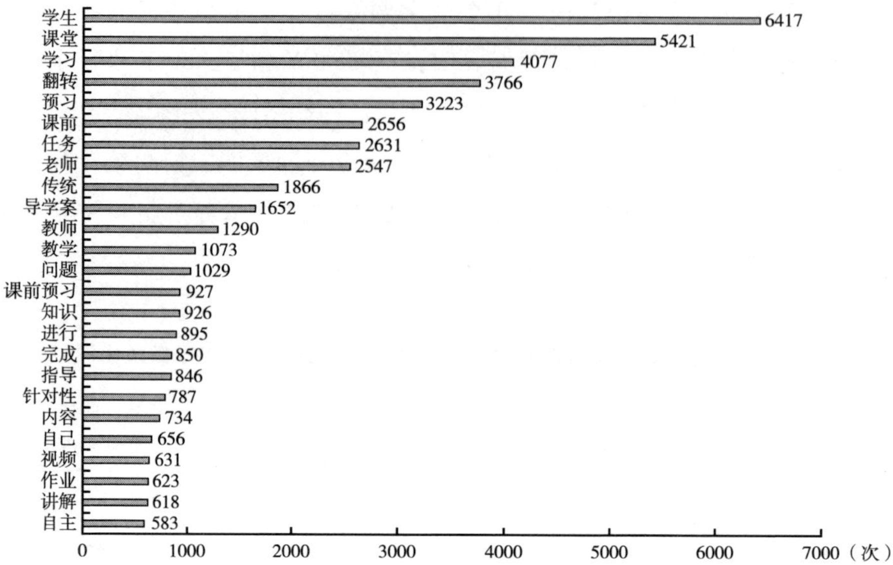

图 7-30　问题引导讨论区“翻转课堂的课前学习任务和传统课堂的预习的区别”词频统计

说明：帖子数量 n=3335。

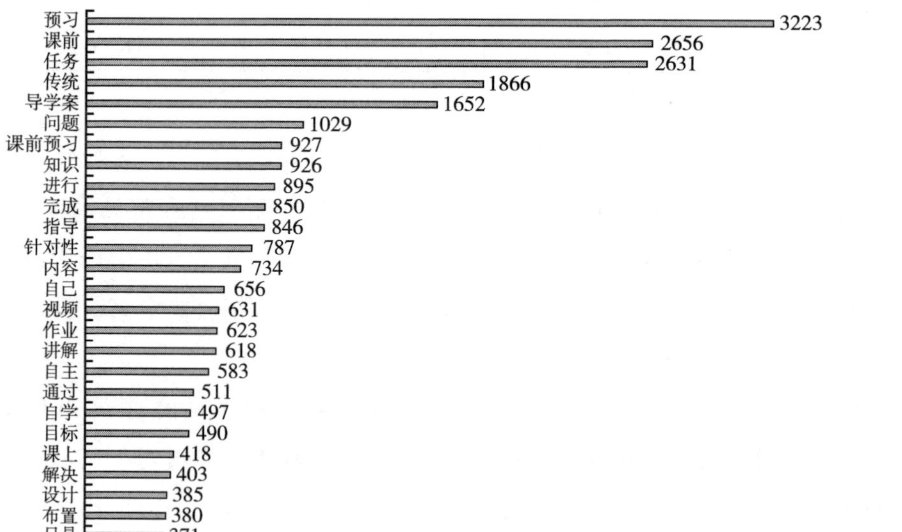

图 7-31　问题引导讨论区“翻转课堂的课前学习任务和传统课堂的预习的区别”词频统计（删除常见高频词）

说明：帖子数量 n=3335。

以帖子为单位进行统计时，几个与主题高度相关的高频词的频次与帖子数量的比例如表 7-11 所示，数据表明，59.22%的帖子出现了“预习”这一主题关键词，61.77%的帖子出现了“课前”这一主题关键词，50.67%的帖子出现了“任务”这一主题关键词，46.06%的帖子出现了“传统”这一主题关键词。这一结论与词云图、词频统计的数据一致，说明这一主题下的绝大部分帖子均围绕“翻转课堂的课前学习任务与传统课堂的预习的区别”这一主题开展讨论，没有偏离讨论主题。

表 7-10　案例主题 2 相关高频词（以词语为单位计数）与帖子数量比例

主题相关高频词	高频词频次（次）	帖子数量（条）	高频词频次与帖子数量之比(%)
预习	3223	3335	96.64
课前	2656	3335	79.64
任务	2631	3335	78.89
传统	1866	3335	55.95
导学案	1652	3335	49.54
问题	1029	3335	30.85
指导	846	3335	25.37
针对性	787	3335	23.60

表 7-11　案例主题 2 相关高频词（以帖子为单位计数）与帖子数量比例

主题相关高频词	出现高频词的帖子数量（条）	帖子数量（条）	出现高频词的帖子与总帖子数量之比(%)
预习	1975	3335	59.22
课前	2060	3335	61.77
任务	1690	3335	50.67
传统	1536	3335	46.06
导学案	971	3335	29.12
问题	890	3335	26.69
指导	765	3335	22.94
针对性	708	3335	21.23

2. 自由讨论区案例主题帖和首帖

(1)“如何在教学中引导学生自主学习”主题帖

案例主题帖的词频统计如图 7-32 和图 7-33（删除课程相关高频词）

所示。可以发现删除课程相关高频词后，“自主”“兴趣”“培养”这些与主题高度相关的词语，排名靠前。但是从频次上来看，这些词语的频次都非常少，需要进一步分析词频与帖子数量的比例。

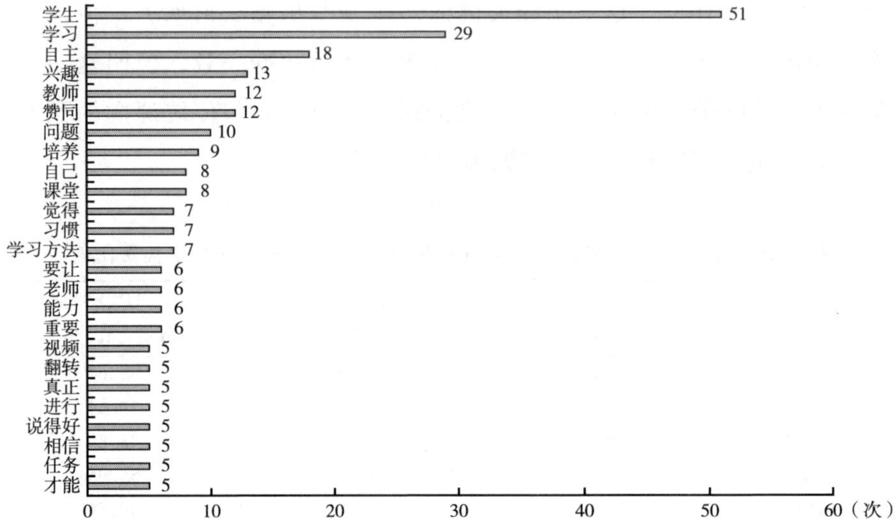

图 7-32　自由讨论区“如何在教学中引导学生自主学习”主题帖词频统计

说明：n = 105。

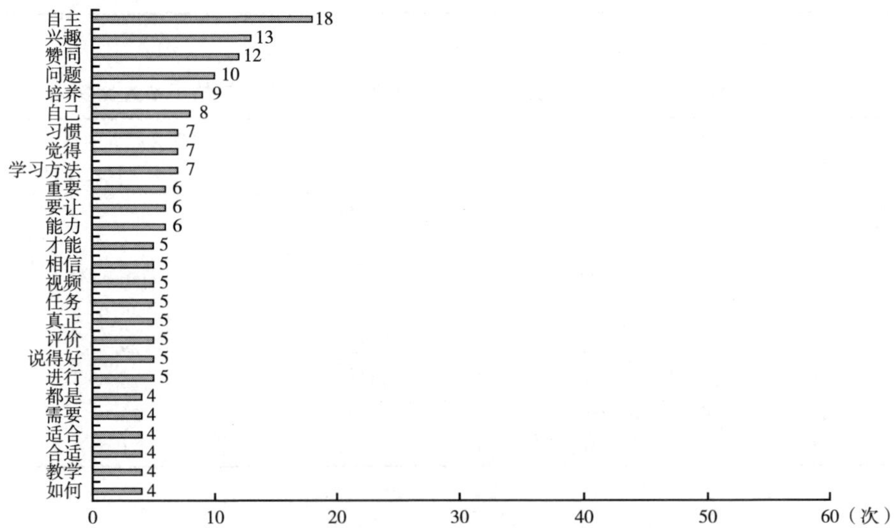

图 7-33　自由讨论区“如何在教学中引导学生自主学习”主题帖词频统计（删除课程常见高频词）

说明：帖子数量 n = 105。

（2）所有首帖主题

图 7-34 展示了自由讨论区首帖词频统计情况，发现“视频”“作业”这两个词是排名前两位的高频词（“学生”这一无意义高频词除外）。这与主题分析结果、词云图分析结果一致。主题分析结果表明自由讨论区两个特有的主题是关于视频软件相关技术和作业提交的。

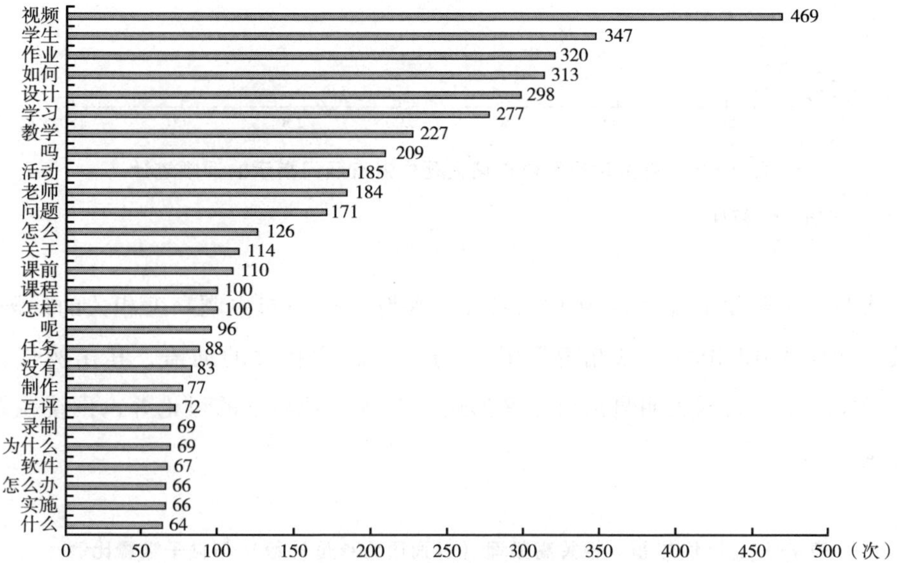

图 7-34　自由讨论区所有首帖主题词频统计

说明：n = 3771。

值得注意的是，其他排名靠前的高频词大多是疑问词，于是笔者又将这些有疑问指示词的词语单独挑出来呈现。图 7-35 展示了首帖标题中带有疑问指示词的词频统计，发现有近 10%的帖子有“如何”这一疑问词，5.5%的帖子带有“吗”这一问句指示词。自由讨论区的首帖中出现的其他常见疑问词还有“怎么”“怎样”“呢”“为什么”“怎么办”“什么”等。结合上文的词云图分析结果，说明学习者在自由讨论区的一部分首帖是以询问问题、寻求帮助为目的的。

以词语为单位进行统计时，与主题高度相关的高频词出现的频次与帖子数量的比例如表 7-12 所示。数据表明，“自主”这一主题关键词出现的

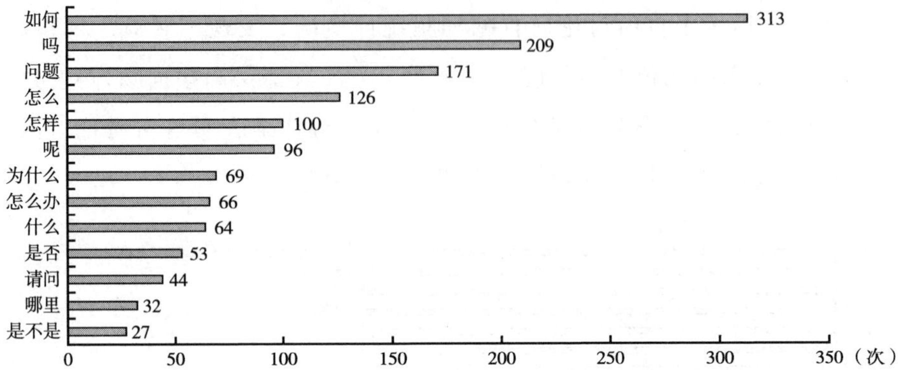

图 7-35　自由讨论区中首帖主题中带有疑问指示的词频统计

说明：n＝3771。

频次与帖子数量的比例仅为 17.14%；“兴趣”这一与主题高度相关的词语，其比例仅为 12.38%；“培养”这一与主题高度相关的词语，其比例仅为 8.57%。以上数据表明自由讨论区的这一案例主题帖下的讨论并未围绕主题开展。

表 7-12　案例主题 3 相关高频词（以词语为单位计数）与帖子数量比例

主题相关高频词	高频词频次（次）	帖子数量（条）	高频词频次与帖子数量之比（%）
自主	18	105	17.14
兴趣	13	105	12.38
问题	10	105	9.52
培养	9	105	8.57
习惯	7	105	6.67
学习方法	7	105	6.67
能力	6	105	5.71

以帖子为单位进行统计时，几个与主题高度相关的高频词的频次与帖子数量的比例如表 7-13 所示。仅有 12.38%的帖子出现了“自主”这一主题关键词，仅 9.52%的帖子出现了“兴趣”这一与主题高度相关的词语，

仅 8.57%的帖子出现了“培养”这一与主题高度相关的词语。这一结论与词云图的分析结果不一致。但词云图仅识别较高频次的词语，并不会考虑词语出现频次与帖子数量的比例。考虑比例后，发现与主题高度相关的词语出现比例非常低。说明自由讨论区这一主题下的绝大部分帖子均没有围绕“如何在教学中引导学生自主学习”这一主题开展讨论，出现偏离讨论主题现象。

表 7-13 案例主题 3 相关高频词（以帖子为单位计数）与帖子数量比例

主题相关高频词	出现高频词的帖子数量（条）	帖子数量（条）	出现高频词的帖子与总帖子数量之比(%)
自主	13	105	12.38
兴趣	10	105	9.52
问题	10	105	9.52
培养	9	105	8.57
习惯	7	105	6.67
学习方法	2	105	1.9
能力	6	105	5.71

第五节 人际交互的关键时间和关键事件

一 关键时间

在分析人际交互数据的过程中，笔者发现了一个重要的时间节点和两个重要的关键事件。从每日发帖量和每日参与论坛人数随时间变化的趋势来看，第 2 周是一个关键时间，即第 2 周发帖量和参与论坛的人数均较多，第 2 周以后论坛发帖量和参与人数均明显下降。这一趋势同时存在于问题引导讨论区和自由讨论区。为了更好地了解人际交互网络是否也呈现同样的规律，笔者分别构建了两类讨论区 1~5 周的人际交互网络。为了说明第 2 周这一关键时间点，本节呈现了第 1 周到第 3 周的人际交互网络变化。

从图 7-36 至图 7-41 可以发现，无论是问题引导讨论区，还是自由讨论区，第 3 周的人际交互网络规模明显缩小。这里需要指出的是，因为案例课程是以“讲”为单位开展的，除第三讲持续两周外，其他讲均仅持续一周。考虑到网络规模缩小也许与这一教学计划有关，笔者又将第 3 周和第 4 周两周的人际交互网络合在一起，构建了第三讲的人际交互网络，以排除教学计划的影响。可视化结果发现，第三讲（第 3 周和第 4 周）的人际交互网络规模同样小于第 2 周。因此，可以认为第 2 周是人际交互（讨论）的一个关键节点，学习者数量在这周之后有明显下降，但逐渐趋于稳定。结合第九章第三节问题引导讨论区与自由讨论区论坛坚持情况的数据，同样可以发现第 2 周是一个关键时间点。已有 MOOCs 相关研究也发现人际交互关键时间的存在。Poquet 研究了三门案例 MOOC 课程，这三门案例课程的持续时间均为 8 周，其人际交互数量的稳定期从第 4 周开始（Poquet，2017）。

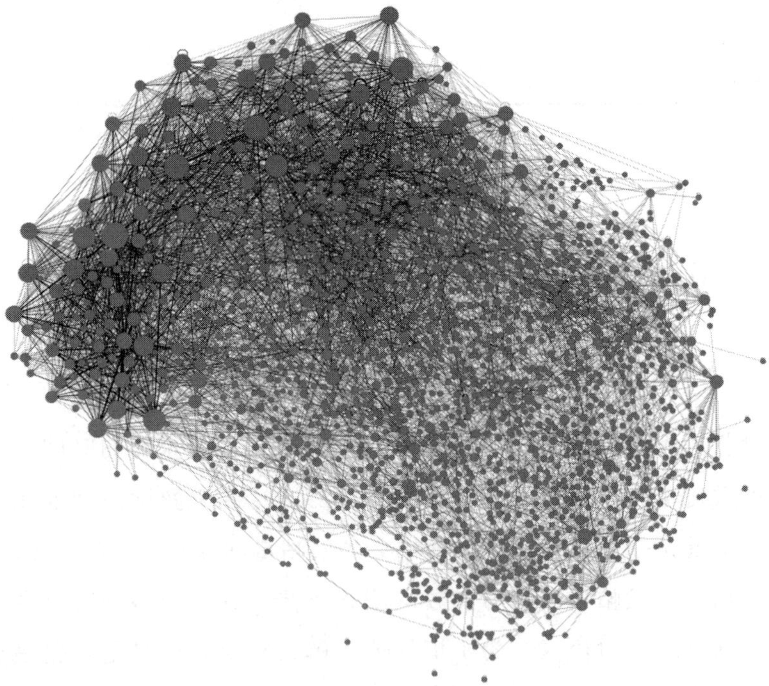

图 7-36　问题引导讨论区第 1 周人际交互网络

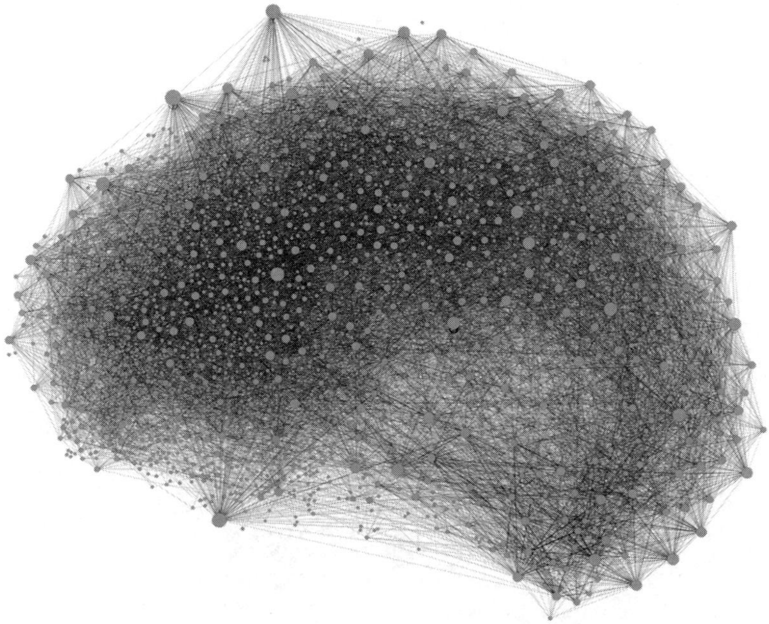

图 7-37　问题引导讨论区第 2 周人际交互网络

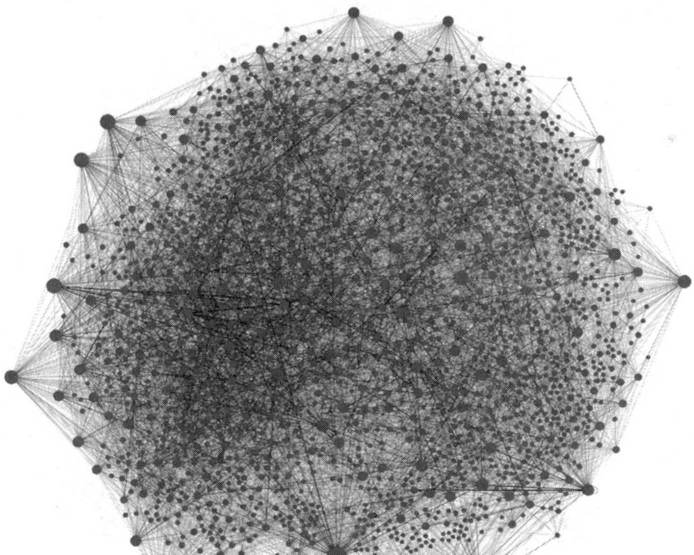

图 7-38　问题引导讨论区第 3 周人际交互网络

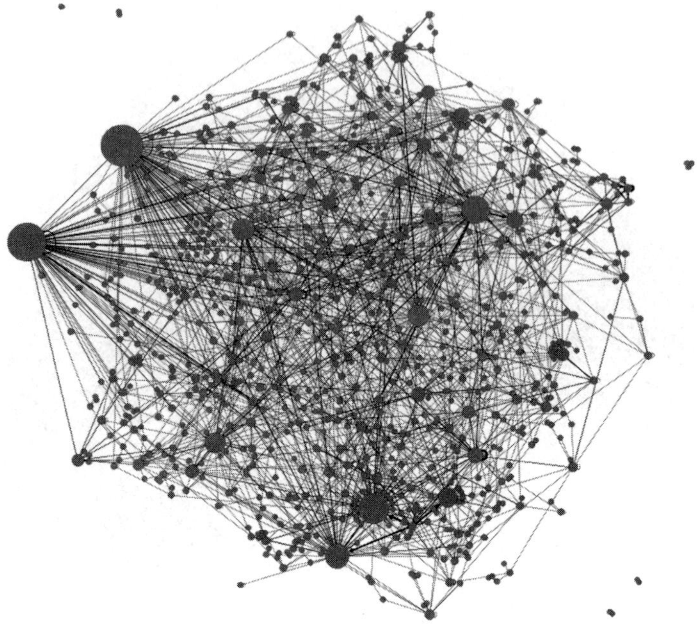

图 7-39　自由讨论区第 1 周人际交互网络

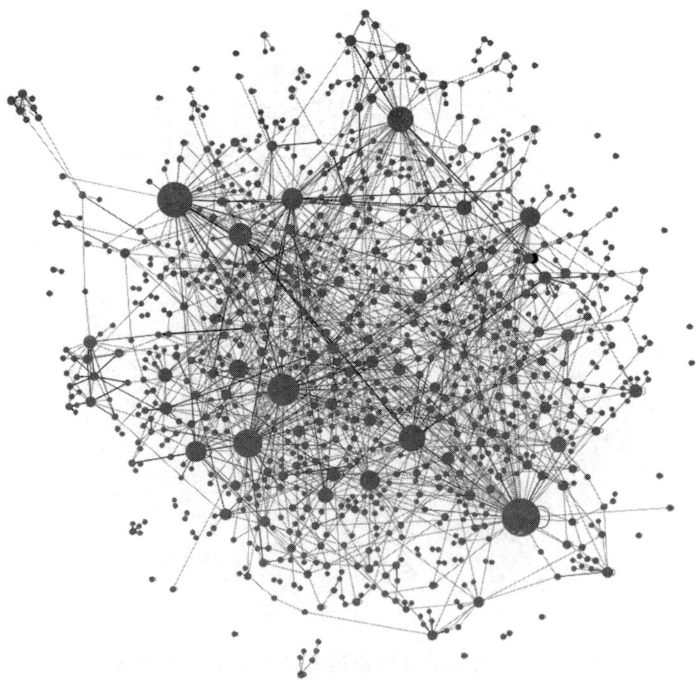

图 7-40　自由讨论区第 2 周人际交互网络

图 7-41　自由讨论区第 3 周人际交互网络

二　关键事件

发帖量和论坛参与人数会随视频发布时间和作业截止时间变化。为了探索论坛参与的动态演变，以及论坛参与和课程设计（课程结构）的关系，本研究提取了课程实施期间每一天的发帖数量、参与论坛的人数、新的主题数。其中发帖数量包括首帖、回复、评论。图 7-42 和图 7-43 展示了每日发帖量相对课程中两件重要事件的变化，这两件重要事件分别是视频发布、作业提交截止日期。从图中可以发现发帖数量的变化呈现一定的规律：在作业截止日期（每一讲最后一天是截止日期）当天出现高峰，随后逐渐下降。在视频发布（新一讲内容的第一天发布）后发帖量开始逐渐下降，在视频发布后 3 天左右（每一讲持续时间的中间段）发帖量又开始上升。总结而言，在两次作业截止日期中间，发帖量呈现“U”形分布，先下降后上升，说明课程结构会影响论坛人际交互活动。

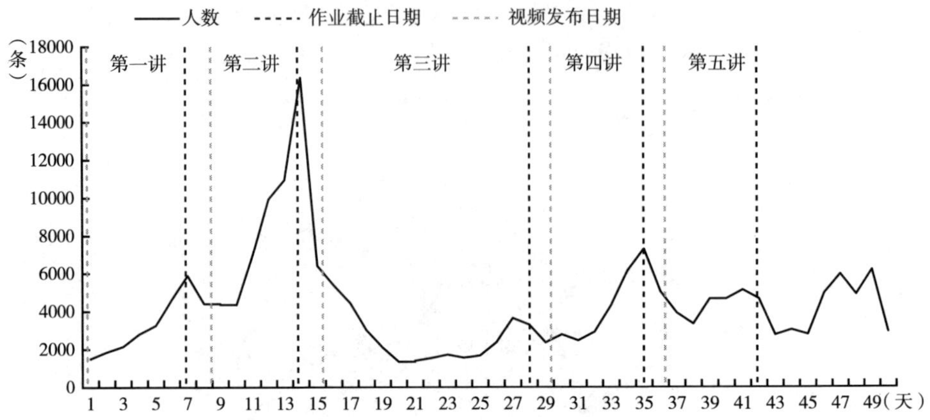

图 7-42　每天发帖量变化

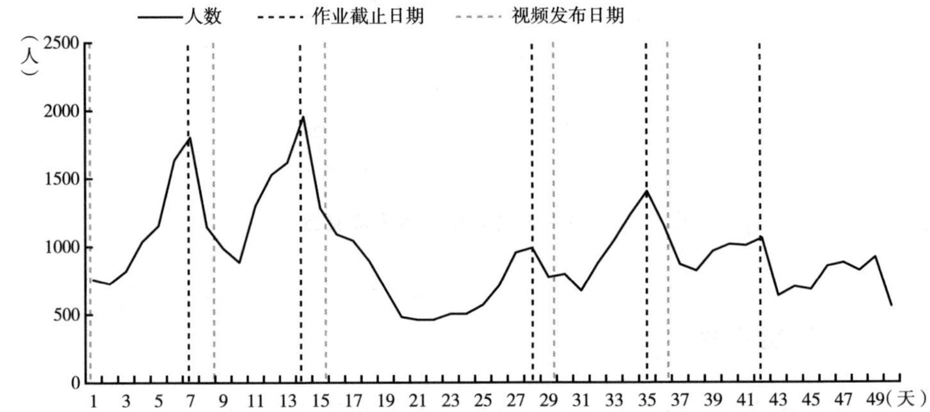

图 7-43　每天论坛参与人数变化

课程共发布了 5 次视频，布置了 5 次作业。为了进一步了解发帖行为与视频发布、作业截止日期的关系，研究进一步提取了每次视频发布后 7 天（包括视频发布当天）的发帖量，以及每次作业截止日期前 7 天（包括作业截止日期当天）的发帖量，分别计算出平均值，如图 7-44 和图 7-45 所示。两个图更好地展示了课程结构设计对论坛交互的影响，在两次视频发布中间，发帖量呈现“U”形，峰值出现在视频发布后第 6 天，除第三讲外，这一天恰好也是作业截止日期当天。在两次作业中间，平均发帖量同样呈现“U”形，峰值在作业截止日期当天。

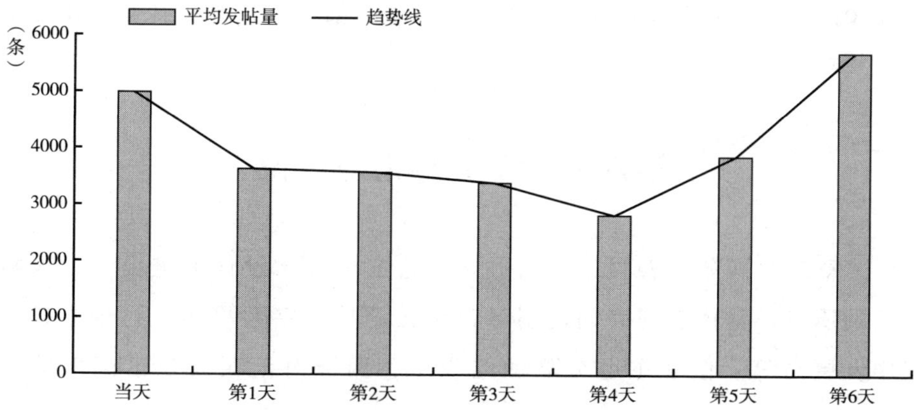

图 7-44　视频发布后的平均发帖量

说明：共发布五次视频。

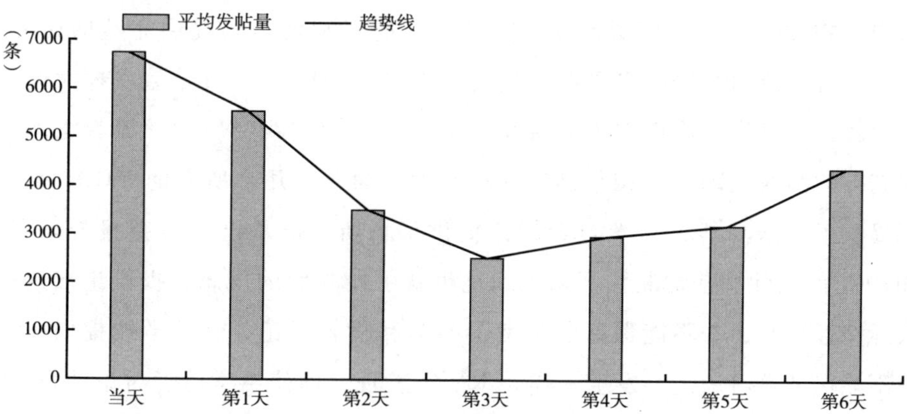

图 7-45　作业截止日期前的平均发帖量

说明：共五次作业。

对这一现象有两种解释：一是由学习者学习行为偏好造成的，学习者在新视频发布后习惯先将视频看完，再来参与课程讨论；二是学习者并没有很合理地安排学习时间，总是在每一讲即将结束时，才开始课程的学习。范逸洲对此门课程学习者的学习行为序列进行了研究，发现学习者习惯主题式学习，即每次登录平台后集中学习一个主题。而在主题学习中，学习行为顺序呈现一定的规律：集中学习新视频（学习行为序列表现为观看新视频→观看新视频），再集中参与讨论（论坛参与→论坛参与）。同时范逸洲（2019）的研究发现存在不少突击学习者，即在作业截止日期前才开始突击学习。

第六节 研究结果与讨论

本章的数据分析表明：问题引导讨论这一教学设计促进提升了人际交互的质量，具体表现为问题引导讨论区的帖子字数更多、讨论主题的集中度更高等。但在主题分析的结果上，两类讨论区表现出高度的相似性。

主题分析的结果表明两类讨论区均可聚类为 10 个主题，而其中 8 个主题高度重合。这似乎说明自由讨论区的讨论受到了教师设计的引导问题的影响。MOOCs 与开放资源运动、精品课程的区别就是其提供完整的课程，让学习者在课程开课期间聚在一起共同学习。MOOCs 一直希望发挥大规模学习者这一优势，让拥有不同背景、不同学习和实践经历的学习者之间实现充分的沟通互动，互相帮助、互相启发。为此，几乎所有的 MOOC 平台都提供了论坛功能，为学习者讨论提供了场所。但从已有研究报告来看，MOOCs 的人际交互情况并不乐观。这也就引发我们的反思：提供论坛这一人际交互平台，并不能保证学习者会参与和投入讨论，就像学校提供图书馆不能保证学习一定会发生一样。本研究发现，即使给学习者讨论的自由，他们的讨论还是围绕教师设计的引导问题开展。因此，为学习者提供适当的引导问题是十分必要的，可以帮助学习者有的放矢地开展讨论。如果教师不为学习者提供一定的支持，可能出现的现象就是部分 MOOCs 相关研究中提及的缺乏人际交互。同时需要指出的是，教师的支持既可以体现在前期的教学设计上，即在课程资源中为学习者提供学习活动、脚手架、引导讨论的问题等，又可以体现在课程实施期间的学习者支持上。但后者的成本和代价较高，在具有免费和大规模特性的 MOOCs 情境中似乎无法推广。

需要特别指出的是，问题引导讨论区人际交互的数量和质量更好这一结论，并不能否定自由讨论区的存在价值。本章的主题分析结果发现，自由讨论区特有的两个主题分别是关于作业提交和技术交流的。而自由讨论区首帖的词云图和词频统计显示，学习者在自由讨论区大多是在寻求帮助。寻求帮助在教与学时空分离的在线教育中十分必要，且课程团队/课程教师在教学设计环节无法完全预测到学习者在课程学习过程中会遇到的困难，因此自由讨论区有其独特的价值。

此外，从学习者课后问卷的反馈中发现，不少学习者高度肯定了讨论的价值，如下面三位同学的反馈意见。①“MOOC 是一种很好的学习方式，其中的讨论环节我非常喜欢，它让我从诸位老师那里得到了很多启发，开阔了我的思路。讨论也促使我思考总结，得到很多收获。”②“在此次学习中，我在课程的学习中感受到学员之间的互相讨论很有用，有些老师的做法与想法对我帮助很大……”③“这门课第一讲至第五讲的所有内容都看了两遍，的确花费了不少时间，但收获也是非常大的。一是，前面已经参与了所有的课件内的讨论，绝大部分是自己真实的想法，第二遍学习时又参与了一遍大多数的讨论，前后两次的看法也有很多变化，觉得自己的认识深入了很多，有很多东西理解得也比较深入了，这是一个非常好的现象。”这说明学习者参与在线讨论时，会借鉴和参考其他人讨论的内容，主动建构新知识。因而从一定程度上讲，在线对话交流可以促进学习者的思维发展。

此外，本章的数据分析还发现两类讨论区的人际交互均受关键事件和关键时间的影响。第 2 周后学习者的人际交互数量会明显下降，从第 3 周开始人际交互数量趋于平稳。而 Poquet（2017）的研究也发现三门 8 周的案例 MOOCs，人际交互都是在第 4 周时逐渐稳定的。由此可见，人际交互通常在课程中间时期趋于稳定。这为教师和助教提供了一个指导性的时间点。而作业截止日期和视频发布日期会影响人际交互数量，可能反映的是学习者的自主学习能力，尤其是时间管理能力，似乎大部分学习者均是在作业截止日期前和下一个视频发布前集中学习。

总结而言，MOOCs 教学实践者应该走出这样的误区：认为仅仅提供讨论的场所，人际交互就会发生。MOOCs 的优势就是将一群多元化的人聚集在一起，课程团队/课程教师应该努力发挥其优势，挖掘出隐藏在这些群体中的宝贵知识和经验。换言之，MOOCs 教学开发与设计阶段，课程团队/课程教师需要设计一些促进人际交互的活动和策略，认真思考如何在课程实施时帮助学习者建立同伴关系，让学习者群体的智慧在学习过程中充分表现出来，营造良好的讨论氛围等。这也再次说明 MOOCs 教学设计的重要性。与此同时，自由讨论区也发挥了重要的价值，如寻求帮助等。因此，论坛设计时也应该考虑为学习者提供自由讨论的场所，方便他们寻求帮助。

第八章
问题引导教学设计与人际交互

——基于个体网络的数量分析

第一节　概述

本章的研究思路如图 8-1 所示，主要从个体网络的视角，分析问题引导讨论这一教学设计对人际交互数量的影响，包括人际交互广度、强度、入度、出度。个体网络的测量指标通常有点度中心度、边权重，考虑方向时，点度中心度还分为入度和出度。前文已详细阐释过，这四个测量指标分别对应人际交互广度、强度、入度、出度四个操作化指标。本章的所有

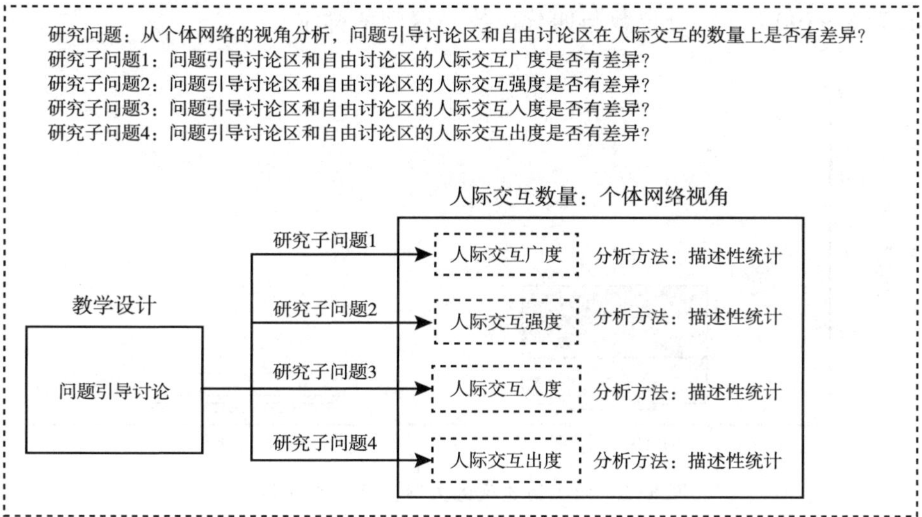

图 8-1　第八章研究思路

数据分析均以学习者个人为单位，使用描述性统计方法对数据进行分析。数据分析发现问题引导讨论区的人际交互广度、强度、入度、出度都显著大于自由讨论区，且问题引导讨论区的人际交互广度、入度、出度是自由讨论区的 5 倍多。这表明问题引导讨论区建立了更多、更强的人际交互关系。

第二节　人际交互个体网络的基本特征

本节首先考察两类讨论区在人际交互数量各个指标上的分布情况，然后检验差异在统计上是否显著，并通过三种方式进行了稳健性检验，分别是删除“超级发帖者”，考虑网络大小，考察同时参与两类讨论区的学习者。

图 8-2 至图 8-5 展示了两类讨论区在人际交互广度、强度、入度、出度四个指标上的数量情况。选择箱线图的原因是在数据分析过程中发现两类讨论区的数据差异较大，且数据离散程度较高，分位数能更直观地展现数据分布状态。需要指出的是，在绘制箱线图的过程中，均去掉异常值。在对分位数数据进行解读时，前 25%表示 0%~25%区间的样本，后 25%表示 75%~100%（三分位数与四分位数）区间的样本。

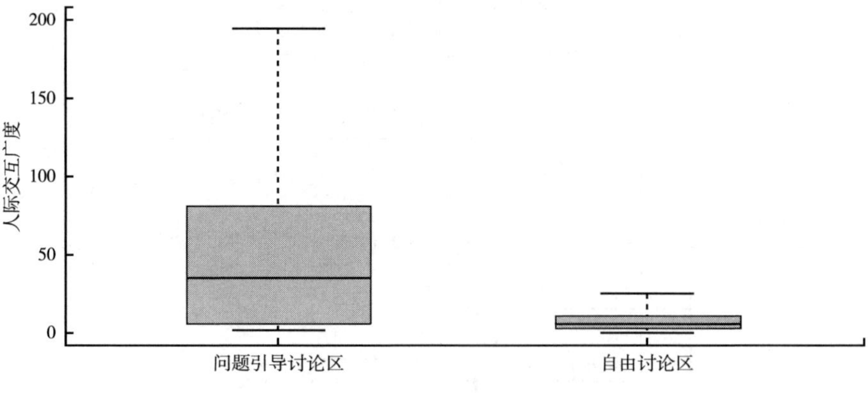

图 8-2　两类讨论区的人际交互广度箱线图

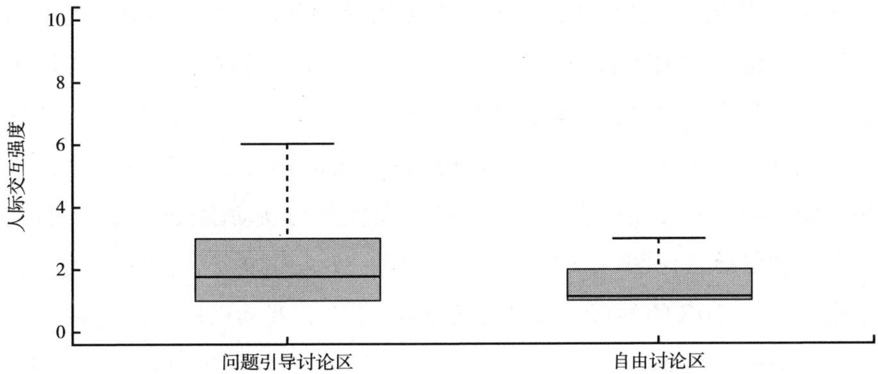

图 8-3 两类讨论区的人际交互强度箱线图

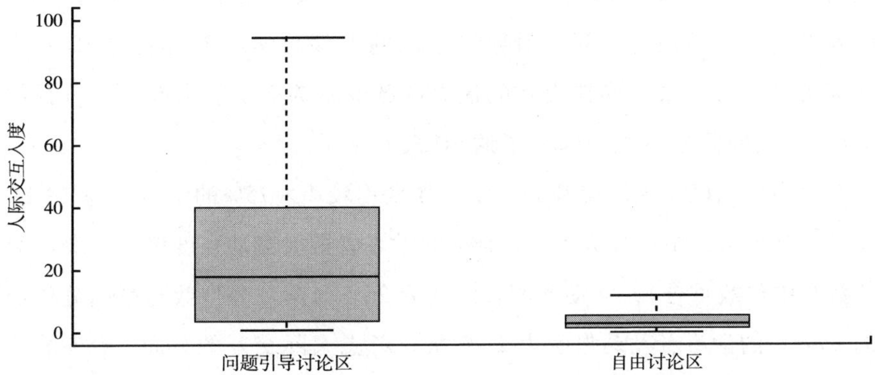

图 8-4 两类讨论区人际交互入度箱线图

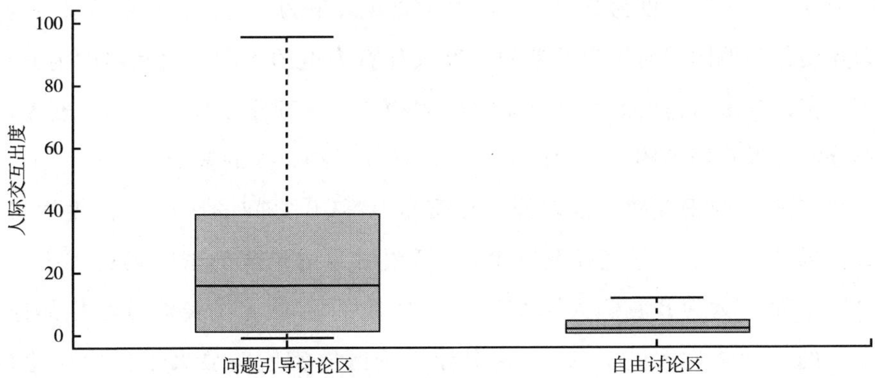

图 8-5 两类讨论区人际交互出度箱线图

从 4 张箱线图可以发现，在人际交互数量的所有指标上，有问题引导的问题引导讨论区均大于自由讨论区。在问题引导讨论区，学习者与很多同伴建立了人际交互关系，互动的强度较大（与某一同伴互动多次），收到的互动和主动发起的互动均较多。而自由讨论区的学习者仅与少量同伴开展了相对较弱的人际交互，收到的互动和主动发起的互动均较少。

在问题引导讨论区，75%的学习者与 1~81 人建立了人际交互关系，中位数为 35 人。50%的学习者互动强度为 1~2 次，互动强度较大的后 25%的学习者互动强度为 3~6 次。分方向看人际交互，75%的学习者收到了 1~40 人的回帖，中位数为 18 人。75%的学习者主动回复了 1~39 人的帖子，中位数为 10。后 25%的学习者主动回复了 39~90 人的帖子，说明课程中存在超级发帖者。总结而言，问题引导讨论区的大部分学习者与大约 35 人建立了交互关系，且与某一同伴交互的最大次数通常为 2 次。大部分学习者收到了大约 18 人的回帖，主动回复了约 10 人的帖子。

在自由讨论区，人际交互的广度、强度均较小。75%的学习者与 1~11 人建立了交互关系，中位数为 5 人。50%的学习者最大互动强度仅为 1 次（第一分位数和中位数重合），互动强度较大的后 25%（第三分位数与第四分位数之间的 25%）的学习者互动强度为 2~3 次。考虑人际交互的方向，75%的学习者收到了 1~5 人的回帖，中位数为 2 人。75%的学习者主动回复了 0~5 人的帖子，中位数为 2 人。需要特别指出的是，前 25%的学习者没有回复任何人，出度为 0 次。这些出度为 0 次的学习者可直观理解为，他们发首帖后没有与任何人互动，其他同伴对该学习者的回复仅计算为他的入度，因此出度为 0 次。总结而言，自由讨论区的大部分学习者大约与 5 人建立了仅 1 次的短暂互动。大部分学习者收到了约 2 人的回帖，主动回复了约 2 人的帖子。

从图 8-6 的密度图可以发现，在交点 A 和 B 之间的区域（代表学习者与其他同伴建立的人际交互数量少），问题引导讨论区的密度远远小于自由讨论区，而在交点 B 右侧人际交互广度较大的区域（代表学习者与其他同伴建立的人际交互数量多），问题引导讨论区的密度明显大于自由讨论区。这与箱线图的结论一致，表明学习者在问题引导讨论区拥有更大的人际交互广度，即建立更多的人际交互关系。考虑人际交互的方向时，结论一致，如图 8-8、图 8-9 所示，问题引导讨论区的人际交互入度、出度在交点 B 右侧数量较大的区域均明显大于自由讨论区。

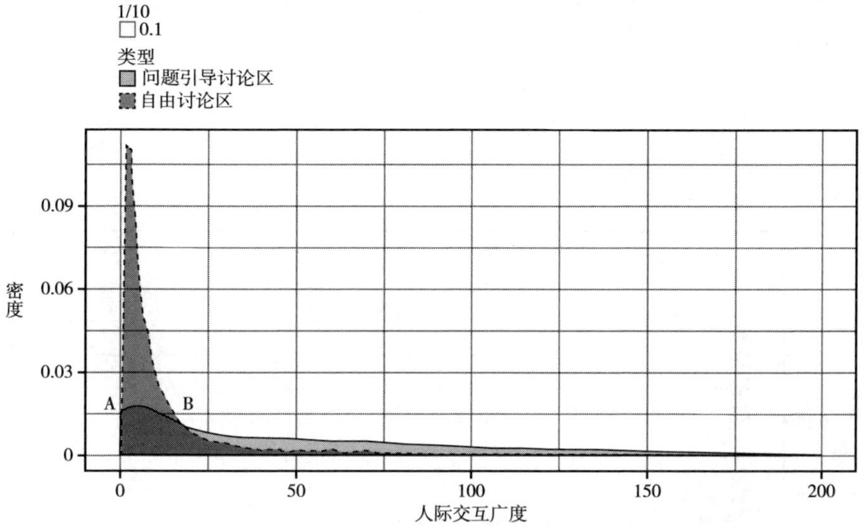

图 8-6　两类讨论区的人际交互广度的密度图

从图 8-7 的密度图可以看出，人际交互强度呈现同样的趋势。人际交互强度小（交点 A 和 B 之间、交点 C 和 D 之间）的区域，学习者与特定同

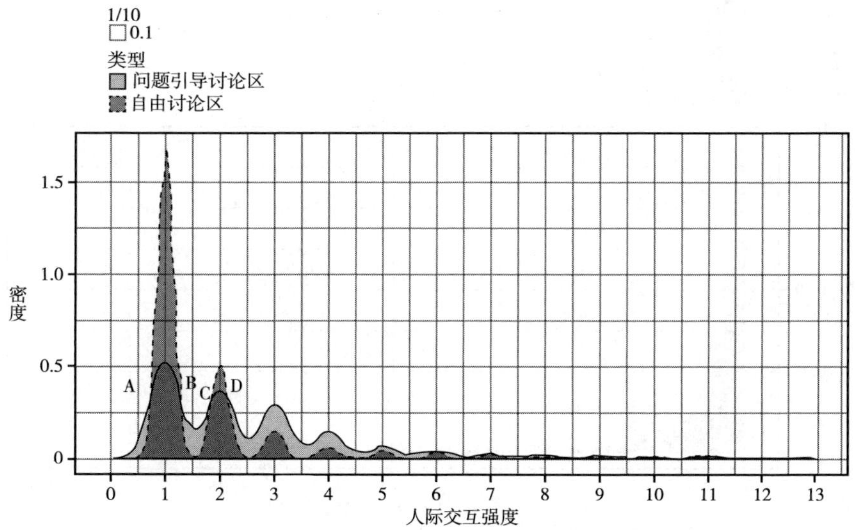

图 8-7　两类讨论区的人际交互强度的密度图

伴互动的频率仅为 1 次或 2 次。在这一区域，问题引导讨论区的密度小于自由讨论区，而在交点 D 右侧（人际交互强度稍大）的区域，问题引导讨论区的密度明显大于自由讨论区，表明学习者在问题引导讨论区建立了更强的人际交互。

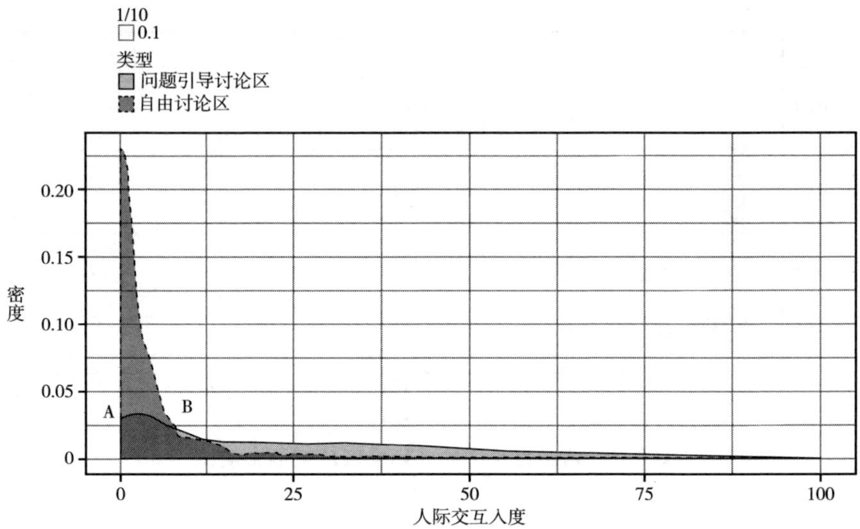

图 8-8　两类讨论区的人际交互入度的密度图

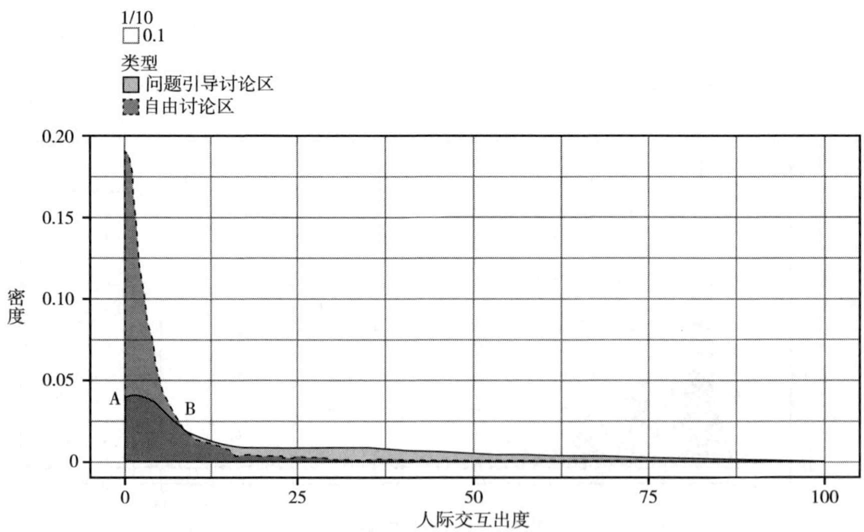

图 8-9　两类讨论区的人际交互出度的密度图

从箱线图和密度图的描述性分析中可以得出以下结论：①问题引导讨论区在人际交互方面的各个指标上均明显高于自由讨论区，表现为人际交互广度、强度、入度、出度更大；②自由讨论区存在1/4的学习者发布首帖后即离开论坛，没有任何后续互动活动。

第三节　两类讨论区的差异

结合本研究的研究问题和描述性分析的结果，研究进一步使用t检验来确认问题引导教学设计与人际交互的关系。具体而言，以人际交互数量方面的5个指标为因变量，检验问题引导讨论区和自由讨论区人际交互的差异。为了保证数据分析结果的稳健性，研究分别以未删除异常值前的人际交互指标、删除异常值后的人际交互指标，以及考虑网络大小后的标准化人际交互指标为因变量，检验问题引导讨论区和自由讨论区人际交互的差异是否达到统计上的显著。结果发现，问题引导讨论区人际交互各个指标均显著高于自由讨论区。三次数据分析的检验结果一致。研究还进一步筛选出同时参与问题引导讨论区和自由讨论区的学习者，比较他们在两类讨论区的人际交互的差异，分析结果同样说明问题引导讨论区人际交互各个指标显著高于自由讨论区。所有数据分析结果一致，说明检验结果具有较强的稳健性。

表8-1的独立样本t检验结果显示：在人际交互的各个指标方面，问题引导讨论区的学习者均显著高于自由讨论区的学习者，显著水平均较高，p值均小于0.001。在人际交互广度上，问题引导讨论区的学习者显著高于自由讨论区的学习者（$t=-39.056$，$p=0.000<0.05$），说明问题引导讨论区的学习者与更多的同伴建立了交互关系。在人际交互强度上，问题引导讨论区的学习者同样显著高于自由讨论区的学习者（$t=-10.412$，$p=0.000<0.05$;），说明问题引导讨论区的学习者与同伴建立了更强的交互关系。将人际交互分方向考察，问题引导讨论区学习者的人际交互入度显著高于自由讨论区学习者（$t=36.040$，$p=0.000<0.05$），说明问题引导讨论区的学习者收到了更多同伴的回复/互动。问题引导讨论区的学习者

在人际交互出度上同样显著高于自由讨论区的学习者（t = 31.068，p = 0.000<0.05），说明问题引导讨论区的学习者主动与更多的同伴建立了交互关系。

表 8-1　两类讨论区的人际交互指标（绝对中心度）t 检验

变量	问题引导讨论区（n = 3426）		自由讨论区（n = 1541）		t	p
	均值	标准差	均值	标准差		
人际交互广度	51.721	56.015	10.313	17.839	-39.056	0.000***
人际交互强度	2.626	2.327	1.815	2.614	-10.412	0.000***
人际交互入度	25.861	40.765	5.156	15.068	36.040	0.000***
人际交互出度	25.861	36.151	5.156	5.779	31.068	0.000***

注：*** 代表 p<0.001。

第四节　稳健性检验

一　删除“超级发帖者”（superposter）

异常值的存在会影响统计分析结果，前期数据探索过程中，通过箱线图发现人际交互数量各指标上的数据都存在异常值，因此研究需要删除异常值后再次做 t 检验。

常见的异常值处理办法是删除法、替代法（连续变量用均值替代、离散变量用众数以及中位数替代）、插补法（回归插补、多重插补）。本研究采用删除法，剔除异常值，具体操作方法是将标准化处理后绝对值大于 2 的数值作为异常值删除。将广度数据进行标准化处理，删除异常值。删除异常值之后，标准差明显减小，数据离散程度变小。

独立样本 t 检验结果如表 8-2 所示，结果与删除异常值前的分析结果一致。在人际交互的各个维度，问题引导讨论区均显著高于自由讨论区，显著性水平均较高，p 值均小于 0.001。

表 8-2　两类讨论区的人际交互指标 t 检验（删除异常值）

变量	问题引导讨论区（n=3286）		自由讨论区（n=1473）		t	p
	均值	标准差	均值	标准差		
人际交互广度	44.774	43.832	7.603	8.549	46.673	0.000***
人际交互强度	2.476	2.294	1.647	1.963	11.977	0.000***
人际交互入度	22.991	28.790	3.807	7.172	44.336	0.000***
人际交互出度	21.784	27.511	3.796	5.500	35.913	0.000***

注：*** 代表 p<0.001。

二　对网络大小的考虑

第四章中说明了人际交互在数量方面的各个指标（除互动强度外），均使用网络的中心度测量指标，而网络的中心度测量指标包括两类：绝对中心度和相对中心度。相对中心度可以控制网络规模的影响，使得不同网络的中心度比较更有意义。基于此，笔者使用相对中心度作为人际交互在数量方面的各个指标，再次进行了 t 检验。

独立样本 t 检验结果如表 8-3 所示，与前两个数据样本分析结果一致。问题引导讨论区人际交互的各个指标均显著高于自由讨论区，显著性水平均较高，p 值均小于 0.001。由于人际交互强度指标测量的是边权重，无法标准化。

表 8-3　两类讨论区的人际交互指标（相对中心度）t 检验（标准化并删除异常值）

变量	问题引导讨论区（n=3286）		自由讨论区（n=1473）		t	p
	均值	标准差	均值	标准差		
人际交互广度	0.013	0.012	0.005	0.004	30.483	0.000***
人际交互强度	2.476	2.294	1.647	1.963	11.977	0.000***
人际交互入度	0.007	0.008	0.002	0.004	35.917	0.000***
人际交互出度	0.006	0.008	0.002	0.003	23.076	0.000***

注：*** 代表 p<0.001。

三 基于同时参与两类讨论区的学习者

在案例课程论坛中，存在一群学习者，他们同时参与了问题引导讨论区和自由讨论区的交流讨论。以这群学习者为样本，相当于控制了学习者个人特征，比较结果更有意义。本研究同样分别分析了全部数据、删除异常值后的数据、考虑网络大小后的数据。如表 8-4 所示，独立样本 t 检验结果表明，同时参与问题引导讨论和自由讨论的学习者，在问题引导讨论区形成的人际交互在所有指标上均显著高于自由讨论区，与之前的分析结果一致。如表 8-5 和表 8-6 所示，同样在删除超级发帖者，以及考虑网络大小的情况下检验差异，结果具有较好的稳健性。

表 8-4 两类讨论区的人际交互指标 t 检验——仅选取同时参与问题引导讨论区和自由讨论区的学习者

变量	问题引导讨论区（n=1363）		自由讨论区（n=1363）		t	p
	均值	标准差	均值	标准差		
人际交互广度	76.712	63.359	10.814	17.559	39.069	0.000 ***
人际交互强度	3.058	1.951	1.815	1.442	20.215	0.000 ***
人际交互入度	38.084	33.796	5.338	10.300	34.218	0.000 ***
人际交互出度	38.627	43.105	5.475	10.060	27.651	0.000 ***

注：*** 代表 $p<0.001$。

表 8-5 两类讨论区的人际交互 t 检验——仅选取同时参与问题引导讨论区和自由讨论区的学习者（删除异常值）

变量	问题引导讨论区（n=1253）		自由讨论区（n=1253）		t	p
	均值	标准差	均值	标准差		
人际交互广度	64.017	44.219	7.713	8.296	43.551	0.000 ***
人际交互强度	2.879	1.757	1.581	1.213	21.011	0.000 ***
人际交互入度	32.961	24.237	3.853	5.220	40.857	0.000 ***
人际交互出度	31.056	28.921	3.860	5.479	32.151	0.000 ***

注：*** 代表 $p<0.001$。

表 8-6 两类讨论区的人际交互（相对中心度）t 检验——仅选取同时参与问题引导讨论区和自由讨论区的学习者（标准化并删除异常值）

变量	问题引导讨论区（n=1253）		自由讨论区（n=1253）		t	p
	均值	标准差	均值	标准差		
人际交互广度	0.019	0.013	0.006	0.010	26.631	0.000***
人际交互强度	2.476	2.294	1.647	1.963	11.977	0.000***
人际交互入度	0.010	0.007	0.003	0.006	24.688	0.000***
人际交互出度	0.009	0.008	0.003	0.006	19.953	0.000***

注：*** 代表 $p<0.001$。

第五节 研究结果与讨论

本章从个体网络的视角，分析了问题引导讨论这一教学设计对人际交互数量的影响。研究发现问题引导讨论这一教学设计提升了人际交互的数量，表现为学习者在问题引导讨论区建立了更多、更强的人际交互关系，在数据上表现为问题引导讨论区的人际交互广度、强度、入度、出度都显著大于自由讨论区。

案例课程将发帖计入形成性评价，30 条帖子计为讨论满分 20 分。可以将 30 条视为一个基准线，来考察学习者的发帖数量与基准线的差异。平均发帖量等于平均人际交互广度乘以平均人际交互强度。通过计算，问题引导讨论区的平均发帖量等于 135 条，远远大于基准线 30 条。本研究的分析虽然无法判断评价设计（发帖计分）是否促进了人际交互，但可以推断问题引导确实提升了人际交互的数量。

人际交互广度是指学习者与多少同伴建立了人际交互关系，表征的是学习者与同伴交互的多样性。人际交互强度是指学习者与特定同伴的互动频率，表征的是两位学习者之间的关系质量。通常认为两位学习者互动的次数越多，他们的讨论更持续、关系更密切。Poquet 认为人际交互强度的大小可以表征个人关系形成，而只有在人际交互的过程中形成有质量的个人关系，才会发展出熟悉、信任等积极的情感，学习者才会更愿意坚持参与讨论（Poquet，2017）。而持续交互通常需要围绕一个有意义的话题开展，如此才能形成深入和多次的互动、交流。与持续交互相对应的是短暂交互，那些人际交互强度仅为 1 次或 2 次的交互可以视为短暂交互，如简单的寻求帮助。第七章的主题分析结果显示，自由讨论区有两个主题是关于作业和视频制作技术的，这类主题的讨论通常就是为了获取简单的信息，短暂交互即可实现目的。

此外，需要特别指出的是，虽然社会网络分析法被广泛应用于分析在线学习中的人际交互，但绝大部分研究都忽略了交互强度这一指标。而在社会网络分析法应用更成熟的社会学领域，其十分关注并注意区分网络关系的强度，并形成了竞争性假设，即强关系假设（Bian，1997）和弱关系假设（Granovetter，1973）。社会学家通常将关系分为强关系和弱关系，强关系是建立在个人信任和情感基础上的，关注同质性；而弱关系主要用于信息传递，关注异质性。与此对应，关注积极交互、共同目标的学习共同体需要强调强关系，而关注信息流通的社会网络并不强调强关系，加快信息流通的方式是建立异质性连接，即弱关系连接。因此，当使用“网络”这一隐喻来表征不同学习时，需要区分网络中关系的强弱。总而言之，当使用社会网络分析法对人际交互进行分析时，需要重点关注人际交互强度，其可能代表了不同的交互目的。

人际交互广度和人际交互强度在某种程度上可以表征学习者偏好的人际交互策略。一些学习者偏好与更多的同伴建立短暂交互，另一些学习者则偏好与相对固定的同伴建立持续的强交互。

第九章
问题引导教学设计与人际交互

——基于个体网络的质量分析

第一节 概述

本章的研究思路如图 9-1 所示，主要从个体网络视角分析问题引导教学设计对人际交互质量的影响，从帖子的长度和论坛坚持率两个维度考察。需要指出的是，本章的所有数据分析均以学习者个人为分析单位，使用描述性统计的方法对数据进行分析。研究发现问题引导教学设计提高了人际交互的质量，表现为：①学习者在问题引导讨论区的帖子字数显著大于自由讨论区，前者是后者的 2.5 倍；②问题引导讨论区的坚持率大于自由讨论区，从任意两周来看，问题引导讨论区的学习者参与的重合率大于自由讨论区；从全程来看，问题引导讨论区的坚持人数、坚持率均大于自由讨论区。

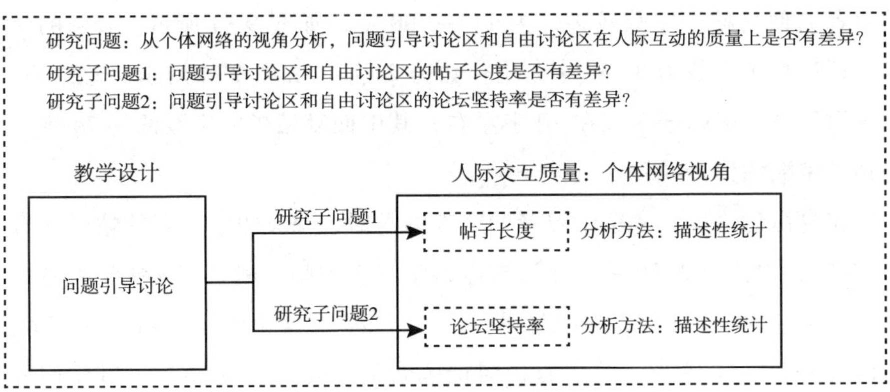

图 9-1 第九章研究思路

第二节　帖子的长度

第七章从整体网络视角，以帖子为分析单位对两类讨论区帖子长度的差异进行了考察。本节将从个体网络视角，以学习者个人为分析单位，考察两类讨论区帖子长度的差异，还分层次分析了回复和评论的帖子字数的差异。在数据分析上，首先进行描述性分析，然后检验差异在统计上是否显著，最后做了稳健性检验。

一　两类讨论区的差异

问题引导讨论区的帖子字数远远多于自由讨论区，分层次分别考察回复和评论时，结果仍然一致。问题引导讨论区的帖子字数远远多于自由讨论区，表明学习者在问题引导讨论区的投入更多。

在考察两类讨论区帖子长度时，利用箱线图作为描述工具。在利用帖子平均字数绘制箱线图的过程中，均去掉异常值，并将极大值标于箱线图上方。需要指出的是，在以个人为分析单位时，滤除了教师或助教，仅分析学习者的发帖字数。

在问题引导讨论区，考察学习者的全部帖子时，如图 9-2 所示，75%的学习者的帖子字数为 1~107 字，中位数为 70 字。分层次考察学习者的帖子时，75%的学习者的回复帖子字数为 1~111 字，中位数为 74 字，后 25%的学习者的回复帖子字数较多，为 111~208 字，如图 9-3 所示。75%的学习者的评论帖子字数为 9~39 字，中位数为 24 字，如图 9-4 所示。总结而言，问题引导讨论区帖子字数在 70 字左右，其中回复帖子的字数约为 74 字，评论帖子字数约为 24 字。

在自由讨论区，考察学习者的全部帖子时，75%的学习者的帖子字数为 2~38 字，中位数为 26 字。分层次考察学习者的帖子时，75%的学习者的回复帖子字数为 2~49 字，中位数为 27 字。75%的评论帖子字数为 9~37 字，中位数为 26 字。总结而言，自由讨论区帖子字数大约为 26 字，其中回复帖子字数约为 27 字，评论帖子字数约为 26 字。

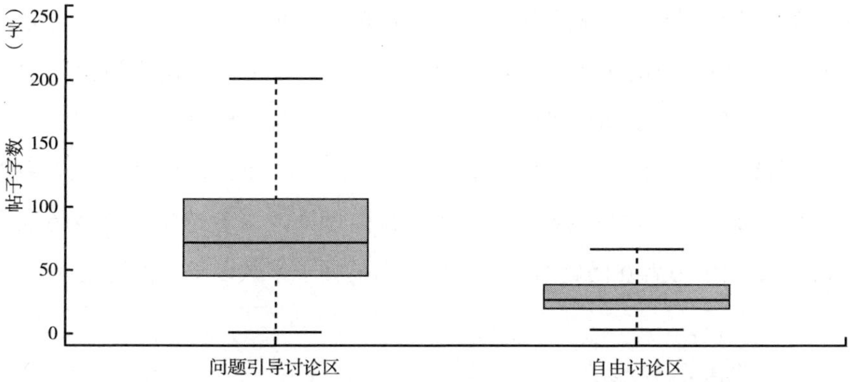

图 9-2　两类讨论区的帖子字数箱线图（以个人为分析单位）

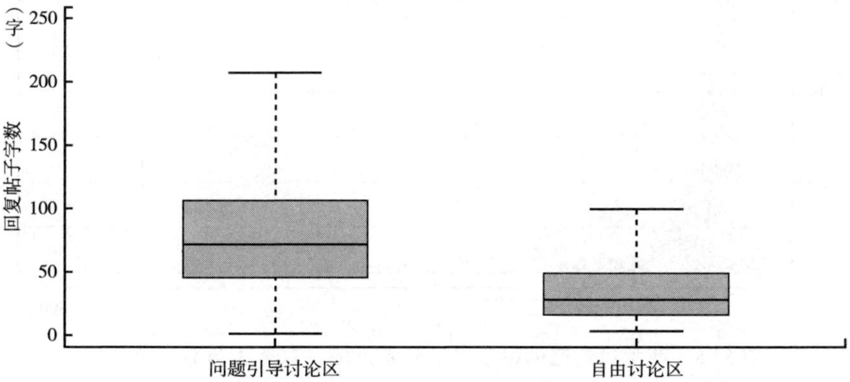

图 9-3　两类讨论区的回复帖子字数箱线图（以个人为分析单位）

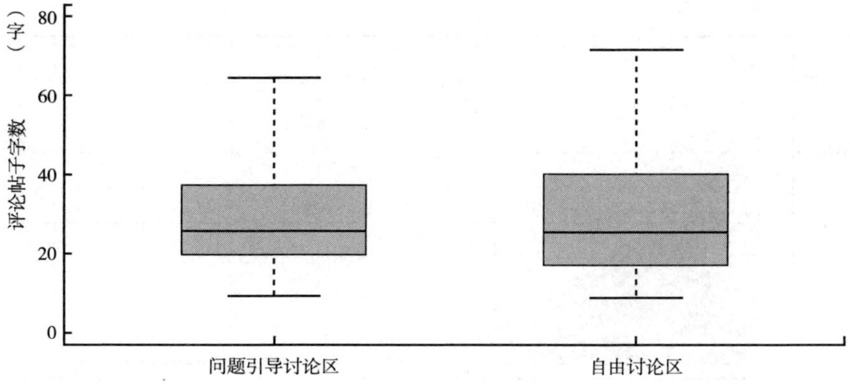

图 9-4　两类讨论区的评论帖子字数箱线图（以个人为分析单位）

从图 9-5 至图 9-7 的帖子字数密度图也可以发现，无论是考察学习者的全部帖子字数，还是分层次考察学习者的帖子字数，学习者在两类讨论区发布的大部分帖子字数都位于 200 字以下区域。同时，问题引导讨论区在左侧字数少（交点 A 和 B 之间）区域的密度远远小于自由讨论区，问题引导讨论区在右侧字数多（交点 B 右侧）区域的密度明显大于自由讨论区（评论帖子字数情况也大体如此），表明学习者在问题引导讨论区发布的帖子字数多于自由讨论区。

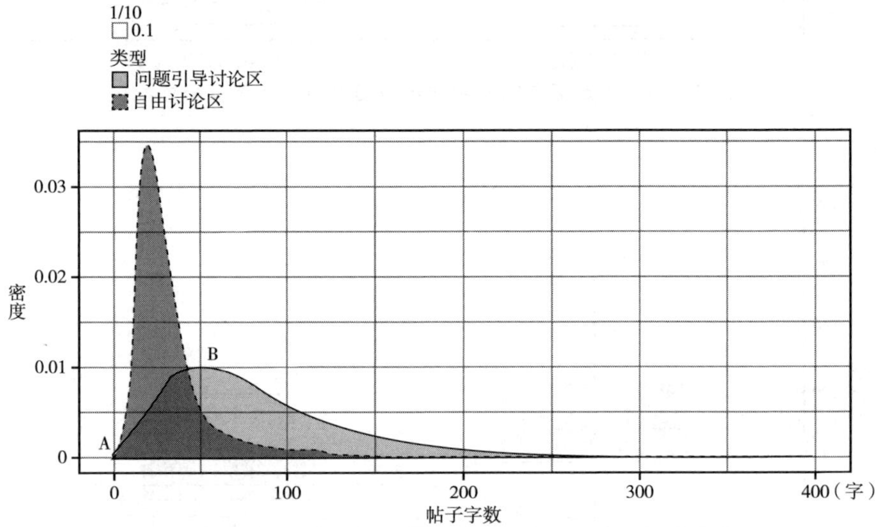

图 9-5　两类讨论区的帖子字数的密度图（以个人为分析单位）

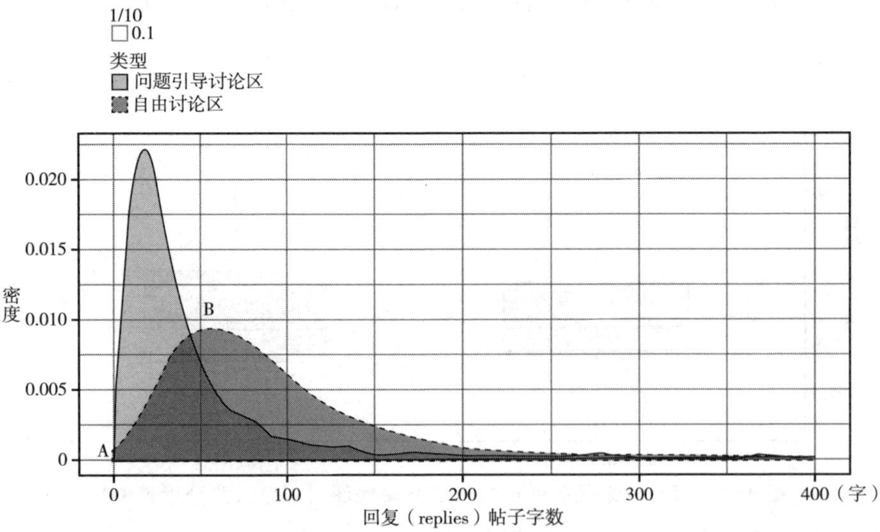

图 9-6　两类讨论区的回复帖子字数的密度图（以个人为分析单位）

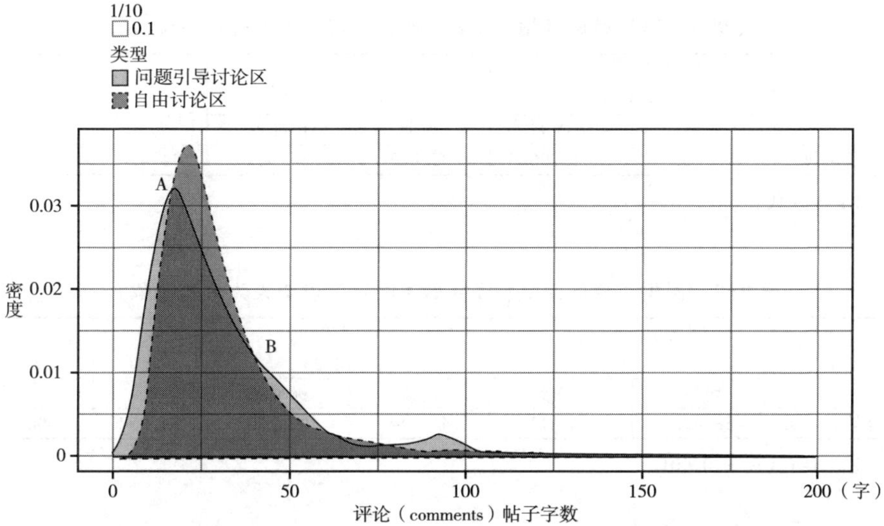

图 9-7　两类讨论区的评论帖子字数的密度图（以个人为分析单位）

从箱线图和密度图的描述性数据分析可以得出以下结论：问题引导讨论区的帖子平均字数明显多于自由讨论区，表明学习者在问题引导讨论区的投入更多。

二　差异的统计检验

箱线图和密度图显示，学习者在问题引导讨论区发布的帖子的平均字数明显多于自由讨论区，那么这种差异是否达到统计上的显著？为了回答这个问题，本研究使用 t 检验的方式进行统计分析。如表 9-1 所示，t 检验结果显示学习者在问题引导讨论区发布的帖子平均字数显著多于自由讨论区（$t=44.428$，$p=0.000<0.001$），学习者在问题引导讨论区发布的帖子平均字数（均值为 87.733）约为自由讨论区（均值为 35.083）的 2.5 倍。

将回复和评论分开来看，学习者在问题引导讨论区发布的回复帖子的字数显著高于自由讨论区（$t=14.057$，$p=0.000<0.001$），前者约为后者的 1.84 倍，如表 9-2 所示。问题引导讨论区的评论字数显著高于自由讨论区（$t=-5.281$，$p=0.045<0.05$），如表 9-3 所示。

表 9-1　两类讨论区帖子字数 t 检验（以个人为分析单位）

变量	问题引导讨论区（n=3876）		自由讨论区（n=1541）		t	p
	均值	标准差	均值	标准差		
帖子字数	87.733	61.796	35.083	34.609	44.428	0.000***

注：*** 代表 p<0.001。

表 9-2　两类讨论区回复帖子字数 t 检验（以个人为分析单位）

变量	问题引导讨论区（n=3863）		自由讨论区（n=1222）		t	p
	均值	标准差	均值	标准差		
回复帖子字数	88.423	62.412	48.154	93.789	14.057	0.000***

注：*** 代表 p<0.001。

表 9-3　两类讨论区评论帖子字数 t 检验（以个人为分析单位）

变量	问题引导讨论区（n=2636）		自由讨论区（n=302）		t	p
	均值	标准差	均值	标准差		
评论帖子字数	39.447	32.512	33.581	52.411	-5.281	0.045*

注：* 代表 p<0.05。

三　稳健性检验

本研究还以学习者个人为分析单位，提取出同时参与问题引导讨论和自由讨论的学习者，考察结果的稳健性。数据分析表明，同时参与两类讨论的学习者，在问题引导讨论区发布的帖子字数显著多于自由讨论区（t=36.187，p=0.000<0.001），前者（均值为 91.792）是后者（32.779）的近 3 倍，如表 9-4 所示。说明统计分析的稳健性较好，结果一致。

表 9-4　两类讨论区帖子字数 t 检验——仅选取同时参与问题引导讨论区和自由讨论区的学习者（以个人为分析单位）

变量	问题引导讨论区（n=1363）		自由讨论区（n=1363）		t	p
	均值	标准差	均值	标准差		
帖子字数	91.792	54.057	32.779	23.869	36.187	0.000***

注：*** 代表 p<0.001。

第三节　论坛坚持率

一　基于任意两讲重合率的分析

时间是人际交互的一个重要维度，已有研究发现人际交互的数量会随时间发生明显的变化（Poquet，2017）。为了了解不同讲的论坛参与者在多大程度上有重合，本研究计算了不同讲之间的 Jaccard 相似系数。Jaccard 相似系数用于表征两个集合之间的相似程度。对于任何两个集合 A 和 B，其计算方法如公式 9-1 所示，即集合 A 和 B 的 Jaccard 相似系数等于 A 与 B 的交集除以 A 与 B 的并集（Hamers and Others，1989）。

$$J(A, B) = \frac{A \cap B}{AUB} \qquad (9-1)$$

在数据的处理上，首先从整体数据中抽取出每一讲参与论坛讨论的学习者，然后利用 R 软件中的统计包计算任意两讲之间学习者的重合程度，即 Jaccard 相似系数。对 Jaccard 相似系数的解释类似于统计回归中的 pearson 相关系数。

以问题引导讨论区为例来解释 Jaccard 相似系数。问题引导讨论区任意两周参与持续性较高，最高为第三讲和第四讲，Jaccard 相似系数为 0.65。表明参与第三讲和第四讲的所有学习者中，65%的学习者同时参与了两讲的交互，其他配对讲的解释同理。从表 9-5 和图 9-8 中可以发现在问题引导讨论区，任意连续两讲的 Jaccard 相似系数都比较高，大部分在 0.4 以上，说明学习者的持续性比较好。在连续两讲配对中，第一讲和第二讲的 Jaccard 相似系数最小，说明很多第一讲（第 1 周）参与讨论的学生并未坚持到第二讲（第 2 周）。非连续两讲配对中 Jaccard 相似系数最低的是第一讲和第五讲，即时间跨度最大的两讲，Jaccard 相似系数为 0.36。表明在参与第一讲和第五讲的所有学习者中，36%的学习者同时参与了第一讲和第五讲的讨论。从学习者连续两讲的持续性来看，可以发现学习者参与论坛的持续性很高。从跨度最大的两讲时间来看，学习者的持续性也不低，这为学习者建立强交互关系提供了良好的基础。

自由讨论区的坚持率明显低于问题引导讨论区，前者的 Jaccard 相似系数明显小于问题引导讨论区，如表 9-6 和图 9-9 所示。自由讨论区中，同样是连续两讲的持续性较高，其中第四讲和第五讲持续性最好。在第四讲和第五讲的参与者中，37%的学习者同时参与了两讲的讨论。持续性最低的是第一讲和第三讲，Jaccard 相似系数仅为 0. 18，表明参与第一讲和第三讲论坛互动的所有学习者中，仅有 18%的人同时参与了两讲的论坛讨论。

综上，两类讨论区的任意两讲的参与重合率存在明显差异，问题引导讨论区大于自由讨论区。但两类讨论区也呈现同样的规律：连续两讲的持续性较好，时间跨度较大的两讲的持续性相对较差。

表 9-5　问题引导讨论区任意两讲持续性

课程进度	第一讲	第二讲	第三讲	第四讲	第五讲
第一讲	—	—	—	—	—
第二讲	0. 51	—	—	—	—
第三讲	0. 46	0. 63	—	—	—
第四讲	0. 40	0. 53	0. 65	—	—
第五讲	0. 36	0. 47	0. 55	0. 63	—

表 9-6　自由讨论区任意两讲持续性

课程进度	第一讲	第二讲	第三讲	第四讲	第五讲
第一讲	—	—	—	—	—
第二讲	0. 22	—	—	—	—
第三讲	0. 18	0. 29	—	—	—
第四讲	0. 19	0. 33	0. 34	—	—
第五讲	0. 19	0. 27	0. 26	0. 37	—

二　基于全程坚持率的分析

持续的参与是一种质量的体现。研究考察了持续参与不同时间的学习者人数变化，如图 9-10 所示。图的横轴表示累计持续参与的时间，纵轴表示学习者人数。举例来说，5 讲都持续参与问题引导讨论区的人数为 813 人，5 讲都持续参与自由讨论区的人数为 71 人。从图 9-10 中可以发现，参与第一讲（第 1 周）的学习者中，1750 人参与了问题引导讨论区的讨论，442 人参与了自由讨论区的讨论。到第二讲（第 2 周）时，部分学习者并未参与讨论（这里的未参与讨论是指他们未参与第二讲讨论，不代表他们完全离开论坛）。

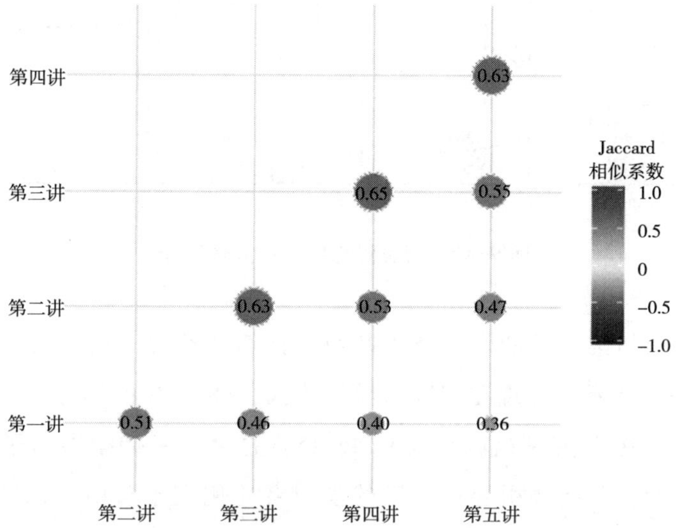

图 9-8　问题引导讨论区任意两讲论坛参与人数重合比例

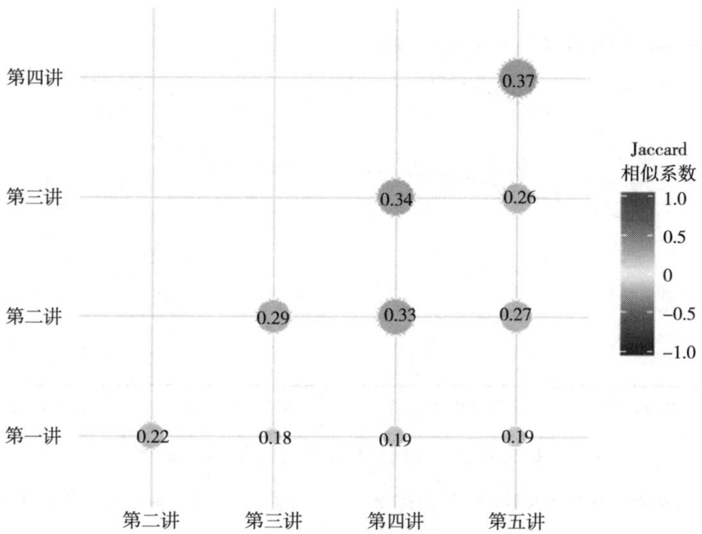

图 9-9　自由讨论区任意两讲论坛参与人数重合比例

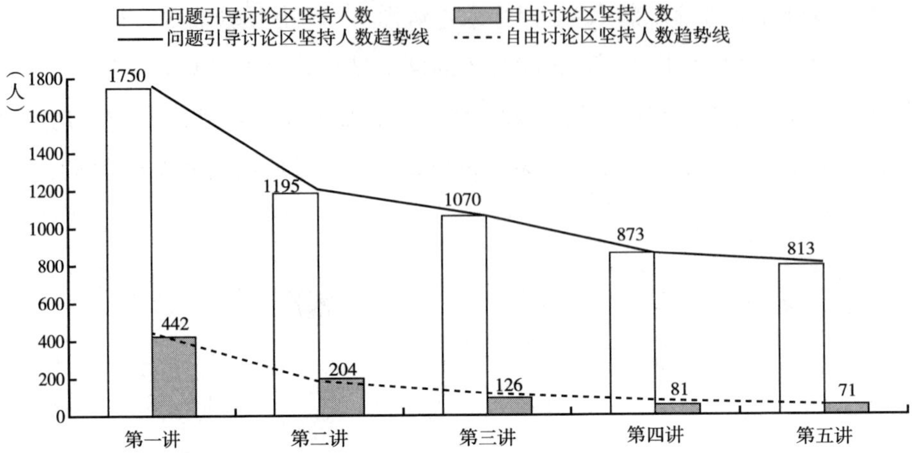

图 9-10　两类讨论区坚持人数比较

研究以参与第一讲的学习者为基数，计算持续参与第二讲的学习者比例。如表 9-7 所示，发现在问题引导讨论区，68. 29%的学习者持续参与了第二讲讨论。在自由讨论区，仅有 46. 15%的学习者持续参与了第二讲讨论。说明持续参与问题引导讨论区的学习者比例高于自由讨论区。后面几讲呈现同样的趋势：虽然持续参与的学习者人数均在下降，但是持续参与问题引导讨论区的学习者比例高于自由讨论区，如图 9-11 所示。

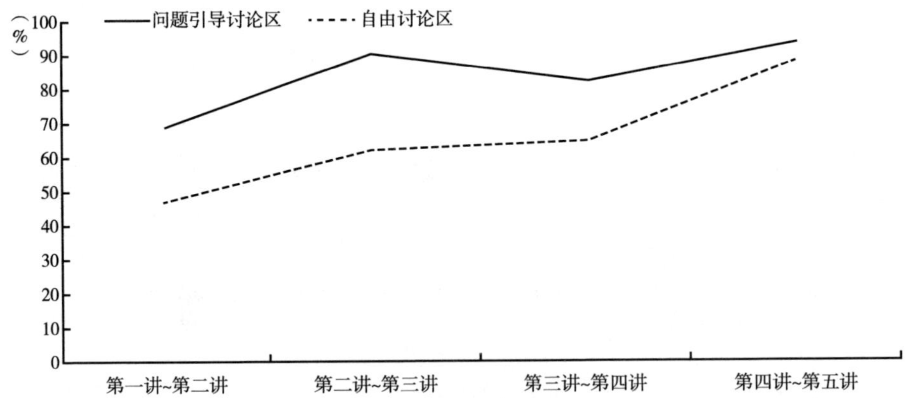

图 9-11　两类讨论区持续参与的学习者比例

说明：持续参与的比例 = 第 n+1 讲的持续论坛参与者人数/第 n 讲的论坛参与者人数。

表 9-7　两类讨论区持续参与的学习者比例

单位：%

讨论区类型	第一讲~第二讲	第二讲~第三讲	第三讲~第四讲	第四讲~第五讲
问题引导讨论区	68.29	89.54	81.59	93.13
自由讨论区	46.15	61.76	64.29	87.64

总结而言，在课程持续的 5 讲时间内，持续参与的学习者人数一直在下降，这与已有研究结论一致（Boroujeni et al.，2017），但持续参与问题引导讨论区的学习者比例一直高于自由讨论区。

第四节　研究结果与讨论

本章从个体网络的视角，分析了问题引导讨论这一教学设计对人际交互质量的影响，发现问题引导讨论这一教学设计提高了学习者的人际交互质量。具体表现为学习者参与问题引导讨论帖子字数更多、论坛坚持率更高。

MOOCs 的论坛参与率和坚持率低，一直是其备受质疑的主要原因。与传统学习者相比，MOOCs 学习者的学习动机和先前背景更加多元化，而且由于开放课程无监督、无持续的压力，学习者的参与缺乏持续性和稳定性（Tawfik et al.，2017）。

但相比已有的 MOOC 相关案例研究中所报道的学习者论坛参与率和坚持率，本研究的案例课程中这些指标更优。从任意两周的重合率来看，Milligan（2015）的研究也报告了一门案例 MOOC 课程论坛中的 Jaccard 相似系数。该研究使用的案例 MOOC 持续时间同样为 6 周（6 讲），研究发现所有论坛任意两讲 Jaccard 相似系数最大为 0.16（第 5 讲和第 6 讲），最小为 0.002（第 1 讲和第 6 讲）。本研究案例课程论坛中，问题引导讨论区的任意两讲 Jaccard 相似系数最大为 0.65，最小为 0.36；自由讨论区任意两讲 Jaccard 相似系数最大为 0.37，最小为 0.18。与上文提到的 Milligan 的研究数据对比可以发现，本研究案例课程的学习者重合率远高于 Milligan 的研究。即使是人际交互数量较少的自由讨论区，其任意两讲中最小的 Jaccard 相系数，值也大于 Milligan 的研究中任意两讲的最大值。从全程坚持率来看，本案例课程的论坛坚持率也高于很多研究中报告的数据（如 Boroujeni et al.，2017；Zhang et al.，2016），这说明本研究案例课程学习者的论坛参与率和坚持率都比较高。

本案例研究中论坛参与率和坚持率高的原因，可能与课程的教学设计、学习者群体特征有关。首先，本研究的案例课程设计了引导讨论的问题，并为学习者提供了讨论问题相关的知识点（脚手架），详细说明了讨论的目标、讨论要求。这样的设计降低了讨论的门槛和难度，让学习者更容易开展讨论。而且自由讨论区的讨论，也受到了引导问题的影响。其次，案例课程是教师专业发展类 MOOC，学习者大多为一线教师。课程内容与学习者的工作高度相关，大部分学习者有强烈的学习动机，愿意与同行分享交流自己的实践经验和在实践中遇到的困惑，并从同伴的讨论中获得启发和帮助。这一想法也从针对学习者的课后问卷中得到了验证，不少学习者高度认可了讨论的价值，学习者 A 说："MOOC 是一种很好的学习方式，其中的讨论环节我非常喜欢，它让我从诸位老师那里得到了很多启发，开阔了我的思路。讨论也促使我思考总结，得到很多收获。"学习者 B 说："在此次学习中，我感受到学员之间的互相讨论很有用，有些老师的做法与想法对我帮助很大。"最后，本门课程教师和助教均作为讨论的促进者（facilitator）参与讨论，也会对学习者的持续参与产生影响。

第十章
论坛参与者个人特征与人际交互

第一节　概述

前文分析了问题引导讨论这一教学设计对人际交互的影响，那么除了问题引导教学设计这一因素外，还有哪些因素会影响人际交互呢？已有研究发现学习者个人特征、先前在线学习或实践经验、学习动机等因素会影响在线教育中的人际交互。在 MOOCs 情境中，这些因素是否依然会影响人际交互呢？本章将通过多种数据分析方法回答这个问题。本章的研究思路如图 10-1 所示，主要关注 MOOCs 情境中学习者个人特征对人际交互数量的影响。使用描述性分析、相关分析、多元回归分析等传统统计方法，并结合较新的社会网络统计——社会网络指数随机图模型（ERGM 模型），对数据进行分析。其中 ERGM 模型可以综合考察网络内生效应和外生效应，具体而言，网络内生效应有边效应、互惠性，外生效应有学习者个人特征的主效应以及同质性、异质性等。使用 ERGM 模型是对多元线性回归模型的扩展和结果稳健性的确认。

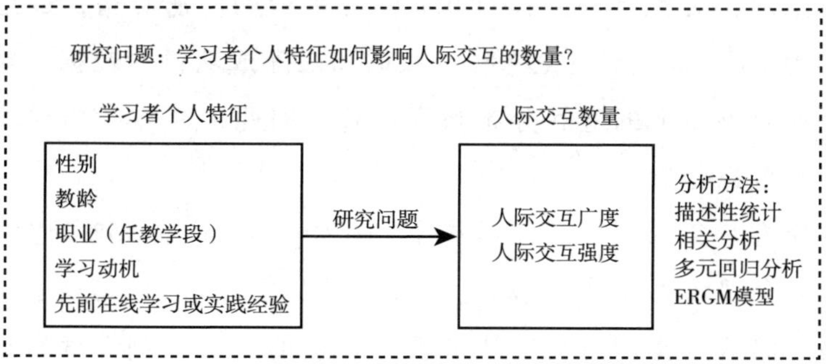

图 10-1　第十章研究思路

数据分析发现，性别、教龄、职业、先前在线学习或实践经验、学习动机这些因素，与人际交互广度、强度都有显著关联。具体而言，女性的人际交互广度、强度显著大于男性；教龄 10～19 年这一组别学习者的人际交互广度最大，相比教龄 1～2 年的学习者，教龄 3～5 年、教龄 10～19 年、教龄 20 年及以上这三个组别的学习者与同伴建立了更强的人际交互关系；幼儿园或小学教师这一组别学习者的人际交互广度最大，而中学或中职教师的人际交互强度最大；有先前在线学习或实践经验的学习者，其人际交互广度和强度均更大；“单位鼓励，承认学分”的学习者，其人际交互广度和强度均更大；“借助 MOOC 平台学习经验交流心得”这一学习动机与人际交互广度显著相关，而“建立翻转课堂的基本认识和理解”这一学习动机与人际交互强度显著相关。ERGM 模型的结果和多元线性回归的结果一致，且 ERGM 模型考虑了网络的内生效应，表明互惠性、同质性是影响人际交互网络形成的两个显著机制。

第二节　论坛参与者

本研究邀请学习者参与课前问卷填写，并通过课程平台公告、邮件等方式发放通知，提高应答率，最终共回收有效课前问卷 3281 份。MOOC 学习平台无问卷系统，因此问卷填写和回收在问卷星平台开展。在问卷设计时要求学习者填写注册 MOOC 学习平台的电子邮箱，以电子邮箱为关键字段实现问卷和平台日志数据的匹配。由于很多教师填写邮箱格式不正确，或者填写了非 MOOC 学习平台的注册邮箱，最终匹配成功的样本为 1635 份。通过全部样本数据和匹配成功样本数据的对比，发现两者在所有题项上的应答分布高度一致，因此未匹配成功样本数据并不影响后续数据分析。

样本描述见表 10-1，从性别来看，课程学习者中有 65%的女性、35%的男性，与全国教师男女比例相近。从数据上看，女性学习者远远多于男性学习者，但这一比例与我国从事教师职业的男女比例高度相近，如图 10-2 所示。教育部发布的 2016 年教育统计数据显示，全国各级各类学校专任教师总人数为 1579 万人，其中女性教师占专任教师总数的 61.81%，男性 38.19%。男性教师和女性教师的比例为 1∶1.62。

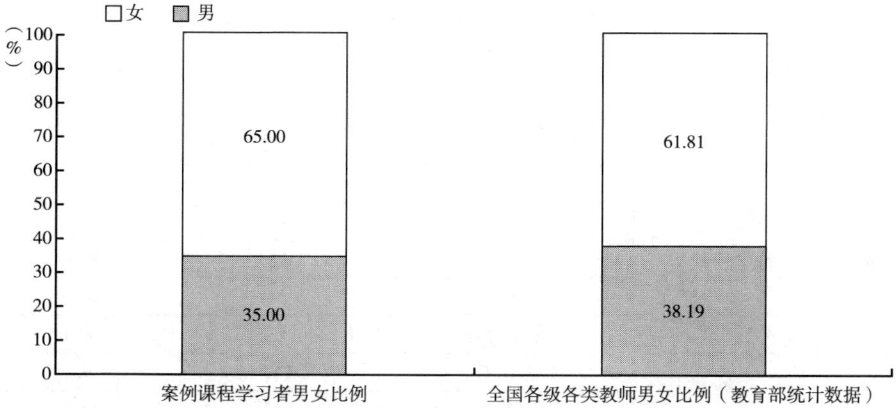

图 10-2　案例课程学习者男女比例和全国各级各类教师男女比例

表 10-1　样本基本情况描述（n=1635）

变量	类型	频数(次)	百分比(%)
性别	男	573	35.0
	女	1062	65.0
年龄	30 岁以下	465	28.4
	30~35 岁	474	29.0
	36~40 岁	322	19.7
	41~45 岁	265	16.2
	46 岁及以上	109	6.7
已获得的最高学历[a]	高中及以下	190	11.6
	学士	936	57.2
	硕士	454	27.8
	博士	55	3.4
教龄[b]	没有教学经验	130	8.0
	岗前培训阶段	53	3.2
	1~2 年	185	11.3
	3~5 年	187	11.4
	6~9 年	246	15.0
	10~19 年	561	34.3
	20 年及以上	273	16.7

续表

变量	类型	频数(次)	百分比(%)
职业[c]	幼儿园或小学老师	302	18.5
	中学或中职老师	660	40.4
	大学或高职老师	444	27.2
	高校在校生	134	8.2
	其他	95	5.8
有丰富的在线学习经历	非常不符合	68	4.2
	不符合	410	25.1
	基本符合	683	41.8
	符合	341	20.9
	非常符合	133	8.1
非常了解慕课课程的教学方式	非常不符合	147	9.0
	不符合	664	40.6
	基本符合	523	32.0
	符合	214	13.1
	非常符合	87	5.3
有丰富的翻转课堂实践经验	非常不符合	437	26.7
	不符合	923	56.5
	基本符合	204	12.5
	符合	58	3.5
	非常符合	13	0.8

注:[a]由于博士人数较少，在后续分析中将硕士和博士合并为“研究生及以上”;[b]由于处于岗位培训阶段的人数较少，在后续分析中将“没有教学经验”和处于“岗前培训阶段”合并为“没有教学经验”。[c]职业中的“其他”一类主要包括教师行政管理人员、公司职员、其他三类。

从年龄上来看，35 岁及以下的青年是此门课程的主体学习者，占比为 57.4%。从学历上来看，57.2%的学习者最高学历为本科，31.2%的学习者具有硕士及以上学历，描述性数据表明课程学习者学历层次较高，具有良好的受教育程度。从教龄来看，仅有 11.2%的学习者没有教学经验，51.0%的学习者具有 10 年及以上的教学经验。Berliner（2001）提出了教师专业发展五阶段，被众多研究广泛使用。其五阶段划分如下：①新手阶段：1 年；②熟练新手阶段：2~3 年；③胜任阶段：3~4 年；④业务精干阶段：5 年；⑤专家阶段：5 年以上。根据该划分，则 66%的参与调查的课程学习者处于专家阶段，具有丰富的教学经验。从职业来看，中等教育阶段的一线教师是主要的课程学习者，占比为40.4%，高等教育阶段的一线教师超过25%，另外还有8.2%的高校在校生。描述性数据勾画出比例较大的课程学习者的特征：具有本科及以上学历的青年专家级基础教育阶段教师。

从先前在线学习或实践经验来看，超过2/3（70.8%）的学习者有丰富的在线学习经历。有一半多（50.4%）的学习者非常了解MOOC课程的教学方式，但仅有16.8%的学习者有丰富的翻转课堂实践经验。这说明案例课程中参与调查的大部分学习者先前都有在线学习经验，也了解MOOC课程教学方式，但并没有翻转课堂实践经验。

问卷中还询问了学习者的学习动机，学习动机情况如表10-2和图10-3所示，可以发现，有1/4的学习者选课得到了单位的鼓励，有一半的学习者是因为周围老师同事推荐介绍。值得一提的是，所有参与调查的课程学习者中，97.9%的学习者学习动机是“建立翻转课堂的基本认识和理解”和“学习翻转课堂教学法的具体做法”，93.7%的学习者希望“借助MOOC平台学习经验交流心得”。从此描述性数据可以看出，课程学习者学习动机以内部动机为主，即使有部分学习者得到了单位的鼓励，但这部分学习者的内部学习动机依旧十分强。需要说明的是，问卷中学习动机题项的指标测量使用李克特式5点量表法，请应答者在“非常不符合”“不符合”“基本符合”“符合”“非常符合”中选择一项。此处为了方便简洁地呈现，将其合并为两项：“符合”（包括“基本符合”“符合”“不符合”）、“不符合”（包括“非常不符合”“不符合”）。

表10-2　学习动机情况描述（n=1635）

变量	类型	频数(次)	百分比(%)
单位鼓励，承认学分	符合	412	25.20
	不符合	1223	74.80
周围老师同事推荐介绍	符合	807	49.4
	不符合	828	50.6

续表

变量	类型	频数(次)	百分比(%)
建立翻转课堂的基本认识和理解	符合	1600	97.9
	不符合	35	2.1
学习翻转课堂教学法的具体做法	符合	1600	97.9
	不符合	35	2.1
实践中遇到困难,需要帮助和指导	符合	1351	82.6
	不符合	284	17.4
借助 MOOC 平台学习经验交流心得	符合	1532	93.7
	不符合	103	6.3

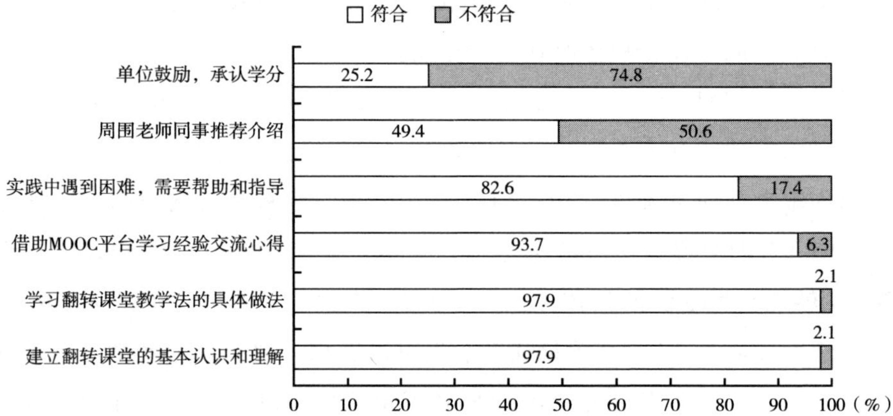

图 10-3　学习者各类学习动机比例

第三节　人际交互的群体差异

在个人特征与人际交互关系的分析中，自变量是学习者的个人特征，主要包括性别、职业、教龄、年龄等。因变量是人际交互的几个指标，前文中人际交互指标包括人际交互广度、人际交互强度、人际交互出度、人际交互入度。人际交互广度等于人际交互出度加上人际交互入度，在描述性分析中发现人际交互出度和人际交互入度与人际交互广度的趋势是一致的，为了简洁地呈现数据分析结果，在此部分不呈现将人际交互入度和出度作为因变量的分析结果。因此在本部分，仅选择人际交互广度和人际交互强度作为人际交互的主要测量指标。

1. 人际交互广度

首先，从性别来看，女性的人际交互广度高于男性，如图 10-4 所示。从学习者的职业来看，一线教师的人际交互广度高于高校在校生和其他职业的学习者，如图 10-5 所示。一线教师中，幼儿园或小学老师的人际交互广度最高，其后依次是中学或中职老师、大学或高职老师。从教龄来看，总体趋势是教龄越长的学习者人际交互广度越大，值得注意的是，教龄为 6~9 年的学习者人际交互广度较小，如图 10-6 所示。年龄和人际交互广度的关系呈倒“U”形，即随着学习者年龄的增长，其人际交互广度也在增加，36~40 岁这一年龄段学习者的人际交互广度最大，随后人际交互广度随着学习者年龄段的增长而下降，如图 10-7 所示。

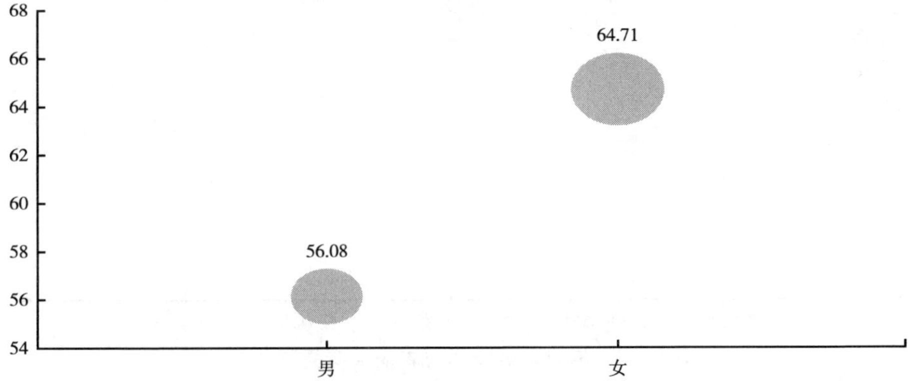

图 10-4　不同性别学习者的人际交互广度

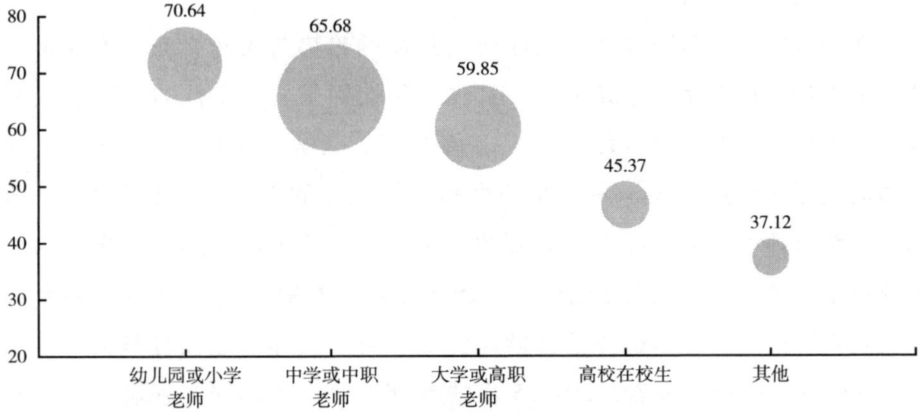

图 10-5　各学段教师的人际交互广度

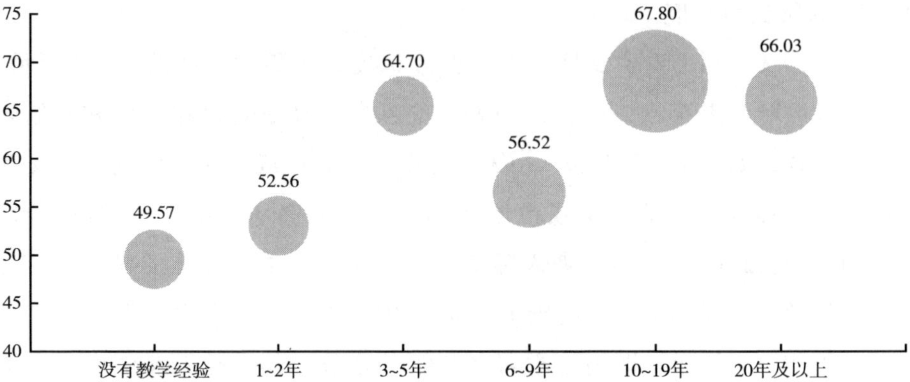

图 10-6　不同教龄的学习者人际交互广度

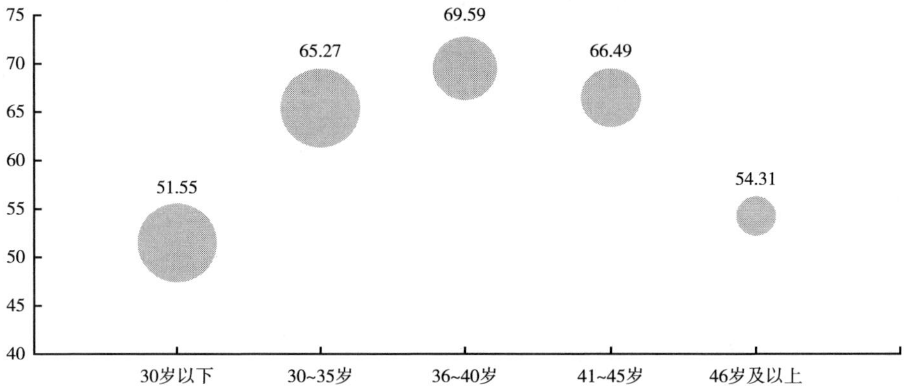

图 10-7　不同年龄段学习者的人际交互广度

2. 人际交互强度

在个人特征的不同方面，人际交互强度的趋势与人际交互广度非常一致，但人际交互强度的差异不大。首先，从性别来看，女性的人际交互强度大于男性，但差别并不大，如图 10-8 所示。从学习者的职业来看，一线教师的人际交互强度大于高校在校生和其他职业的学习者，如图 10-9 所示。一线教师中，中学或中职老师的人际交互广度最高，其后依次是幼儿园或小学老师、大学或高职老师。从教龄来看，教龄为 3~5 年的学习者人际交互强度最大，总体趋势是教龄越长的学习者人际交互强度越大，如图 10-10 所示。从年龄来看，30~35 岁的教师学习者人际交互强度最大，30 岁以下的学习者人际交互强度最小，如图 10-11 所示。

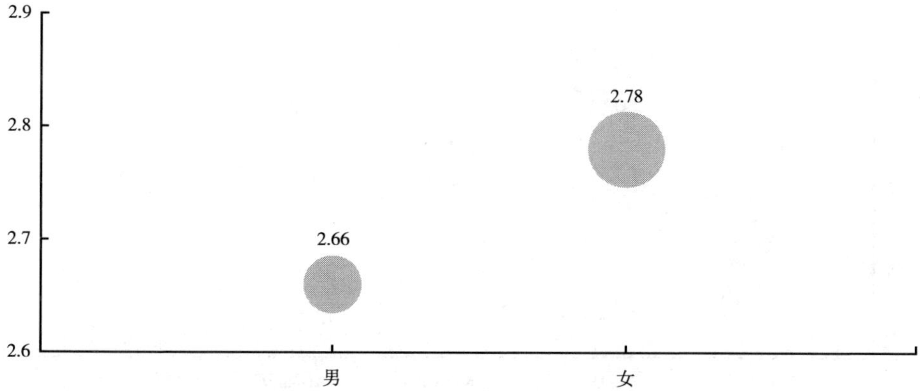

图 10-8 不同性别学习者的人际交互强度

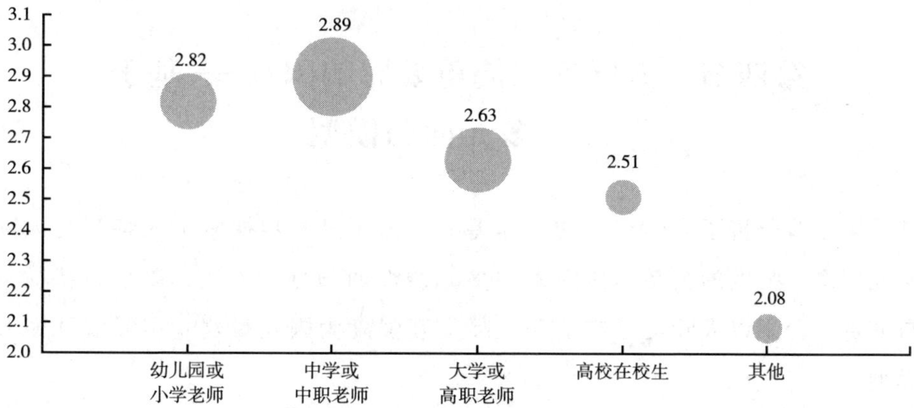

图 10-9 各学段教师的人际交互强度

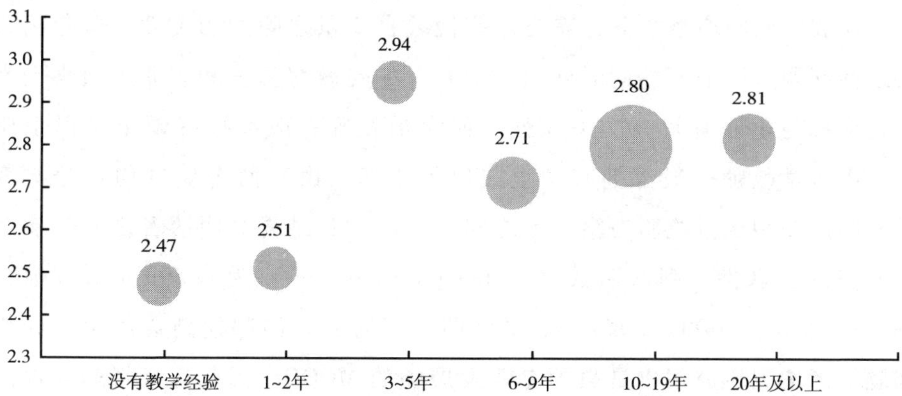

图 10-10 不同教龄的学习者人际交互强度

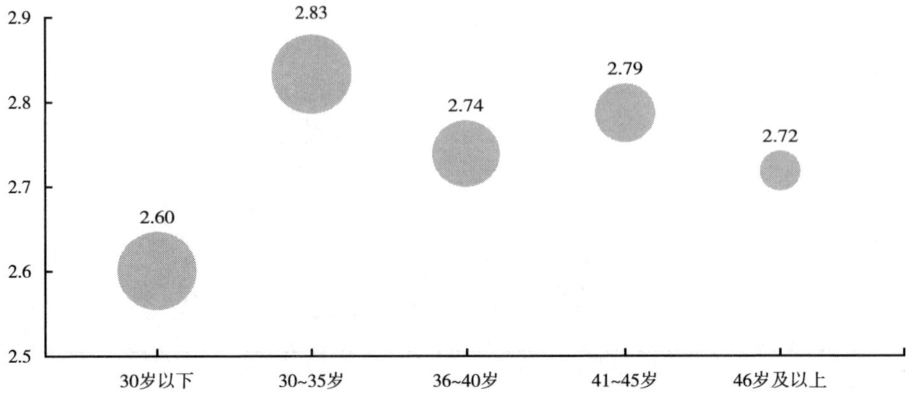

图 10-11 不同年龄段学习者的人际交互强度

第四节 人际交互的重要影响因素——基于多元回归模型

第三节分析了人际交互的群体差异，为了进一步探索个人特征与人际交互广度、强度的关系，研究采用多元线性回归分析方法，以个人特征为自变量，分别以人际交互广度和人际交互强度为因变量建立多元线性回归模型。

一 共线性诊断

在放入回归模型之前，需要提前检验自变量之间的相关性，避免出现共线性问题。课前问卷同时询问了学习者的受教育程度和职业。通常受教育程度都与职业有较高的关联性，如大学教师一般都拥有硕士及以上学历，中小学教师一般都拥有学士或以上学历。由于两个变量均是分类变量，因此使用卡方检验考察两者之间的关联性，结果表明两者之间确实存在较高的关联性，列联系数（contigency coefficient）为 0.593（卡方值为 887.747，$p=0.000<0.05$）。如果将两者同时放入回归模型会产生共线性问题。考虑到研究案例是教师专业发展类的 MOOC，因此选择将职业放入回归模型。

此外，问卷还询问了学习者年龄和教龄，两者通常也会存在较高关联性。同样利用卡方检验，结果表明两者之间确实存在较高的关联性，列联系数为 0.764（卡方值为 2295.926，p=0.000<0.05）。考虑到针对教师这一学习群体，教龄包含的信息更加丰富，所以选择将教龄放入回归模型。

学习动机的题项中，“建立翻转课堂的基本认识和理解”和“学习翻转课堂教学法的具体做法”两者之间存在较高关联性，皮尔逊相关系数为 0.714（p=0.000<0.05）。因此仅将“建立翻转课堂的基本认识和理解”这一项放入回归模型。“单位鼓励，承认学分”与“周围老师同事推荐介绍”两者同样存在较高关联性，皮尔逊相关系数为 0.50（p=0.000<0.05）。因此仅将“单位鼓励，承认学分”放入回归模型。

先前在线学习经验的题项中，“有丰富的在线学习经历”和“非常了解慕课课程的教学方式”两者之间存在较高相关性，皮尔逊相关系数为 0.526（p=0.000<0.05）。丰富的在线学习经历可以包含对慕课课程教学方式的了解，因此仅将“有丰富的在线学习经历”放入回归模型。

二　多元回归分析

学习个人特征中的性别、教龄、职业均是分类变量，因此在构建多元线性回归模型前，需要设置虚拟变量，并为每个变量设置基准组（参照组）。本研究的回归模型将学习者人数比例最多的组别设置为基准组。

1. 人际交互广度与学习者个人特征之间的关系

回归模型结果见表 10-3。学习者个人特征中，性别、教龄、职业与人际交互广度有显著关联。具体来说，女性比男性建立了更多的人际交互关系。以教龄 1~2 年的学习者为基准组，与基准组相比，教龄 3~5 年、教龄 10~19 年、教龄 20 年及以上这三个组别的学习者与更多的同伴建立了交互关系，系数均较大，且都在统计上显著。其中教龄 10~19 年这一组别的学习者建立了最多的人际交互。以中学或中职老师为基准组，与基准组相比，高校在校生和其他职业的学习者建立的人际交互广度更低，系数较大，且有显著性。幼儿园或小学老师建立的人际交互广度高于基准组，但并未得到显著性。大学或高职老师建立的人际交互广度低于基准组学习者，但未达到显著性。

表 10-3 人际交互广度与学习者个人特征、学习动机之间的关系

模型 1		
自变量		回归系数（标准误差）
性别[a]	女	11.991*** (3.384)
教龄[b]	没有教学经验	6.790 (8.280)
	3~5 年	10.715* (6.528)
	6~9 年	3.725 (6.202)
	10~19 年	15.355*** (5.369)
	20 年及以上	13.837* (6.031)
职业[c]	高校在校生	-16.415* (8.872)
	幼儿园或小学老师	3.035 (4.410)
	大学或高职老师	-4.716 (3.942)
	其他	-27.244*** (6.953)
先前在线学习或实践经验	有丰富的在线学习经历	4.813** (1.727)
	有丰富的翻转课堂实践经验	3.618* (2.176)
学习动机	单位鼓励，承认学分	2.118* (1.093)
	建立翻转课堂的基本认识和理解	0.835 (2.129)
	实践中遇到困难，需要帮助和指导	0.955 (1.522)
	借助 MOOC 平台学习经验交流心得	0.816* (1.873)

续表

模型 1		
常数项		−31.220† (19.467)
R-SQ		0.066
F 值		4.870 ***
样本量		1635

注：括号中的数字为标准误差。* 代表 $p<0.05$，** 代表 $p<0.01$，*** 代表 $p<0.001$。[a]性别基准组为男性，[b]教龄基准组为 1~2 年，[C]职业基准组为中学或中职老师。

先前在线学习或实践经验方面，在控制了学习者个人特征变量后，在线学习经历的系数为正，且绝对值较大，可以判断网络学习经历与人际交互广度有较大关联，而翻转课堂教学实践经验也与人际交互广度呈正相关关系。这一结果比较符合直觉，有丰富的在线学习经历的学习者通常具备较好的信息素养，也更适应线上互动的交流方式。此外，有丰富翻转课堂教学实践经验的老师建立了更多的人际交互关系，可能是因其有宝贵的实践经验，可以吸引更多的同伴与其互动，同时他们也有更好的实践观点可以分享。

学习动机方面，“单位鼓励，承认学分”这一动机与人际交互广度有显著相关。单位承认学分即用人单位认可一线教师将 MOOCs 的学分转换为继续教育学分。而“借助 MOOC 平台学习经验交流心得”这一学习动机也与人际交互广度显著相关。数据说明有一部分学习者希望能够通过 MOOC 平台实现交流互动，而这些学习者也确实在平台上建立了更多的人际交互关系。

2. 人际交互强度与学习者个人特征之间的关系

回归模型结果见表 10-4。学习者个人特征中，性别、教龄、职业与人际交互强度有显著关联。具体来说，女性比男性建立了更强的人际交互关系。以教龄 1~2 年的学习者为基准组，与基准组相比，教龄 3~5 年、教龄 10~19 年、教龄 20 年及以上这三个组别的学习者与同伴建立了更强的人际交互关系，都在统计上显著。以中学或中职老师为基准组，与基准组相比，大学老师或高职老师、其他职业的学习者建立的人际交互强度更低，有显著性。职业这一变量中所有组别的人际交互强度均低于基准组，说明基准组中学或中职老师的人际交互强度最高。

表 10-4　人际交互强度与学习者个人特征、学习动机之间的关系

模型 2		
自变量		回归系数 （标准误差）
性别[a]	女	0. 201† （0. 135）
教龄[b]	没有教学经验	-0. 53 （0. 330）
	3~5 年	0. 439* （0. 261）
	6~9 年	0. 223 （0. 250）
	10~19 年	0. 302* （0. 215）
	20 年及以上	0. 312† （0. 241）
职业[c]	高校在校生	-0. 33 （0. 357）
	幼儿园或小学老师	-0. 65 （0. 175）
	大学或高职老师	-0. 179† （0. 158）
	其他	-0. 721** （0. 286）
先前在线学习或实践经验	有丰富的在线学习经历	0. 159* （0. 069）
	有丰富的翻转课堂实践经验	0. 335*** （0. 086）
学习动机	单位鼓励，承认学分	0. 080† （0. 043）
	建立翻转课堂的基本认识和理解	0. 179* （0. 086）
	实践中遇到困难，需要帮助和指导	0. 05 （0. 061）
	借助 MOOC 平台学习经验交流心得	-0. 09 （0. 075）

续表

模型 2		
常数项		−1.992** (0.779)
R-SQ		0.069
F 值		4.494***
样本量		1635

注：括号中的数字为标准误差。† 代表 $p<0.1$， * 代表 $p<0.05$， ** 代表 $p<0.01$， *** 代表 $p<0.001$。[a]性别基准组为男性，[b]教龄基准组为 1~2 年，[C]职业基准组为中学或中职老师。

先前在线学习或实践经验方面，在控制了学习者个人特征变量后，有丰富的在线学习经历的系数为正，且有显著性，可以判断在线学习经历与人际交互强度显著关联。在线学习经历越丰富的学习者建立了越强的人际交互。翻转课堂实践经验也与人际交互强度呈显著正相关关系。结合人际交互广度的数据结果可知，有丰富的在线学习经历的学习者不但建立了更广的人际交互关系，还建立了更强的人际交互关系。同样，有丰富翻转课堂实践经验的学习者也建立了更广和更强的人际交互关系。这说明丰富的在线学习经历和翻转课堂实践经验是人际交互的重要影响因素。

学习动机方面，“单位鼓励，承认学分”这一动机与人际交互强度相关联。“建立翻转课堂的基本认识和理解”这一学习动机也与人际交互强度显著相关。数据说明单位鼓励选课不仅能够促进学习者互动的广度，还能促进学习者互动的强度。而那些希望建立翻转课堂基本知识和理解的学习者与同伴开展了更强的交流互动。

第五节　人际交互的重要影响因素——基于社会网络指数随机图模型（ERGM 模型）

第四节呈现了使用多元线性回归分析论坛参与者个人特征、学习动机等因素对人际交互的影响。随着社会网络分析方法的不断发展，越来越多的模型将统计分析纳入社会网络分析中，发展出了丰富的社会网络统计模型。社会网络指数随机模型（后简称 ERGM 模型）就是其中一类。ERGM 模型可以在控制网络内生效应的情况下，分析外生效应对网络形成的影响。外生效应通常指网络中的节点属性，对应本研究的学习者个人特征。

为了确认多元线性回归分析的结果，本研究进一步使用 ERGM 模型探索人际交互的重要影响因素。ERGM 模型分析的结果见表 10-5，数据结果表明，MOOCs 讨论区的人际交互受以下几个因素影响：互惠性、学段同质性、性别、职业、教龄、先前在线学习经历、翻转课堂实践经验、学习动机。①就网络内生效应而言，人际交互网络形成受互惠性和同质性的影响。②就职业而言，职业为幼儿园或小学老师的学习者，其交流互动最积极。③就教龄而言，相比 1~2 年教龄的学习者，教龄为 6~9 年、10~19 年这两个阶段的学习者交互显著更多。④就先前在线学习经历而言，在线学习经历越丰富，学习者的人际交互越积极。⑤就翻转课堂实践经验而言，翻转课堂实践经验越丰富，学习者的人际交互越积极。这与多元线性回归模型的结论高度一致。但 ERGM 模型在发现这些外部影响效应之外，还发现了互惠性、同质性这类社会网络的内生效应也在人际交互网络形成的过程中发挥重要作用。

表 10-5　ERGM 模型（内外生效应检验）

	系数	标准误差
边(基准)(edges)	-5.754***	0.089
网络结构(内生性)		
互惠性(mutual)	3.678**	0.078
学习者个人属性(外生性)		
同质性(homophily)		
学段同质性	0.198*	0.013
主效应(main effect)		
职业[b]		
高校在校生	-4.367**	0.876
幼儿园或小学老师	1.347*	0.356
高校或高职老师	-0.129***	0.034
其他	-0.408**	0.153

续表

	系数	标准误差
教龄[c]		
没有教学经验	1.534	0.098
3~5 年	0.003	0.021
6~9 年	0.112*	0.067
10~19 年	0.149**	0.065
20 年及以上	0.002	0.061
有丰富的在线学习经历	0.45**	0.134
有丰富的翻转课堂实践经验	0.426***	0.043
实践中遇到困难,需要帮助和指导	0.285***	0.076
借助 MOOC 平台学习经验交流心得	0.324***	0.090
AIC	104240	
BIC	102481	

注:[a]获得最高学位基准组为高中及以下,[b]职业的基准组为中学或中职老师,[c]基准组为 1~2 年教龄。

第六节　研究结果与讨论

本章的数据分析发现：性别、教龄、职业、先前在线学习或实践经验学习动机这些因素，对人际交互广度、强度都有显著影响。

在教龄上，教龄 10~19 年这一组别学习者的人际交互广度最大，同时也与同伴建立了更强的人际交互关系。教龄 10~19 年的学习者也是年龄相对较大的学习者。而已有研究认为年龄大的教师因其信息技术能力等方面的原因，不愿意参与在线培训和互动。但本研究的数据发现教龄长（对应年龄大）的学习者在线互动积极性更高，这可能与案例课程学习者的信息素养较好有关系。有 70%的学习者有丰富的网络学习经历，这就在很大程度上排除了信息技术素养这一障碍。而越是有经验的教师，越能言之有物，也有更多的宝贵经验可以与同伴分享。

在职业上，非教师职业的学习者人际互动广度和强度都显著小于教师职业的学习者。此门课程的主要目标群体是一线教师，课程内容有较强的针对性和实用性，这可能会导致没有教学经验的高校在校生和其他职业的学习者无法积极地参与互动交流。

先前在线学习经历和翻转课堂实践经验这两个变量，对人际交互广度、强度都有显著的影响。这说明丰富的在线学习经历和翻转课堂实践经验是人际交互的重要影响因素。有在线学习经历的学习者通常更加熟悉和适应这种非传统学习方式，而有实践经验的学习者通常是带着实践智慧和遇到的问题进入学习的，他们有宝贵的经验和明确的待解决问题，更愿意与同伴交流互动。

在学习动机上，“单位鼓励”的学习者，其人际交互广度更大，人际交互强度更强；而其他内部动机如“借助 MOOC 平台学习经验交流心得”“建立翻转课堂的基本认识和理解”都和人际交互显著相关。这说明外部动机和内部动机同时影响学习者的人际交互数量。单位鼓励即用人单位认可一线教师将 MOOCs 的学分转换为继续教育学分，而继续教育学分是一线教师考核的一项指标。学习者热情参与教师发展类 MOOCs 的背后，政策似乎是一个重要的影响因素。

ERGM 模型的结果和多元线性回归的结果一致，且 ERGM 模型考虑了网络的内生效应，表明互惠性、同质性是影响人际交互的网络形成的两个显著机制。互惠机制表明学习者倾向于和那些主动与他们发起交互的同伴交流，互惠性几乎是所有社会网络的共有机制。同质性机制表明学习者倾向于与同学段的同伴进行交互，这也比较符合日常直觉。同学段的学习者在工作中面对同样年龄段的学生，有更多相同的经验、共同的困惑。

此外，在前文介绍案例课程时已经提及：课程团队在设计论坛时，特别考虑到同学段、同学科的教师有共同的话题，会遇到共同的问题等，因此设计了分学段、分学科的分论坛，方便志同道合的教师开展讨论。但数据表明自由讨论区这类分学段分学科论坛的发帖量非常少。而 ERGM 模型的结果又表明确实同学段的学习者更倾向交互。这在某种程度上似乎说明虽然课程团队的设计意图符合直觉（同学段的老师喜欢互相交流），也符合实证结果（学段同质性），但如果没有问题引导，仅是简单地设计相应的分论坛，学习者也不会开展积极的讨论。

第十一章
人际交互与学习结果

第一节 概述

前文分析了问题引导教学设计、论坛参与者个人特征、学习动机等因素对人际交互的影响，那么人际交互的数量又如何影响学习结果呢？本章将聚焦这一问题，使用描述性统计、相关分析、回归分析进行数据分析。本章的研究思路如图 11-1 所示。数据分析发现人际交互广度和强度对学习结果都有显著影响，尤其是人际交互强度。具体而言，人际交互广度、强度对学习成绩、课程学习满意度、学习收获均有显著影响。人际交互强度的影响更大。在考虑学习者个人特征、学习动机、先前在线学习经历、翻转课堂实践经验、课程资源观看行为、每讲学习时间等因素后发现，人际

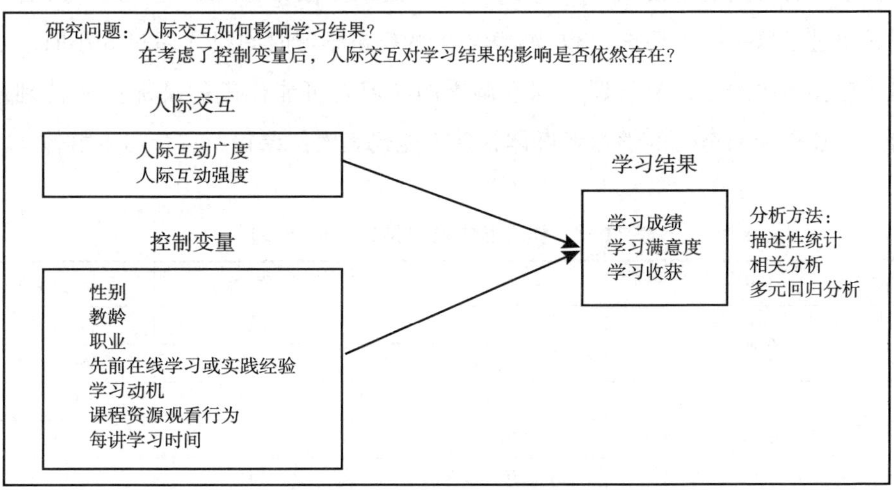

图 11-1 第十一章研究思路

交互广度仅对学习成绩有影响，人际交互强度对学习成绩、课程学习满意度和学习收获均有显著影响。在学习结果方面，数据分析表明相比学习成绩，学习者会对好的学习收获更满意。

在内容上，本章首先介绍了用于分析人际交互与学习结果关系的学习者样本情况。其次分析了三个学习结果变量之间的关系。然后分析了人际交互数量对学习结果的影响，即人际交互广度、强度对学习成绩、课程学习满意度、学习收获的影响。最后总结本章的数据分析结果，形成研究结论，并对研究结论进行讨论。

第二节　学习结果样本情况

完成课前问卷、课后问卷、人际交互数据、成绩等几个数据集的匹配后，成功匹配的问卷有 689 份。与课前问卷的样本相比，课后问卷在教龄这一变量上代表性欠佳。在其他变量上，课后问卷的样本分布与课前问卷比较一致。样本基本情况见表 11-1，学习动机基本情况见表 11-2。

除课前问卷中的个人特征、学习动机、先前在线学习经历、翻转课堂实践经验外，课后问卷中还询问了学习者每讲学习时间，以及观看课程资源等学习行为。数据说明学习者的学习投入时间比较充足。具体来说，课程设计期望学习者每周能够投入 3~8 小时学习。而调查结果显示，84%的学习者达到或超过了这一投入要求，39.3%学习者的每讲学习时间投入超过 8 小时。当然，需要指出的是，参与课后问卷调查的学习者可能代表的是那些坚持到最后，比较积极和努力的学习者群体，并不能代表案例课程所有学习者群体。

表 11-1　样本基本情况描述（n=689）

变量	类型	频数(次)	百分比(%)
性别	男	229	33.2
	女	460	66.8
年龄	30 岁以下	129	18.7
	30~35 岁	205	29.8
	36~40 岁	151	21.9

续表

变量	类型	频数(次)	百分比(%)
年龄	41~45 岁	135	19.6
	46 岁及以上	69	10.0
已获得的最高学位[a]	高中及以下	85	12.3
	学士	392	56.9
	硕士	189	27.4
	博士	23	3.3
教龄[b]	没有教学经验	90	13.1
	岗前培训阶段	51	7.4
	1~2 年	121	17.6
	3~5 年	271	39.3
	6~9 年	156	22.6
职业[c]	幼儿园或小学老师	146	21.2
	中学或中职老师	265	38.5
	大学或高职老师	197	28.6
	高校在校生	36	5.2
	其他	45	6.5
有丰富的在线学习经历	非常不符合	31	4.5
	不符合	167	24.2
	基本符合	282	40.9
	符合	150	21.8
	非常符合	59	8.6
非常了解慕课课程的教学方式	非常不符合	54	7.8
	不符合	271	39.3
	基本符合	221	32.1
	符合	107	15.5
	非常符合	36	5.2
有丰富的翻转课堂实践经验	非常不符合	167	24.2
	不符合	381	55.3
	基本符合	104	15.1
	符合	29	4.2
	非常符合	8	1.2
每讲学习时间（课程设计是 3~8 小时）	4 小时以内（含 4 小时）	110	16.0
	4~8 小时（含 8 小时）	308	44.7
	8~10 小时（含 10 小时）	191	27.7
	10 小时以上	80	11.6

注：[a]由于博士人数较少，在后续分析中将硕士和博士合并为“研究生及以上”；[b]由于处于岗位培训阶段的人数较少，在后续分析中将“没有教学经验”和“处于岗前培训阶段”合并为“没有教学经验”。[c]职业中的“其他”一类主要包括教师行政管理人员、公司职员、其他三类。

表 11-2　学习动机情况描述（n=689）

变量[a]	类型	频数	百分比(%)
单位鼓励,承认学分	符合	284	41.2
	不符合	405	58.8
周围老师同事推荐介绍	符合	353	51.2
	不符合	336	48.8
建立翻转课堂的基本认识和理解	符合	675	98.0
	不符合	14	2.0
学习翻转课堂教学法的具体做法	符合	677	98.2
	不符合	12	1.8
实践中遇到困难,需要帮助和指导	符合	576	83.6
	不符合	113	16.4
借助 MOOC 平台学习经验交流心得	符合	648	94.0
	不符合	41	6.0

注:[a]学习动机指标测量选用李克特式 5 点量表法，请应答者在“非常不符合”“不符合”“基本符合”“符合”“非常符合”中选择一项。此处为了方便简洁地呈现，将其合并为两项：“符合”“不符合”。

第三节　学习成绩、学习收获、学习满意度

前面几章研究者已经介绍了问题引导教学设计对人际交互的影响、个人特征对人际交互的影响。这一章研究者主要根据基于文献综述基础提出的研究假设，利用学习者的人际交互指标、个体层次的解释变量（包括学习者个人背景、学习动机、每讲学习时间、课程资源观看行为），解释包括学习成绩、学习满意度和学习收获等多个表征 MOOC 学习结果的因变量。

为了确定人际交互与学习结果之间的关系，我们利用课后问卷数据，使用多元回归的方法建构模型，探索在考虑学习者个人属性、学习者先前在线学习经历或翻转课堂实践经验、学习动机、课程资源观看行为、每讲学习时间等变量的情况下，人际交互数量对学习结果的影响。本研究将人际交互指标作为解释变量、学习结果作为结果变量、其他因素作为控制变量，构建多元线性回归模型。学习结果操作化为 3 个变量，分别是学习成

绩、学习满意度、学习收获，因此共构建了 3 组回归模型，分别检测自变量对结果变量的影响。

一　学习结果变量概况

首先来看学习结果变量的概况。课程学习满意度和学习收获指标测量使用李克特式 5 点量表法，并将每个指标选项转换为 0~100 分。各维度的取值为相应题项的算术平均数。学习结果的得分情况见表 11-3，学习成绩的均值为 80.580，标准差较大，这符合 MOOCs 这种非正式在线学习方式的成绩分布特征。课程学习满意度的均值为 75.231，标准差较大，学习收获的均值为 80.706，标准差较大。学习者学习收获大于课程学习满意度。

表 11-3　样本学生学习结果的描述性统计

	最小值	最大值	均值	标准差
学习成绩	0	98.190	80.580	19.245
课程学习满意度	0	100	75.231	17.049
学习收获	0	100	80.706	17.105

二　学习成绩、学习收获与学习满意度的关系

大量研究表明，学习者的学习行为投入是影响学习结果的重要因素。越来越多的学者将 MOOCs 视为一种非正式学习方式，认为不应该将学习成绩视为 MOOCs 的唯一学习结果。一些学习者参与 MOOCs 学习的目的仅是因为对课程内容感兴趣，并未考虑获得相应的学习成绩或合格证书。此学习动机下，他们可能仅观看课程视频，并不参与课程中的小测试，单元测验以及最终的期末作业。而已有研究认为学习满意度和学习收获是衡量在线学习成功的重要指标。基于此，除最常用的学习成绩指标外，本研究还使用课程学习满意度和学习收获作为学习者的多元学习结果测量指标。

与传统学习一样，不少 MOOCs 相关研究将满意度作为衡量课程质量的重要指标之一。但在 MOOCs 这种非正式学习情境中，MOOCs 学习者到底会

对什么满意，是高分的学习成绩，还是较好的学习收获。这个问题关乎将学习满意度作为 MOOCs 质量评估指标的合理性，值得研究者深入探讨。尤其是在匹配成功的参与课后问卷调查的学习者中，有 41.2% 的学习者学习动机符合“单位鼓励，承认学分”。在这样一个背景下，讨论学习者学习成绩与学习满意度、学习收获的关系更显必要。本节主要使用相关分析和回归分析来探讨三个结果变量之间的关系。

1. 相关分析

本研究对包括学习成绩、学习满意度、学习收获三个结果变量之间的关系进行了分析，表 11-4 显示了它们之间的关系。相关分析结果见表 11-4，数据显示学习满意度与学习成绩（Pearson's r = 0.155，p = 0.000）、学习收获（Pearson's r = 0.803，p = 0.000）均呈现显著正相关，但学习满意度与学习成绩的相关系数较小，仅为 0.155，呈现弱相关关系。而学习满意度与感知学习收获显著正相关，且相关系数较大，呈现强相关关系。

学习效果之间的相关分析结果表明，成绩高的学习者在学习满意度、学习收获上得分不一定高，但学习收获高的学习者对课程学习更满意。可以推论，成绩高的学习者在主观的满意度、学习收获上不一定好，同理，一些成绩不好的学习者甚至没有通过课程的学习者对课程很满意，也认为自己很有收获。

表 11-4　学习结果变量的相关分析

	成绩	学习满意度	感知学习收获
成绩	—	—	—
学习满意度	0.155 **	—	—
学习收获	0.165 **	0.803 **	—

注：** 在 0.01 水平上显著相关。

2. 多元回归分析

为了进一步确定学习成绩、学习满意度与学习收获之间的关系，本研究使用了多元回归的方法构建模型，探求在考虑了学生个人背景、学习动机、先前在线学习或实践经验、课程资源观看行为、每讲学习时间的情况下，学习成绩、学习收获对学习满意度的影响。需要指出的是，将课程资源观看行为放入回归模型作为控制变量，是因为已有不少研究发现学习者与学习内容的交互（即课程观看行为）和学习结果有密切的关系（Kuo et al.，2014；Chang and Smith，2008）。

多元回归结果验证了相关分析结果，即学习成绩与学习收获关系较弱。首先从学习成绩对学习满意度的解释回归模型来看，见表 11-5 的模型 1。R-SQ=0.024，F 值为 12.968，P=0.00，虽然回归模型显著，回归系数显著，但学生的学习成绩对学习满意度解释力非常小，仅能解释学习满意度变异量的 2.4%。可见两者关系较弱。

同时，模型结果显示学习收获对学习满意度有较高的解释力，见表 11-5 的模型 2。学习收获对学习满意度的解释力为 64.5%，F 值为 1249.122，P=0.000。学习收获在解释学习满意度的回归方程中在 0.001 水平上显著，学习收获上升 1 分，学习满意度上升 0.801 分。

在进一步控制了学生个人特征、学习动机、先前在线学习或实践经验、课程资源查看、每讲学习时间这些变量后，学习成绩的系数和显著性均明显下降，回归系数不再显著。而学习收获在回归模型中的系数有所下降，但下降不明显，显著性无变化，见表 11-5 的模型 3。学习收获在解释学习满意度的回归方程中在 0.001 水平上显著，且边际效用较大，学习收获上升 1 分，学习满意度上升 0.624 分。

表 11-5　学习满意度和学习成绩、学习收获的回归模型

		模型 1	模型 2	模型 3
解释变量		回归系数（标准误差）	回归系数（标准误差）	回归系数（标准误差）
学习成绩		0.134 *** （0.037）		0.006 （0.023）
学习收获			0.801 *** （0.023）	0.624 *** （0.034）
控制变量				

续表

		模型 1	模型 2	模型 3
性别[a]	女			1.580 (0.935)
教龄[b]	没有教学经验			0.313 (1.500)
	3~5 年			-0.101 (1.363)
	6~9 年			-0.130 (1.527)
职业[c]	幼儿园或小学老师			0.471 (1.169)
	大学或高职老师			-2.234* (1.072)
	高校在校生			-0.813 (2.116)
	其他人员			-1.824 (1.924)
先前在线学习或实践经验	有丰富的在线学习经历			-0.014 (0.019)
	有丰富的翻转课堂实践经验			0.071** (0.024)
学习动机	单位鼓励,承认学分			0.746* (0.388)
	建立翻转课堂的基本认识和理解			-1.155 (0.641)
	实践中遇到困难,需要帮助和指导			0.082 (0.529)
	借助 MOOC 平台学习经验交流心得			0.437 (0.678)
课程资源观看行为				0.241*** (0.030)
每讲学习时间				-0.616 (0.496)
常数项		65.301*** (3.073)	10.620*** (1.869)	5.763*** (3.431)
R-SQ		0.024	0.645	0.686
F 值		12.968***	1249.122***	62.138***
样本量		689	689	689

注：括号中的数字为标准误差。† 代表 $p<0.1$，* 代表 $p<0.05$，** 代表 $p<0.01$，*** 代表 $p<0.001$。[a]性别基准组为男性，[b]教龄基准组为 1~2 年，[C]职业基准组为中学或中职老师。

综上所述，相关分析和多元回归分析的结果均表明，学习成绩与学习满意度呈现弱相关关系，在考虑其他控制变量的情况下，学习成绩与学习满意度没有呈现出相关关系。而学习者的学习收获与学习满意度呈现出了相当强度的正相关关系。换句话说，成绩好的学习者满意度并不一定高，但学习收获好的学习者更满意。这个结论一方面说明 MOOCs 学习者不一定是成绩驱动，另一方面回应了关于满意度的两种论辩观点：MOOCs 学习者会对什么满意，是学习成绩高分/通过课程，还是高质量的教育。本实证研究结果在一定程度支持了后一种观点，即学习者会对高质量的教育满意。

第四节　人际交互与学习结果

人际交互广度对学习成绩、学习满意度、学习收获均有影响，尤其是对学习成绩的影响较大。但在进一步控制了个人特征、先前学习或实践经验、学习动机、课程资源观看行为、学习时间等变量后，人际交互广度仅在解释学习成绩的回归模型中系数显著。人际交互强度对学习成绩、学习满意度、学习收获三个结果变量均有一定的解释力，但同样是对学习成绩的解释力较高。即使是在控制了个人特征、先前在线学习或实践经验、学习动机、课程资源观看行为、每讲学习时间等变量的情况下，人际交互强度变量在以下三个回归模型中（模型 6、模型 9、模型 12）的回归系数依然显著，边际效应尚可。说明人际交互广度仅对学习成绩有较大影响，而人际交互强度对学习成绩、学习满意度、学生学习收获三个结果变量均有影响。

控制变量中，课程资源观看行为对学习成绩没有影响，但对学习满意度和学习收获均有较大的影响。每讲学习时间对学习成绩有较大影响，但对另外两个结果变量没有显著影响。其他个人特征中，教龄、职业、学习动机、先前在线学习或实践经验对结果变量有一定影响。

关于核心解释变量人际交互指标，本研究共使用 4 个指标，分别是人际交互广度、人际交互强度、人际交互入度、人际交互出度。但人际交互广度等于人际交互入度与人际交互出度之和，三者之间存在较高的关联性（$r=0.860$，$r=0.944$，$r=0.644$，$ps=0.000<0.001$，三者之间的相关系数见表 11-

6)，因此无法将三者同时放入回归模型。考虑到人际交互广度可以综合衡量出度和入度，本研究最终选择将人际交互广度作为解释变量放入回归模型。

表 11-6　人际交互广度、入度、出度三者的相关分析

指标	人际交互广度	人际交互入度	人际交互出度
人际交互广度	—	—	—
人际交互入度	0.860**	—	—
人际交互出度	0.944**	0.644**	—

注：** 在 0.01 水平上显著相关。

一　人际交互与学习成绩

回归模型结果显示人际交互广度和强度均对学习成绩有较好的解释力，见表 11-7 的模型 4 和模型 5。根据回归模型结果，人际交互广度和强度对学习成绩解释的未标准化回归方程为：

$$学习成绩 = 68.863 + 0.139\ 人际交互广度$$
$$学习成绩 = 51.964 + 3.645\ 人际交互强度$$

标准化的回归方程为：

$$学习成绩 = 68.863 + 0.474\ 人际交互广度$$
$$学习成绩 = 51.964 + 0.357\ 人际交互强度$$

根据回归模型结果，人际交互广度对学习成绩的解释力为 22.4%，F 值为 152.641，P = 0.000。人际交互广度在解释学习成绩的回归方程中于 0.001 水平上显著，且边际效用尚可，人际交互广度每增加 1 人，学习成绩上升 0.139 分。人际交互强度对学习成绩的解释力为 12.7%，F 值为 77.007，P = 0.000。人际交互强度在解释学习成绩的回归方程中于 0.001 水平上显著，且边际效用较大，人际交互强度每提高 1 次，学习成绩上升 3.645 分。这一数据揭示出人际交互广度和强度与学习成绩均有显著的正相关关系。人际交互广度的解释力更好，但边际效用相对较小；人际交互强度的解释力稍弱，但边际效用更大。

在进一步控制了性别、教龄、职业、先前在线学习或实践经验、学习动机、课程资源观看行为、每讲学习时间等因素后，人际交互广度和强度在回归模型中的显著性几乎没有变化，但系数有所下降，见表 11-7 的模型 6。说明人际交互广度和强度对学习成绩确实有解释作用，同时控制变量影响了人际交互变量对学习成绩的解释力。加入控制变量后，所有变量对学习成绩的解释力达到 31%，F 值为 12.778，P=0.000。表示控制变量与人际交互变量可以共同解释学习成绩 31%的变异量。以下变量对学习成绩有显著影响：人际交互广度、人际交互强度、教龄、职业、先前在线学习或实践经验、“单位鼓励，承认学分”这一学习动机、课程资源观看行为、每讲学习时间。从标准化回归系数来看，以上变量中人际交互广度的 Beta 值最大，其次是人际交互强度。说明在控制个人特征、学习动机、其他投入行为等变量的情况下，人际交互对学习成绩仍然有较高的解释力。人际交互广度和强度成为解释学习成绩的重点。

控制变量与学习成绩的关系如下。①性别不显著。②教龄变量的系数随教龄的增长而下降，没有教学经验的学习者学习成绩最高，显著高于教龄为 1~2 年的学习者，教龄为 6~9 年的学习者学习成绩显著低于教龄为 1~2 年的学习者。③职业变量上，作为基准组的“中学或中职老师”这一组别的学习者成绩最高，显著高于“幼儿园或小学老师”以及“大学或高职老师”这两个组别。④有丰富的在线学习经历与学习成绩呈现显著正相关关系，回归系数较大，为 1.567，说明丰富的在线学习经历对学习成绩影响较大。“有丰富的翻转课堂实践经验”这一变量的系数为负，说明有翻转课堂实践经验的学习者学习成绩反而不高，这可能是因为有实践经验的教师是问题导向式学习，他们的学习更有针对性，即解决现实中遇到的困难，而不是成绩导向。⑤在学习动机方面，“单位鼓励，承认学分”这一动机与学习成绩呈现显著正相关，回归系数较大，为 1.993，说明这一动机对学习成绩有较高的解释力。单位承认 MOOC 学分，可以鼓励学习者投入学习，获得更高的成绩，进而获得最终的证书。如果将“单位鼓励，承认学分”视为外在动机，那么另外三个学习动机可视为内部动机，即“建立翻转课堂的基本认识和理解”、“实践中遇到困难，需要帮助和指导”、“借助 MOOC

平台学习经验交流心得”。三个内部动机变量的回归系数均为负，说明内部动机与学习者学习成绩呈负相关关系。MOOC 属于一种非正式学习，大多数参与 MOOC 学习的学习者均是因为兴趣或者职业需求，他们并不期待能获得高分。⑥课程资源观看行为方面，这一计算得出的综合变量的系数为正，但绝对值较小，且不显著。学习投入会影响学习结果，课程资源观看作为 MOOC 学习的一种主要投入方式，其对学习结果的显著解释作用也符合大学生投入理论的预期。⑦每讲学习时间与学习成绩呈显著正相关关系，回归系数较大，为 2.353，在 0.01 水平上显著。说明学习投入时间与学习成绩有较大关联。大学生学习投入理论和大量的实证研究均说明学习投入与学习结果有正相关关系。

表 11-7　学习成绩和人际交互广度、强度的回归模型（汇报非标准化系数）

		模型 4	模型 5	模型 6
解释变量		回归系数（标准误差）	回归系数（标准误差）	回归系数（标准误差）
人际交互广度		0.139*** (0.011)		0.111*** (0.014)
人际交互强度			3.645*** (0.415)	1.397** (0.458)
控制变量				
性别[a]	女			1.036 (1.607)
教龄[b]	没有教学经验			4.736* (2.578)
	3~5 年			2.352 (2.344)
	6~9 年			-3.969* (2.621)
职业[c]	幼儿园或小学老师			-5.024** (1.999)
	大学或高职老师			-3.761* (1.833)
	高校在校生			-0.937 (3.649)
	其他人员			-2.679 (3.315)

续表

		模型 4	模型 5	模型 6
先前在线学习或实践经验	有丰富的网络学习经历			1.567 * (0.801)
	有丰富的翻转课堂实践经验			-0.676 (1.016)
学习动机	单位鼓励,承认学分			1.993 ** (0.663)
	建立翻转课堂的基本认识和理解			-1.470 (1.099)
	实践中遇到困难,需要帮助和指导			-0.687 (0.914)
	借助 MOOC 平台学习经验交流心得			-0.274 (1.166)
课程资源观看行为				0.063 (0.044)
每讲学习时间				2.353 ** (0.850)
常数项		66.266 *** (1.373)	68.863 *** (1.547)	51.964 *** (8.760)
R-SQ		0.224	0.127	0.31
F 值		152.641 ***	77.007 ***	12.778 ***
样本量		689	689	689

注：括号中的数字为标准误差。† 代表 $p<0.1$，* 代表 $p<0.05$，** 代表 $p<0.01$，*** 代表 $p<0.001$。[a]性别基准组为男性，[b]教龄基准组为 1~2 年，[C]职业基准组为中学或中职老师。

表 11-8 学习成绩和人际交互广度、强度的回归模型（汇报标准化系数）

		模型 4	模型 5	模型 6
解释变量		回归系数 (标准误差)	回归系数 (标准误差)	回归系数 (标准误差)
人际交互广度		0.474 *** (0.011)		0.379 *** (0.014)
人际交互强度			0.357 *** (0.415)	0.137 ** (0.458)
控制变量				
性别[a]	女			0.026 (1.607)

续表

		模型 4	模型 5	模型 6
教龄[b]	没有教学经验			0.107 * (2.578)
	3~5 年			0.060 (2.344)
	6~9 年			-0.087 * (2.621)
职业[c]	幼儿园或小学老师			-0.104 ** (1.999)
	大学或高职老师			-0.087 * (1.833)
	高校在校生			-0.011 (3.649)
	其他人员			-0.032 (3.315)
先前在线学习或实践经验	有丰富的在线学习经历			0.082 * (0.801)
	有丰富的翻转课堂实践经验			-0.028 (1.016)
学习动机	单位鼓励,承认学分			0.121 ** (0.663)
	建立翻转课堂的基本认识和理解			-0.070 (1.099)
	实践中遇到困难,需要帮助和指导			-0.040 (0.914)
	借助 MOOC 平台学习经验交流心得			-0.013 (1.166)
课程资源观看行为				0.058 (0.044)
每讲学习时间				0.108 ** (0.850)
常数项		66.266 *** (1.373)	68.863 *** (1.547)	51.964 *** (8.760)
R-SQ		0.224	0.127	0.31
F 值		152.641 ***	77.007 ***	12.778 ***
样本量		689	689	689

注：括号中的数字为标准误差。† 代表 $p<0.1$，* 代表 $p<0.05$，** 代表 $p<0.01$，*** 代表 $p<0.001$。[a]性别基准组为男性，[b]教龄基准组为 1~2 年，[C]职业基准组为中学或中职老师。

二　人际交互与学习满意度

回归模型结果显示人际交互广度和强度对学习满意度有一定解释力，见表 11-9 的模型 7 和模型 8。根据回归模型结果，人际交互广度和强度对学习满意度解释的未标准化回归方程为：

$$学习满意度 = 72.042 + 0.040\ 人际交互广度$$
$$学习满意度 = 71.976 + 1.312\ 人际交互强度$$

标准化回归方程为：

$$学习满意度 = 72.042 + 0.169\ 人际交互广度$$
$$学习满意度 = 71.976 + 0.164\ 人际交互强度$$

根据回归模型结果，人际交互广度对学习满意度的解释力为 5.9%，F 值为 20.275，P=0.000。人际交互广度在解释学习满意度的回归方程中在 0.001 水平上显著，但回归系数较小，仅为 0.04，人际交互广度每增加 1 人，课程学习满意度仅上升 0.04 分。人际交互强度对学习满意度的解释力为 5.7%，F 值为 19.033，P=0.000。人际交互强度在解释学习满意度的回归方程中在 0.001 水平上显著，且边际效用较大，回归系数为 1.312。即人际交互强度每提高 1 次，学习满意度上升 1.312 分。这一数据揭示出人际交互广度和强度与学习满意度均有显著的正相关关系。相比人际交互广度，人际交互强度的解释力更高。

在进一步控制了性别、教龄、职业、先前在线学习或实践经验、学习动机、课程资源观看行为、每讲学习时间等因素后，人际交互广度和强度在回归模型中的显著性和系数均下降，见表 11-9 的模型 9。具体来说，人际交互广度这一变量不再显著，且系数变小。人际交互强度的显著性变弱，系数变小。这一变化说明控制变量会影响人际交互变量对学习满意度的解释力。加入控制变量后，所有变量对学习满意度的解释力达到 48%，F 值为 34.299，P=0.000，表示控制变量与人际交互变量可以共同解释学习满意度 48%的变异量。以下变量对学习成绩有显著影响：人际交互强度、教龄、有丰富的翻转课堂实践经验、“借助 MOOC 平台学习经验交流心得”这一学习动机、课程资源观看行为。从标准化回归系数来看，以上变量中课程资源观看行为的 Beta 值最大，其次是“借助 MOOC 平台学习经验交流心得”这一学习动机、人际交互强度。说明在控制个人特征、学习动机、其他投入行为等变量的情况下，人际交互强度对学习满意度仍然有一定的解释力，而人际交互广度对学习满意度没有解释力。在控制变量中，课程资源观看行为对学习满意度有较高的解释力。学习满意度的测量指标中，超过一半的指标均是评价学习者对课程内容设计的满意度，在课程资源观看上投入更多的学习者，更多地体验了课程内容，因此对课程更加满意。

控制变量与课程学习满意度的关系如下。①性别不显著。②教龄变量的系数随教龄的增长而下降，教龄为 1~2 年的学习者学习满意度最高，教龄为 6~9 年的学习者学习满意度显著低于教龄为 1~2 年的学习者。③职业变量上，其他非教师职业的学习者学习满意度最高，其次是幼儿园或小学老师、高校在校生，大学或高职老师的学习满意度最低，但所有虚拟变量的回归系数均不显著。大学或高职老师学习满意度低的原因可能与课程内容有关，案例课程中大部分案例以中小学教学案例为主，且案例课程主要的目标学习群体也是中小学教师。大学或高职老师可能会认为这些案例不太符合自己的教学情境。④丰富的在线学习经历与学习满意度呈现负相关关系，但回归系数较小，且不显著。有丰富在线学习经历的教师可能对在线课程的期待更高，导致两者呈现负相关关系。“有丰富的翻转课堂教学实践经验”这一变量的回归系数为正，绝对值较大且显著，说明有丰富翻转课堂实践经验的学习者的学习满意度更高。⑤在学习动机方面，“借助 MOOC 平台学习经验交流心得”这一动机与学习满意度呈现显著正相关关系，回归系数为 1.907，在 0.01 水平上显著。案例课程中问题引导的讨论为学习者提供了交流的基础，第九章已经发现学习动机为“借助 MOOC 平台学习经验交流心得”的学习者建立了更多的人际交互，这可能是他们学习满意度更高的原因之一。⑥课程资源观看行为方面，这一计算得出的综合变量会影响学习者的学习满意度，两者呈现显著正相关关系，回归系数较大，为 0.578，在 0.001 水平上显著。学习投入会影响学习结果，课程资源观看作为 MOOC 学习的一种主要投入方式，其对学习结果的显著解释作用也符合大学生投入理论的预期。⑦每讲学习时间与学习满意度呈负相关关系，但并不显著，说明学习投入时间越长的学习者，他们的学习满意度越低。

表 11-9　学习满意度和人际交互广度、强度的回归模型（汇报非标准化系数）

		模型 7	模型 8	模型 9
解释变量		回归系数（标准误差）	回归系数（标准误差）	回归系数（标准误差）
人际交互广度		0.040*** (0.009)		0.006 (0.010)
人际交互强度			1.312*** (0.301)	0.742* (0.327)
控制变量				
性别[a]	女			0.254 (1.071)
教龄[b]	没有教学经验			-1.240 (1.735)
	3~5 年			-1.904 (1.570)
	6~9 年			-3.441* (1.743)
职业[c]	幼儿园或小学老师			0.369 (1.332)
	大学或高职老师			-1.475 (1.211)
	高校在校生			0.699 (2.467)
	其他人员			2.012 (2.290)
先前在线学习或实践经验	有丰富的在线学习经历			-0.037 (0.545)
	有丰富的翻转课堂实践经验			1.857** (0.668)

续表

		模型 7	模型 8	模型 9
学习动机	单位鼓励,承认学分			0.682 (0.434)
	建立翻转课堂的基本认识和理解			-0.510 (0.729)
	实践中遇到困难,需要帮助和指导			-0.007 (0.600)
	借助 MOOC 平台学习经验交流心得			1.907** (0.769)
课程资源观看行为				0.578*** (0.027)
每讲学习时间				-0.006 (0.565)
常数项		72.042*** (0.955)	71.976*** (0.984)	8.474*** (5.923)
R-SQ		0.059	0.057	0.480
F 值		20.275***	19.033***	34.299***
样本量		689	689	689

注：括号中的数字为标准误差。† 代表 $p<0.1$，* 代表 $p<0.05$，** 代表 $p<0.01$，*** 代表 $p<0.001$。[a]性别基准组为男性，[b]教龄基准组为 1~2 年，[C]职业基准组为中学或中职老师。

表 11-10　学习满意度和人际交互广度、强度的回归模型
(汇报标准化系数)

		模型 7	模型 8	模型 9
解释变量		回归系数 (标准误差)	回归系数 (标准误差)	回归系数 (标准误差)
人际交互广度		0.169*** (0.009)		0.024 (0.010)
人际交互强度			0.164*** (0.301)	0.093* (0.327)
控制变量				
性别[a]	女			0.007 (1.071)

续表

		模型 7	模型 8	模型 9
教龄[b]	没有教学经验			-0.032 (1.735)
	3~5 年			-0.055 (1.570)
	6~9 年			-0.085* (1.743)
职业[c]	幼儿园或小学老师			0.009 (1.332)
	大学或高职老师			-0.04 (1.211)
	高校在校生			0.009 (2.467)
	其他人员			0.026 (2.290)
先前在线学习或实践经验	有丰富的在线学习经历			-0.002 (0.545)
	有丰富的翻转课堂实践经验			0.089** (0.668)
学习动机	单位鼓励,承认学分			0.047 (0.434)
	建立翻转课堂的基本认识和理解			-0.026 (0.729)
	实践中遇到困难,需要帮助和指导			0.000 (0.600)
	借助 MOOC 平台学习经验交流心得			0.105** (0.769)
课程资源观看行为				0.648*** (0.027)
每讲学习时间				0.000 (0.565)
常数项		72.042*** (0.955)	71.976*** (0.984)	8.474*** (5.923)
R-SQ		0.059	0.057	0.480
F 值		20.275***	19.033***	34.299***
样本量		689	689	689

注：括号中的数字为标准误差。† 代表 $p<0.1$，* 代表 $p<0.05$，** 代表 $p<0.01$，*** 代表 $p<0.001$。[a]性别基准组为男性，[b]教龄基准组为 1~2 年，[C]职业基准组为中学或中职老师。

三　人际交互与学习收获

回归模型结果显示人际交互广度和强度均对学习收获有一定的解释力，见表 11-11 的模型 10 和模型 11。根据回归模型结果，人际交互广度和强度对学习收获解释的未标准化回归方程为：

学习收获 = 77.613 + 0.039 人际交互广度

学习收获 = 77.807 + 1.169 人际交互强度

标准化回归方程为：

学习收获 = 77.613 + 0.164 人际交互广度

学习收获 = 77.807 + 0.146 人际交互强度

根据回归模型结果，人际交互广度对学习收获的解释力为 5.7%，F 值为 18.916，P=0.000。人际交互广度在解释学习收获的回归方程中在 0.001 水平上显著，回归系数为 0.039。表示人际交互广度每增加 1 人，学习收获上升 0.039 分。人际交互强度对学习收获的解释力为 5.1%，F 值为 14.909，P=0.000。人际交互强度在解释学习收获的回归方程中在 0.001 水平上显著，回归系数为 1.169。表示人际交互强度每提高 1 次，学习收获上升 1.169 分。这一数据揭示出人际交互广度和强度与学习收获均有显著的正相关关系，而人际交互强度的解释力更高。

在进一步控制了性别、教龄、职业、先前在线学习或实践经验、学习动机、课程资源观看行为、每讲学习时间等因素后，人际交互广度和强度在回归模型中的显著性和系数都有所下降，见表 11-11 的模型 12，说明控制变量影响了人际交互变量对学习收获的解释力。加入控制变量后，所有变量对学习收获的解释力达到 47%，F 值为 32.954，P=0.000，表示控制变量与人际交互变量可以共同解释学习收获 47%的变异量。以下变量对学习收获有显著影响：人际交互强度、职业、有丰富的在线学习经历、学习动机维度中“建立翻转课堂的基本认识和理解”“借助 MOOC 平台学习经验交流心得”、课程资源观看行为。从标准化回归系数来看，以上变量中课程资源观看行为的 Beta 值最大，其次是人际交互强度。说明在控制个人特征、学习动机、其他投入行为等变量的情况下，人际交互强度对学习收获仍然有一定的解释力，而控制变量中课程资源观看行为与学习收获有较大关联。

控制变量与学习收获的关系如下。①性别不显著。②教龄为1~2年的学习者学习收获最大，教龄为6~9年的学习者学习收获最小。③职业变量上，非教师职业的学习者学习收获得分最高。“幼儿园或小学老师”的学习收获得分最低。④有丰富的在线学习经验与学习收获呈现显著正相关关系，回归系数为0.790，说明丰富的在线学习经验对学习收获有影响。“有丰富的翻转课堂实践经验”这一变量的系数为正，但不显著，说明有翻转课堂实践经验的学习者学习收获更大。⑤在学习动机方面，“建立翻转课堂的基本认识和理解”“借助MOOC平台学习经验交流心得”这两个学习动机与学习收获呈现显著正相关。两者的回归系数均较大，分别为1.184和1.477，说明这两学习动机对学习收获有较高的解释力。“单位鼓励，承认学分”与学习收获呈现负相关关系，但回归系数不显著。⑥课程资源观看行为方面，课程资源观看行为会影响学习收获，两者呈现正相关关系，回归系数较大，在0.001水平上显著。学习投入会影响学习结果，课程资源观看作为MOOC学习的一种主要投入方式，其对学习结果的显著解释作用也符合大学生投入理论的预期。⑦每讲学习时间不显著。

表11-11　学习收获和人际交互广度、强度的回归模型（汇报非标准化系数）

		模型10	模型11	模型12
自变量		回归系数（标准误差）	回归系数（标准误差）	回归系数（标准误差）
人际交互广度		0.039*** (0.009)		0.006 (0.010)
人际交互强度			1.169*** (0.303)	0.584* (0.332)
控制变量				
性别[a]	女			-0.518 (1.085)

续表

		模型 10	模型 11	模型 12
教龄[b]	没有教学经验			-1.135 (1.758)
	3~5 年			-0.656 (2.363)
	6~9 年			-2.020 (1.591)
职业[c]	幼儿园或小学老师			-0.418 (1.766)
	大学或高职老师			1.583 (1.227)
	高校在校生			1.973 (2.499)
	其他人员			4.651* (2.319)
先前在线学习或实践经验	有丰富的在线学习经历			0.790† (0.552)
	有丰富的翻转课堂实践经验			0.772 (0.677)
学习动机	单位鼓励，承认学分			-0.350 (0.439)
	建立翻转课堂的基本认识和理解			1.184† (0.739)
	实践中遇到困难，需要帮助和指导			-0.050 (0.608)
	借助 MOOC 平台学习经验交流心得			1.477* (0.778)
课程资源观看行为				0.563*** (0.027)
每讲学习时间				0.578 (0.572)
常数项		77.613*** (0.959)	77.807*** (0.990)	11.213*** (5.999)
R-SQ		0.057	0.051	0.470
F 值		18.916***	14.909***	32.954***
样本量		689	689	689

注：括号中的数字为标准误差。† 代表 p<0.1，* 代表 p<0.05，** 代表 p<0.01，*** 代表 p<0.001。[a]性别基准组为男性，[b]教龄基准组为 1~2 年，[C]职业基准组为中学或中职老师。

表 11-12 学习收获和人际交互广度、强度的回归模型（汇报标准化系数）

		模型 10	模型 11	模型 12
解释变量		回归系数（标准误差）	回归系数（标准误差）	回归系数（标准误差）
人际交互广度		0.164***（0.009）		0.026（0.010）
人际交互强度			0.146***（0.303）	0.073*（0.332）
控制变量				
性别[a]	女			-0.014（1.085）
教龄[b]	没有教学经验			-0.029（1.758）
	3~5 年			-0.019（2.363）
	6~9 年			-0.049（1.591）
职业[c]	幼儿园或小学老师			-0.010（1.766）
	大学或高职老师			0.042（1.227）
	高校在校生			0.026（2.499）
	其他人员			0.061*（2.319）
先前在线学习或实践经验	有丰富的在线学习经历			0.046†（0.552）
	有丰富的翻转课堂实践经验			0.037（0.677）
学习动机	单位鼓励，承认学分			-0.024（0.439）
	建立翻转课堂的基本认识和理解			0.060†（0.739）
	实践中遇到困难，需要帮助和指导			-0.003（0.608）
	借助 MOOC 平台学习经验交流心得			0.081*（0.778）

续表

		模型 10	模型 11	模型 12
课程资源观看行为				0.628 *** (0.027)
每讲学习时间				0.030 (0.572)
常数项		77.613 *** (0.959)	77.807 *** (0.990)	11.213 *** (5.999)
R-SQ		0.057	0.051	0.470
F 值		18.916 ***	14.909 ***	32.954 ***
样本量		689	689	689

注：括号中的数字为标准误差。† 代表 $p<0.1$，* 代表 $p<0.05$，** 代表 $p<0.01$，*** 代表 $p<0.001$。[a]性别基准组为男性，[b]教龄基准组为 1~2 年，[C]职业基准组为中学或中职老师。

第五节　研究结果与讨论

本章分析了人际交互的数量对学习结果的影响，研究发现人际交互的数量促进了学习者的学习效果，表现为人际交互广度和强度对学习结果都有显著正向影响，尤其是人际交互强度。具体而言，人际交互广度、强度对学习成绩、学习满意度、学习收获均有显著影响。人际交互强度的影响更大。在考虑学习者个人特征、学习动机、先前在线学习经历、翻转课堂实践经验、课程资源观看行为、每讲学习时间等因素后，人际交互广度仅对学习成绩有影响，人际交互强度对学习成绩、学习满意度和学习收获均有显著影响。在考虑控制变量的情况下，人际交互广度每增加 1 人，学习成绩提高 0.111 分；人际强度每增加 1 次，学习成绩提高 1.397 分，学习满意度提高 0.742 分，学习收获提高 0.584 分。在学习结果方面，相比学习成绩，学习者会对好的学习收获更满意。

人际交互数量对学习成绩均有显著影响，考虑控制变量后，结果依然成立。这与已有不少研究结论一致（段金菊、汪晓凤，2016；Joksimović，2016），但这种表面的一致背后实际上存在很多不一致。首先，这些研究要么将网络简单化为二值网络，忽略了人际交互强度；要么将人际交互广度和人际交互强度综合为一个指标——有权重的点度中心度进行考察，没有分离出两者单独对学习成绩的影响。其次，本研究发现人际交互强度对学习成绩的影响作用更大。这与 Vaquero 等的研究一致，该研究发现学习成绩较差的学习者通常喜欢建立很多短暂交互，学习成绩好的学习者则彼此建立了频率高、强度大的持续交互，且这类高强度的持续性交互基本都维持在一个小群体中，被作者称为“富人俱乐部”（rich-club）（Vaquero and Cebrian，2013）。

本研究还发现考虑学习者个人特征、学习动机等因素后，仅有人际交互强度对学习满意度和学习收获有显著影响。这说明人际交互强度对学习结果的影响更加重要，或者说增大人际交互强度才是提高学习结果的有效途径。人际交互强度是指学习者与特定同伴的互动频率，表征的是两位学习者之间的关系质量。通常可以认为两位学习者之间互动的次数越多，他们的关系就越密切，或者他们的讨论就更持续。Poquet（2017）认为人际交互强度的大小可以表征个人关系形成，而只有在人际交互的过程中形成有质量的个人关系，才会发展出熟悉、信任等积极的情感，学习者才会更愿意坚持参与讨论。持续的讨论通常需要围绕一个有意义的话题开展，如此才能形成深入和多次的互动。前文的数据分析发现问题引导讨论这一教学设计增大了人际交互的强度，这也表明良好的教学设计可以通过增大人际交互强度进而提高学习效果。

第十二章
研究总结与展望

本研究使用中国大学 MOOC 平台开设的“翻转课堂教学法”一期的 20 多万条人际交互数据，聚焦于问题引导教学设计对人际交互的影响，从社会网络分析的研究视角，综合运用社会网络分析法、内容分析法、自然语言处理、统计分析等多种研究方法，分析了 MOOCs 情境中问题引导教学设计对人际交互的数量和质量复杂维度的影响。具体而言，特别关注了人际交互强度这一重要数量性维度，以及帖子长度、讨论主题、讨论集中度等复杂的质量性维度。此外，还分析了人际交互数量对学习结果的影响。

第一节　主要研究结果与结论

本研究发现，问题引导讨论这一教学设计有效促进了人际交互的数量和质量，数量维度上，包括形成了更大、更紧凑的网络，促进了学习共同体的形成，提升了人际交互的广度和强度；质量维度上，包括帖子字数更多、讨论更集中、论坛坚持率更高。这一研究结果确认了教学设计与人际交互之间的关系。此外，人际交互数量，尤其是人际交互强度有效促进了学习结果。具体而言，本研究的研究结论主要有以下三个。

1. 问题引导讨论这一教学设计有效提升了人际交互的数量

从整体网络视角来看，与自由讨论区形成的人际交互网络相比，问题引导讨论区形成的人际交互网络在所有网络特征值指标上均更优：网络规模更大，交互关系更多、更紧凑，内聚力更好，学习者之间的距离更近，互惠性、传递性、连通性均更好。这说明问题引导讨论区实现了更多的观点交流。更重要的是，问题引导讨论这一教学设计在提升人际交互数量的基础上，促进了 MOOCs 情境中学习共同体的形成。从个体网络视角来看，学习者在问题引导讨论区实现了更多、更强的人际交互，表现为学习者的人际交互广度、强度、出度、入度这四个指标均显著更大，表明学习者在问题引导讨论区的投入和参与更多，学习者之间实现了更多的交流互动。

问题引导讨论这一教学设计有效促成了学习共同体的形成，这一研究发现说明 MOOCs 教学实践中教学设计具有重要意义。已有研究发现孤独感、缺乏学习团体感、缺乏同伴之间的鼓励等因素是导致在线学习高辍学率的主要原因（汪琛，2003）。同样，孤独感和缺少人际交互是引发 MOOCs 学习者退出课程的重要原因（Khalil and Ebner，2014）。群体动力学理论认为群体的规范会对成员形成压力并在一定范围内指导个体的行为（Mehra et al.，2001）。实证研究也表明通过 MOOCs 论坛上的人际交互，观察同伴努力的途径，会让学习者更加努力（赵钊等，2018），在人际交互中产生的来自同伴的适当压力能促进学习者完成 MOOCs（Chua et al.，2015）。学习共同体的形成建立在信任等情感关系上，并在此基础上发展出团体感和归属感（情感的维系），促进学习者坚持学习。问题引导讨论这一教学设计提升了人际交互的强度，也就是与固定同伴高频率的交流互动也许是学习者产生熟悉感、归属感、信任感等情感关系的有效方式。此外，问题引导讨论区形成的整体人际网络互惠性较好，学习者之间相互受益，强化和共享价值观念，这有助于学习者发展友谊和群体内聚力。

2. 问题引导讨论这一教学设计有效提高了人际交互的质量

问题引导讨论这一教学设计有效提高了人际交互的质量，表现为：问题引导讨论区的帖子长度更长，平均字数是自由讨论区的 2 倍；问题引导讨论区的讨论围绕主题关键词，讨论集中度更高，讨论围绕课程内容，未出现偏离主题现象；问题引导讨论区相邻两周的论坛坚持率是自由讨论区的 2 倍多。需要特别指出的是，主题分析结果表明，问题引导讨论区与自由讨论区的讨论主题高度重合，有 8 个高度重合的主题。这似乎表明自由讨论区的讨论被引导问题所影响，再次说明了问题引导讨论这一教学设计的重要性。

问题引导讨论这一教学设计可以使学习者围绕主题关键词集中讨论，这一研究发现再次指明 MOOC 教学实践中教学设计的重要意义。已有研究发现学习者会将在线论坛视为闲聊的场所，讨论与课程内容无关的话题（王广新、单从凯，2007）。本研究发现，一方面，自由讨论区的讨论主题似乎受到引导问题影响；另一方面从主题帖讨论的集中度来看，自由讨论区的讨论十分分散，夹杂了大量与主题无关的帖子，而问题引导讨论区则没有出现这样的情况。这也说明学习者的讨论必须有所引导，教师必须设计课程相关问题引导学生参与讨论。

3. 加强人际交互是提高 MOOCs 学习效果的有效途径

本研究发现人际交互的广度和强度对学习结果都有显著的影响，尤其是学习强度。回归结果显示，在控制论坛参与者个人特征、先前在线学习经历、翻转课堂实践经验、学习动机、课程资源查看行为、每讲学习时间等变量的情况下，人际交互的广度和强度均对学习者的学习成绩有显著影响，但仅有人际交互强度对学习者的学习满意度和学习收获有显著影响。此外，MOOCs 学习结果方面，相比学习成绩，学习者会对更好的学习收获更满意。

人际交互强度越强，学习者学习成绩越好，学习满意度越高，学习收获更好。这一结果凸显了人际交互强度对学习结果的重要作用。已有研究仅仅关注人际交互广度和人际交互强度对学习成绩的促进作用。但本研究发现在考虑控制变量的情况下，人际交互广度对学习满意度和学习收获这两个学习结果变量并无显著影响。人际交互广度表征的是学习者与多少同伴建立交互关系，更多是一种单纯的数量的体现。虽然人际交互强度也是数量维度的测量指标，但与固定同伴的多次交互，可能在一定程度上反映了人际交互的深度或质量。如交互强度大的两个学习者，可能就一个问题进行深入的多次讨论，这也许是人际交互强度对学习结果影响更大的原因。

此外，相比学习成绩，学习者会对更好的学习收获更满意。这一结果说明与传统学习者不同，MOOCs 学习者常常并不关注学习成绩（或获得课程证书），而是更加关注学习收获。国内外的调查均发现 MOOCs 学习者主要以专业发展为目的，他们参加 MOOCs 学习的动机和目标主要围绕与他们工作情境相关的知识发展和专业技能获得，而不是传统正式课程学习中的通过课程考试，获得学分等（Littlejohn et al.，2016）。

第二节　研究结果的实践意义

在 MOOCs 情境下，教学设计是一种投入产出效果更好的选择。在 MOOCs 情境中促进人际交互可以通过两种方式达成：①高教学投入，其是指教师积极参与讨论或为学习者提供及时反馈；②精细化教学设计，已有研究指出从投入产出效果来看，精细化教学设计是效率更高的一种选择（宫添辉美等，2014）。而本研究的案例课程也验证了这一观点。案例课程中教师和助教几乎没有参与问题引导讨论区的讨论，相比之下，教师和助教在自由讨论区的参与更多。在问题引导讨论区，主讲教师发了 3 条帖子，助教的发帖量为 0。而在自由讨论区，主讲教师发帖量为 149 条，助教的发帖量为 246 条。但是教师和助教相对更多的投入并没有提升自由讨论区的人际交互数量和质量，而问题引导讨论这一教学设计却有效地提升了人际交互的数量和质量，说明对于促进人际交互，问题引导讨论这一教学设计比教师和助教的高投入更加有效。还有研究发现发帖量非常多的 MOOCs 中，教师增加投入并不会带来人际交互水平的线性增长。相反，在这类课程中，教师的积极参与会降低学习者的讨论参与度，阻碍学习者之间的深入交流（孙洪涛等，2016；García-Saiz et al.，2014；Hernández-García et al.，2015）。不仅如此，孙洪涛发现，相比教师高投入，教师重视组织和调控讨论，能够更好地提升人际交互水平（孙洪涛等，2016）。

基于本研究的主要结果，对于如何精细地进行教学设计，本研究有以下三方面的实践意义：①设计引导问题，通过引导问题来组织和调控学习者的讨论；②将引导问题置于有意义的真实情境中，并提供脚手架支持；③重视 MOOCs 在职学习者的宝贵知识和经验。除主要研究结果的实践启示外，学习者课后反馈指出在论坛功能设计和管理方面存在局限，必须重视论坛功能设计和论坛管理。同时，教师应充分利用同伴互助方式促进人际交互。

1. 设计引导问题，通过引导问题来组织和调控学习者的讨论

本研究发现有针对性的教学设计，如问题引导讨论这一教学设计可以提升人际交互的数量和质量，进而优化学习者的学习效果。MOOCs 与开放资源运动、精品课程的区别在于，其不仅提供课程资源，还提供完整的课程，将一大群学习经历和实践经历各异的学习者在一定时间内聚在一起学习。这也使得 MOOCs 具有大规模、学习者多元化等优势。MOOC 平台开发者也意识到了这一优势，因此，国内外所有的 MOOC 平台都提供了论坛功能，为学习者讨论提供场所。但是为学习者提供人际交互平台，并不意味着学习者就一定会开展互动交流，就像学校的图书馆不能保证学习一定会发生一样。本研究的结果表明：需要为学习者提供适当的引导问题，学习者才能更有针对性地开展讨论，才能充分发挥 MOOCs 大规模、学习者多元化等优势。换言之，课程教师需要通过引导问题来组织和调控学习者的讨论，提升人际交互水平。

此外，很多学者、实践者均对 MOOCs 的学习效果产生怀疑，大量学术论文、新闻报道均指出了 MOOCs 学习效果普遍不佳这一事实。本研究发现加强人际交互是提高 MOOCs 学习效果的有效途径，尤其是加大学习者的人际交互强度，可以很好地提高学习成绩、学习满意度、学习收获。MOOCs 教学实践者可以通过加强人际交互提高学习效果。同时，本研究的研究结果与已有研究一致，指出 MOOCs 学习者常常并不是学习成绩导向的，而是以获取知识技能、发展能力为导向的。因此，MOOCs 的教学设计应该以获得学习为主，而不是以传授知识为主。

2. 将引导问题置于有意义的真实情境中，并提供脚手架支持

案例课程中教师设计的引导问题几乎都是一些实践性较强的问题，与课程内容、学习者的工作实践都高度相关，可以称之为真实问题。这些引导性的真实问题，有效地促进了一线教师的人际交互。从情境认知理论来说，这可能是案例课程成功的一个原因。学习者也表达了希望通过与同伴的交流互动来解决实践中遇到的问题，如以下两位学习者就提道："希望能够开放更多的平台以使大家来讨论学习和实践中发现的问题。这样才有利于问题的解决和教学的开展。""把优秀的符合翻转课堂要求的教学设计、

学案和视频集合起来分享讨论。理论联系实际最为重要。”

有效的学习必须将学习的内容和过程与真实情境联系起来，让学习者在真实情境中发展解决问题的能力。同时我们需要相信有部分 MOOCs 学习者具有较强的利用技术与周围的群体互动来解决复杂问题的能力，而且这也是未来工作和学习中最核心的能力。但是目前的教学者缺乏对这一类能力的认识，抑制了学习者发挥这种核心能力。MOOCs 教学实践者应该通过基于真实情境的学习任务的设计，来更好地促进学习者的知识迁移，帮助学习者更加高效地应用所学知识和技能解决或改进现实生活和工作中遇到的众多复杂问题，进而实现专业发展和终身学习的目标。MOOCs 应该鼓励学习者建立自己的学习网络，利用集体智慧来解决实际问题。

除了设计基于真实情境的引导问题外，教师还需要为学习者提供一些有用的脚手架，用以支持学习者开展讨论，减少学习者讨论的障碍。如为学习者提供与课程相关的知识点总结、支撑性材料，详细说明讨论的目标、讨论的要求等。案例课程中大部分引导问题，尤其是实践经验分享类引导问题，均为学习者提供了具体的讨论要点，如下面这个引导问题的例子：“请围绕‘所学知识与学生实际生活之间如何建立联系’这个主题，分享您在教学中的经历和故事，包括教授的知识点、实际生活内容、建立联系的方式、教学效果这几方面内容。”在该例子中，引导问题为学习者指明了讨论的主题和要点，明确指出可以从教授的知识点、实际生活内容、建立联系的方式和教学效果四个方面开展讨论。这样有指引性的设计为学习者开展讨论提供了提纲（即脚手架），可以在一定程度上避免学习者无从讨论或偏离主题的现象。

3. 重视 MOOCs 在职学习者的宝贵知识和经验

有效的人际交互受到多方面且复杂的因素影响。本研究发现除问题引导教学设计外，学习者的个人特征、先前在线学习经历、翻转课堂实践经验、学习动机等因素也会影响人际交互。人际交互主要建立在人与人的联系上，因此 MOOCs 教学实践者还应该关注 MOOCs 学习者个人特征，并据此设计符合学习者学习需求的课程内容和人际交互活动。

具体而言，本研究发现那些有丰富翻转课堂实践经验的学习者，以及教龄较长（工作经验丰富）的学习者，他们的人际交互积极性非常高，显著高于其他组别学习者。学习者的课后反馈也表明，他们从经验丰富的同伴那里获取了宝贵的经验，如以下两位学习者提道："讨论环节我非常喜欢，它让我从诸位老师那里得到了很多启发，开阔了我的思路。讨论也促使我思考总结，得到很多收获"，"我在课程的学习中感受到学员之间的互相讨论很有用，有些老师的做法与想法对我帮助很大……"

MOOCs 学习者群体大多为在职学习者，他们的学习动机大多是实现职业发展（Balch，2013；Kellogg，Booth and Oliver，2014；Kizilcec，Piech and Schneider，2013）。这些 MOOCs 学习者都有自己的职业，有不同年限的实践经验，有着自己独特的学习需求和待解决的复杂问题。他们带着自己丰富的教学经验和实践中待解决的复杂问题参与到 MOOCs 学习中，对实践问题有自己独特的认识，这种认识和理解是非常宝贵的学习资源。MOOCs 教学设计应该充分认识到这些资源和问题的价值，并提供相应的环境和机会，支持最珍贵学习资源的动态生成，满足学习者最真实的学习需求。正如有学者指出的那样，当下和今后的教学设计应该关注"如何使学习者产生想法，而不是获取惰性知识"。"促进学习者从学习的'消费者'转变为创造性的'产消者'（参与生产活动的消费者），应成为教学设计的实践取向之一"（斯伯克特等，2015）。

案例课程团队在设计引导问题时，有 58%的引导问题都是实践经验分享，这不仅有效地调动了学习者的讨论热情，也让其他学习者从中受益。如有案例课程中有学习者高度肯定同伴实践经验分享这类宝贵的资源和集体智慧，建议将人际互动中产生的优质资源结集成册，如一位学习者提道："集中所有学员的问题与优秀的解答成册，作为成果的一部分，供学员们学习。另建议老师们在讨论区可把热点问题或是有待解决的问题提出来，让大家一起想办法，集体的智慧会出更多的优秀成果。"

此外，讨论内容可能成为吸引学习者坚持学习的因素。范逸洲等对此门案例课程的重复注册学习者进行了访谈，了解他们重复回来学习的动机，其中有学习者就表示回到 MOOC 重复学习就是为了参与讨论。如一位重复学习者认为"MOOC 是一种一块儿学、相互支持的生态系统"，这位学习者第一期就获得优秀证书，但在后四期课程中仍然重复回来学习，他的目的就是“看看帖子及了解大家对翻转课堂有什么新观点……遇到新手有学习困难时，自己很愿意解答一下”（范逸洲等，2018）。

4. 重视论坛的功能设计以及论坛管理

虽然本研究没有分析论坛功能和论坛管理对人际交互的影响，但是学习者在这两方面的反馈对课程管理有较大启发。从课后反馈中发现，一些学习者指出论坛功能设计不合理以及缺乏有效管理，这两方面的不足限制了讨论的开展。它提醒研究者和实践者，提供一个功能强大、技术相对先进的讨论平台，并对其进行有效管理，有助于给学习者提供更好的人际交互体验。

学习者对论坛功能设计和管理的不满，可以总结为以下三个方面。

一是界面设计、功能设计不合理。不少学习者认为讨论交流帖子不容易查找，看不出层次，不利于讨论的开展。如以下学习者提供的反馈，学习者A：“论坛的界面设计是否可以再改进一下，虽然我也没有好的思路，但总觉得可以更吸引人，更丰富一些。”学习者B：“如何合理、有效地设计讨论区，增加互动、社会性学习，个人认为是开展慕课课程亟待解决的难点和问题。”学习者C：“讨论交流帖子不好查找和管理，希望在这方面能有所改进。”学习者D：“讨论看不出层次，比如可以设置精华帖……”学习者E：“讨论区的功能实在需要改进！非常不利于讨论的开展！”

二是平台的易用性、友好性差，无法看到别人对自己的回复情况，如以下学习者的反馈。学习者J：“如果有同伴评论了自己的讨论帖或是回复能有个提醒就好了。”学习者K：“看不到自己的发帖回复与讨论。”学习者L：“如果能增加讨论回复的提醒就更好了，那样有利于和其他老师的互动。”

三是帖子数量太多，很多有价值的帖子被淹没，或者学习者提问的问题帖被淹没，没有得到回复。学习者F：“讨论原本是一个很好的环节，但本MOOC规模很大，留言很多，有很多精彩的内容可能并没有看到。失去了一些好的交流机会。因为帖子太多，没有这么多时间去一个一个翻看，偶尔翻看到了，有时也感到有些疲劳，没能很好地思考和交流了……想多看帖，但实在是太多了，平时时间不够用。”学习者G：“论坛帖子太多了，好的帖子如何选出来？总是那些首先提交的人帖子关注度大些，是否有推选机制？”学习者 H：“遇到困难发帖，感觉问题会被淹没，如何寻找相同需求的人员，共同讨论。”学习者 I：“存在的问题是很多有价值的帖子都被淹没，大家没有更多的时间把每个帖子都看一下……”

总结而言，MOOCs 论坛发帖缺乏结构和组织，随着时间的推移和发帖量的增加，学习者缺乏必要的线索判断讨论的进程。加之 MOOCs 讨论区缺乏新回复提醒功能，学习者如果发起了一个讨论主题或参与了一个主题讨论后，平台没有提醒功能，不利于深入讨论的开展。再者，平台缺乏强大的搜索功能，学习者如果想检索某个讨论主题的内容会非常困难。上述这些平台功能上的局限，给学习者参与在线讨论带来了不少困难。也有学者明确指出：xMOOC 平台存在的一些设计问题会影响学习者的参与度，例如资源泛滥、缺乏导航系统等。这些问题使学习者很难找到一条在线互动的路径，导致学习者遇到学习困难时，无法获得及时的在线帮助（赵钊等，2018）。值得一提的是，国内外几乎所有的主流 MOOC 平台功能都非常类似（都学习 edX、Coursera、Udacity 三巨头平台的设计），也就是说平台功能的限制是一个普遍性问题。

虽然 Clark 的研究发现技术不会显著影响学习效果（Clark，1983），但从使用的角度来看，技术能促进或者抑制人际交互的发展，技术为讨论参与者提供了媒介通道，但技术也可能成为阻碍互动交流的因素，如将不会使用技术的学习者阻挡在深入讨论之外。而且已有研究也发现学习者与学习者之间的交互因为 MOOC 平台功能的限制而无法深入（Gillani and Eynon，2014），优化学习支持服务和解决系统迷航有助于促进学习者人际交互（赵钊等，2018）。本研究中学习者的反馈也支持了这一结论。再者，MOOC 平台上的讨论也确实对学习者的能力提出了一定的要求。大规模讨论的学习价值源自其提供了多元丰富的意见、对话、反馈和互帮互助的信息资源，但它同时具有噪音过多、过于扩散等缺点。大规模讨论的挑战在于需要学习者都具有很强的方向感，能区别出重要信息和噪音。

同时，学习者的反馈意见，也给 MOOCs 教学实践者和平台设计者提供了很多有益的启示。为了确保人际交互的数量和质量，以及提高学习效果，不仅要重视教学设计，还要重视平台功能设计（技术层面的设计）和管理。尤其是重视平台操作的易用性、友好性，以降低学习者的认知负载力。此外，考虑到 MOOC 平台讨论功能的限制，有实践者尝试在 MOOCs 中使用 QQ 群组织在线合作学习活动，大部分学习者认可此种方式对课程学习的促进作用（缪静敏等，2017）。而且案例课程不少学习者在课后反馈中也提出希望通过建立 QQ 群的方式组织讨论。在平台功能无法短期完善的情况下，MOOCs 教学实践者可以通过混合使用多种社交工具的方式，弥补 MOOC 平台论坛功能的不足。

5. 充分利用同伴互助方式

教师应该充分利用同伴互助的方式，将教师与学习者之间的人际交互转换为学习者与学习者的交互，在大规模的 MOOCs 实践教学中，这种方式往往更高效和实用（宫添辉美等，2014）。考虑到 MOOCs 拥有大规模的学习者，以及免费、开放等特性，要求教师或助教在 MOOCs 中投入过多时间和精力参与讨论并不现实。国内学者也发现在交互水平高的 MOOCs 中，学习者与学习者之间的交互发挥了更加重要的作用（孙洪涛等，2016；Kuo et al.，2014）。本研究虽然没有关注教师和学习者的交互，但简单考察课程教师和助教的发帖量后发现，课程教师和助教的发帖量并不高，在课程开课期间，主讲教师的发帖量为 152 条，多名助教的发帖量共 246 条，其参与并不十分活跃。换言之，本研究的案例课程中教师和助教的投入并不算很高，但教师通过问题引导讨论这一方式，促进了学习者的讨论，充分利用了同伴互助的方式，保证了较好的人际交互效果以及学习效果。这表明 MOOCs 情境中同伴互助是一种高效和实用的选择。

第三节　研究创新之处与意义

总体来看，本研究从以下五个方面对已有文献做出了重要贡献。

1. 探索了问题引导讨论这一教学设计与人际交互的关系

已有文献集中关注人际交互，仅以讨论的方式提出教学设计对人际交互的促进作用，但缺乏实证研究。本研究利用社会网络分析的方法，从整体网络视角和个体网络视角分别探索了 MOOCs 情境中问题引导讨论这一教学设计对人际交互数量和质量的影响，为 MOOCs 及在线教育中的教学设计和促进人际交互提供了实践指导。

2. 丰富了操作性层次教学设计的效果实证研究

先前教学设计相关研究大多从宏观系统的角度出发，缺乏对具体某一操作性教学设计效果的关注。本研究通过数据分析表明，问题引导讨论这一教学设计在促进人际交互方面的价值，而人际交互又能够促进学习者的学习结果。这为问题引导讨论这一教学设计的推广和应用提供了实证证据。

3. 丰富了人际交互在数量和质量方面的测量维度

已有相关研究仅关注了人际交互在数量和质量方面的简单维度，而对于人际交互的数量和质量，本研究均在分析维度上进行了突破。利用社会网络分析的方法，构建了有权人际交互网络，弥补了已有文献将人际交互网络简化为二值简单网络，忽略人际交互强度的缺陷。具体而言，在数量上增加了人际交互强度这一指标；在质量上，利用自然语言处理等分析手段开展了主题分析、讨论集中度分析等，丰富了质量方面的探讨。

4. 对 MOOCs 情境中能否形成学习共同体这一争议予以回应

已有研究对于 MOOCs 情境中能否形成学习共同体存在争论，部分原因在于学习共同体这一重要概念的操作化并未达成一致，并且对学习共同体形成的分析依赖于网络结构特征的间接性考察。本研究梳理了学习共同体的概念和特征，通过强人际交互网络过滤、共同体发现（聚类分析）、主题分析的方式直接考察了学习共同体的形成，确认 MOOCs 情境中可以形成学习共同体。同时也需要指出，学习共同体形成的前提是有精细化的教学设计来促成其发展。

5. 揭示了人际交互强度与学习结果的关系

已有研究虽然关注了人际交互广度或发帖量与学习结果的关系，但忽略了人际交互强度这一重要维度。本研究发现考虑学习者个人特征、学习动机等因素后，仅有人际交互强度对课程学习满意度和学习收获有显著影响。这说明人际交互强度对学习结果的影响更加重要，或者说促进人际交互强度才是提高学习效果的有效途径。如果仅是单纯促进学习者的人际交互广度，可能对学习效果提高的作用并不明显。而人际交互强度是指学习者与特定同伴的交互频率，交互强度在某种程度上代表了两位学习者之间互动的深度和持续性。而通常有深度和持续的讨论需要围绕一个有意义的话题开展，这也需要通过良好的教学设计而达成。

参考文献

Peggy，A. E.、Timothy，J. N.、盛群力，2004，《行为主义、认知主义和建构主义（下）——从教学设计的视角比较其关键特征》，《电化教育研究》第4期。

北师大智慧学习研究院，2016，《中国 MOOCs 建设与发展白书》，登录时间：2019年1月20日，http：//sli. bnu. edu. cn/plus/view. php？aid=102。

陈会昌、庞丽娟、申继亮、周建达，1995，《中国学前教育百科全书心理发展卷》，沈阳出版社。

陈丽，2004，《远程教学中交互规律的研究现状述评》，《中国远程教育》第1期。

陈丽，2004，《远程教育学基础》，高等教育出版社。

陈丽、仝艳蕊，2006，《远程学习中社会性交互策略与方法》，《中国远程教育》第8期。

陈丽、王志军、特里·安德森，2016，《远程学习中的教学交互原理与策略》，中央广播电视大学出版社。

陈义勤，2008，《网上人大学习者学习困难调查与分析》，《中国远程教育》第8期。

戴心来、郭卡、刘蕾，2017，《MOOC 学习者满意度影响因素实证研究——基于“中国大学 MOOC”学习者调查问卷的结构方程分析》，《现代远距离教育》第2期。

杜慧、陈云芳、张伟，2017，《主题模型中的参数估计方法综述》，《计算机科学》第S1期。

段金菊、汪晓凤，2016，《在线开放课程背景下高低绩效学习者的社会化交互行为及参与模式研究》，《电化教育研究》第11期。

范逸洲，2019，《慕课学习者的学习策略建模：基于学习行为数据的挖掘与分析》，博士学位论文，北京大学教育技术系。

范逸洲、王宇、冯菲、汪琼、李晓明，2014，《MOOCs 课程学习与评价调查》，《开放教育研究》第 3 期。

范逸洲、张国罡、陈伯栋、汪琼，2018，《他们为什么回来？——MOOCs 中重复注册者行为与动机分析》，《开放教育研究》第 2 期。

冯锐、金婧，2007，《学习共同体的思想形成与发展》，《电化教育研究》第 3 期。

高文，1997，《情境学习的关键特征及其对多媒体教学设计的启示》，《外国教育资料》第 6 期。

高文，2002，《教学模式论》，上海教育出版社。

高瑜珊、汪琼，2017，《教师教学能力提升类 MOOC 的探索与实践》，《电化教育研究》第 10 期。

宫添辉美、特里·安德森、王志军，2014，《开放教育资源、大规模开放网络课程（MOOCs）和非正式学习时代中的等效交互》，《中国远程教育》第 7 期。

郭文革，2015，《未来评价 MOOC 的指标，或许是交互式在线教学活动》，登录时间：2019 年 1 月 30 日，http：//www. ict. edu. cn/news/n2/n20151209_ 30356. shtml。

何克抗，1997，《建构主义的教学模式、教学方法与教学设计》，《北京师范大学学报（社会科学版）》第 5 期。

何玲、黎加厚，2005，《促进学生深度学习》，《计算机教与学》第 5 期。

胡勇，2009，《网络教学中的教师角色实证研究》，《开放教育研究》第 2 期。

胡勇，2011，《虚拟学习社区交互结构对网络效果的影响研究》，博士学位论文，北京师范大学教育技术学系。

胡勇、陈丽，2010，《国内高等院校网络教学异步文本内容分析研究述评》，《开放教育研究》第 2 期。

胡勇、殷丙山，2012，《远程教育中的交互分类研究综述》，《远程教育杂志》第 6 期。

黄福、侯海燕、梁国强、王亚杰、胡志刚，2018，《科学计量学常用工具的聚类算法分析》，《科技管理研究》第 18 期。

黄天慧，2012，《英国开放大学网络学习过程研究——以英国开放大学 H808 课程学习为例》，硕士学位论文，北京师范大学教育技术学系。

黄天慧、牛新春，2017，《本科生满意度、绩点和深度学习体验关系探究——基于一所研究型大学的实证研究》，《高教探索》第 9 期。

贾积有、缪静敏、汪琼，2014，《MOOC 学习行为及效果的大数据分析——以北大 6 门 MOOC 为例》，《工业和信息化教育》第 9 期。

教育部，2019，《教育部关于公布 2018 年国家精品在线开放课程认定结果的通知》，登录时间：2019 年 1 月 11 日，http：//www.moe.gov.cn/srcsite/A08/s5664/moe_ 1623/s3843/201901/t20190121_ 367540.html。

莱芙、温格，2004，《情境学习：合法的边缘性参与》，王文静译，华东师范大学出版社。

冷静、吴小芳、顾小清，2017，《面向深度学习的在线课程活动设计研究——基于英国开放大学的案例剖析》，《远程教育杂志》第 2 期。

里彻特、科埃略，2014，《机器学习系统设计》，刘峰译，人民邮电出版社。

理查德·费雷曼，2008，《远程学习材料的设计与开发》，蒋国珍译，中央广播电视大学出版社。

刘景福、钟志贤，2002，《基于项目的学习（PBL）模式研究》，《外国教育研究》第 11 期。

刘军，2004，《社会网络分析导论》，社会科学文献出版社。

刘名卓、祝智庭，2014，《MOOCs 教学设计样式研究》，《中国电化教育》第 7 期。

刘学，2016，《初中数学课堂不同教学设计模式对学生参与度的影响研究》，硕士学位论文，华中师范大学数学与统计学学院。

刘圆月，2012，《生态视角下网络课程中的互动研究》，硕士学位论文，浙江师范大学教育技术学系。

鲁谢尔、科斯基宁、罗宾斯，2016，《社会网络随机指数图模型：理论、方法与应用》，杜海峰、任义科、杜巍、张楠译，社会科学文献出版社。

陆一、黄天慧，2019，《通识教育效果的影响因素辨析》，《复旦教育论坛》第 1 期。

马聪，2015，《MOOC-Ed 的课程类型及课程结构探析》，《教育探索》第 8 期。

毛志峰，2016，《问题导向学习——小学品德与社会课堂教学探索》，博士学位论文，华东师范大学教育学系。

缪静敏、罗淑芳、汪琼，2017，《慕课学习者在线合作学习体验探究——以教师专业发展类慕课为例》，《开放教育研究》第 6 期。

澎湃新闻，2022，《我国上线慕课超 5.25 万门，慕课数量和应用规模世界第一》，登录时间：2022年5月20日，https://m.thepaper.cn/newsDetail_forward_18127599。

秦瑾若、傅钢善，2017，《基于深度学习理论的MOOC学习活动设计——以“现代教育技术”课程为例》，《现代教育技术》第27期。

清华大学官网，2022，《学堂在线平台介绍》，登录时间：2022年3月1日，https://www.tsinghua.edu.cn/jyjx/zxjy/ptjs.htm。

斯伯克特、梅里尔、埃伦、毕肖普，2015，《教育与技术研究手册（第四版）》，任友群、焦建利、刘美凤、汪琼、顾小清、闫寒冰译，华东师范大学出版社。

斯伯克特、梅里尔、杰若恩、德里斯科尔，2012，《教育传播与技术研究手册（第三版）》，任友群、焦建利、刘美凤、汪琼译，华东师范大学出版社。

搜狐网，2018，《中国大学MOOC注册用户超过1000万，哪些大学教师最“网红”?》，登录时间：2020年1月17日，http://www.sohu.com/a/217178105_101928。

孙洪涛、李秋劼、郑勤华，2016，《MOOCs交互模式聚类研究》，《中国远程教育》第3期。

孙洪涛、郑勤华、陈丽，2016，《中国MOOCs教学交互状况调查研究》，《开放教育研究》第1期。

孙莹丽，2017，《混合式教学应重视教学设计》，《中国教育学刊》第5期。

唐家渝、孙茂松，2013，《新媒体中的词云：内容简明表达的一种可视化形式》，《中国传媒科技》第11期。

汪琛，2003，《网络教学交互策略研究》，硕士学位论文，上海师范大学教育技术学系。

汪琼，2013，《说文解字谈MOOCs的教学保障》，《教育与出版》第7期。

王广新、单从凯，2007，《课程BBS讨论的漂移现象与表现特征》，《中国远程教育》第1期。

王陆，2009，《虚拟学习社区的社会网络结构研究》，博士学位论文，西北师范大学教育技术学系。

王胜清、冯雪松，2017，《基于慕课的混合式教学的设计与实践——以2015-2016年北京大学开设的混合式课程为例》，《现代教育技术》第11期。

王涛，2018，《文本分析的新工具：以主题模型的可视化为例》，《云南大学学报（社会科学版）》第6期。

王滔、李臣鸿、杨晓翠，2019，《问题导向学习（PBL）教学法促进大学生学习效能的实证研究》，《大学教育》第 2 期。

王文静，2001，《社会建构主义研究》，《全球教育展望》第 10 期。

王颖、张金磊、张宝辉，2013，《大规模网络开放课程（MOOC）典型项目特征分析及启示》，《远程教育杂志》第 31 期。

王永固，2005，《在线协作学习中的互动分析——基于社会网络分析的视角》，科学出版社。

王永固、张庆，2014，《MOOC：特征与学习机制》，《教育研究》第 35 期。

王志军，2012，《在线辅导中网络社团的组建和维护：辅导教师社会维度的能力》，《中国电化教育》第 8 期。

王志军，2014，《联通主义学习情境中的教学交互特点与规律研究》，博士学位论文，北京师范大学教育技术学系。

王志军、陈丽，2015，《国际远程教育教学交互理论研究脉络及新进展》，《开放教育研究》第 2 期。

吴刚，2012，《基于问题式学习模式（PBL）的述评》，《陕西教育（高教版）》第 4 期。

徐颖，2016，《移动 MOOCs 学习活动交互设计》，硕士学位论文，华东师范大学教育技术学系。

姚尊强、尚可可、许小可，2012，《加权网络的常用统计量》，《上海理工大学学报》第 1 期。

叶俊民等，2014，《MOOC 背景下的高校教师角色转型》，《计算机教育》第 9 期。

约翰·斯科特，2016，《社会网络分析法》，刘军译，重庆大学出版社。

詹森、尼克尔森，2010，《深度学习的 7 种有力策略》，温暖译，华东师范大学出版社。

张欢瑞、杨芳、张文霞，2018，《基于 MOOC 的混合式教学设计与实践——以“基础英语听说”课程为例》，《现代教育技术》第 12 期。

张建伟、孙宴青，2005，《建构性学习——学习科学的整合性探索》，上海教育出版社。

张婧婧、蒋琪、查聿翀，2016，《MOOC 论坛中“重要的”参与者发言特征分析》，《现代远距离教育》第 5 期。

张志旻、赵世奎、任之光、杜全生、韩智勇、周延泽、高瑞平，2010，《共同体的界定、内涵及其生成——共同体研究综述》,《科学学与科学技术管理》第 10 期。

赵钊、郭洋琳、贺立军，2018,《xMOOCs 社会交互研究综述——基于国内外文献的内容分析》,《现代远距离教育》第 4 期。

郑东辉，2004,《社会建构主义学习理论述评》,《宁波大学学报（教育科学版）》第 6 期。

郑旭东、王美、尹佳、任友群，2016,《教学设计的理论、模型与技术——〈教育传播与技术研究手册（第四版）〉基础部分述评之一》,《远程教育杂志》第 6 期。

郑燕林、李卢一，2015,《MOOC 有效教学的实施路径选择——基于国外 MOOC 教师的视角》,《现代远程教育研究》第 3 期。

中华人民共和国教育部，2017,《各级各类学校女教师、女教职工数》，登录时间：2020 年 12 月 1 日，http://www.moe.gov.cn/s78/A03/moe_560/jytjsj_2017/qg/201808/t20180808_344693.html。

钟志贤，2004,《教学设计的宗旨：促进学习者高阶能力发展》,《电化教育研究》第 11 期。

钟志贤，2005,《知识建构、学习共同体与互动概念的理解》,《电化教育研究》第 11 期。

周海涛、胡万山，2019,《研究生有效教学的特征——基于教育学研究生课程收获影响因素的调查分析》,《学位与研究生教育》第 2 期。

Abrami, P. C., Bernard, R. M., Bures, E. M., Borokhovski, E. and Tamim, R. M. 2011. "Interaction in Distance Education and Online Learning: Using Evidence and Theory to Improve Practice." *Journal of Computing in Higher Education* 23.

Abrami, P. C., Bernard, R. M., Bures, E. M., Borokhovski, E. and Tamim, R. M. 2011. "Interaction in Distance Education and Online Learning: Using Evidence and Theory to Improve Practice." *Journal of Computing in Higher Education* 23.

Ahn, Y. Y., Han, S., Kwak, H. et al. 2007. "Analysis of Topological Characteristics of Huge Online Social Networking Services." In Proceedings of the 16th International Conference on World Wide Web. New York: ACM.

Alraimi, K. M., Zo, H. and Ciganek, A. P. 2015. "Understanding the MOOCs Continuance: The Role of Openness and Reputation." *Computers & Education* 80.

Anders, A. 2015. "Theories and Applications of Massive Online Open Courses

(MOOCs): The Case for Hybrid Design." *The International Review of Research in Open and Distributed Learning* 16.

Anderson, T. 2003a. "Getting the Mix Right Again: An Updated and Theoretical Rationale for Interaction." *International Review of Research in Open & Distance Learning* 4.

Anderson, T. 2003b. "Modes of Interaction in Distance Education: Recent Developments and Research Questions." in *Handbook of Distance Education*, edited by G. M. Moor, pp. 104–120. Mahwah, NJ: Erlbaum.

Anderson, T. and Kanuka, H. 1999. "Using Constructivism in Technology-mediated Learning: Constructing Order Out of the Chaos in the Literature." R*adical Pedagogy* 15.

Aviv, R., Erlich, Z. and Ravid, G. 2003. "Network Analysis of Knowledge Construction in Asynchronous Learning Networks." *Journal of Asynchronous Learning Networks* 7.

Balch, T. 2013. "MOOC Student Demographics," *Accessed* 13 January 2019, http://augmentedtrader. wordpress. com/2013/01/27/moocstudentdemographics/.

Bayne, S., Jones, C., de Laat, M., Ryberg, T. and Sinclair, C. 2014. "Professional Learning in Massive Open Online Courses." Paper Presented at *the Ninth International Conference on Networked Learning* 2014, Edinburgh, April 7–9.

Bayne, S., Ross, J. 2014. *The Pedagogy of the Massive Open Online Course: The UK view*. York, UK: The Higher Education Academy.

Berliner, D. C. 2001. "Learning about and Learning from Expert Teachers." *International Journal of Educational Research* 35.

Bernard, R. M., Abrami, P. C., Borokhovski, E., Wade, C. A., Tamim, R. M., Surkes, M. A. and Bethel, E. C. 2009. "A Meta-analysis of Three Types of Interaction Treatments in Distance Education." *Review of Educational Research* 79.

Bian, Y. 1997. "Bringing Strong Ties Back in: Indirect Ties, Network Bridges, and Job Searches in China." *American Sociological Review* 62.

Boroujeni, M. S., Hecking, T., Hoppe, H. U. and Dillenbourg, P. 2017. "Dynamics of MOOC Discussion Forums." Paper Presented at the 7th International Learning Analytics and Knowledge Conference, Vancouver, March 13–17.

Bransford, J. D., Brown, A. and Cocking, R. 1999. *How People Learn: Mind, Brain, Experience, and School.* Washington, D. C.: National Research Council.

Bray, E., Aoki, K. and Dlugosh, L. 2008. "Predictors of Learning Satisfaction in Japanese Online Distance Learners." *The International Review of Research in Open and Distance Learning* 9.

Breslow, L., Pritchard, D. E., DeBoer, J., Stump, G. S., Ho, A. D. and Seaton, D. T. 2009. "Studying Learning in the Worldwide Classroom: Research into edX's First MOOC." *Research & Practice in Assessment* 8.

Breslow, L., Pritchard, D. E., DeBoer, J., Stump, G. S., Ho, A. D. and Seaton, D. T. 2013. "Studying Learning in the Worldwide Classroom: Research into edX's First MOOC." *Research & Practice in Assessment* 8.

Breslow, L., Pritchard, D. E., DeBoer, J., Stump, G. S., Ho, A. D. and Seaton, D. T. 2013. "Studying Learning in the Worldwide Classroom: Research into edX's First MOOC." *Research & Practice in Assessment* 8.

Brown, R., Lynch, C., Wang, Y., Eagle, M., Albert, J., Barnes, T. and McNamara, D. S. 2015. "Communities of Performance & Communities of Preference." *Educational Data Mining* (*Workshops*).

Camp, G. 1996. "Problem-Based Learning: A Paradigm Shift or a Passing Fad?" *Medical Education Online* 1.

Castaño-Muñoz, J., Sancho-Vinuesa, T. and Duart, J. M. 2013. "Online Interaction in Higher Education: Is There Evidence of Diminishing Returns?" *The International Review of Research in Open and Distributed Learning* 14.

Chang, S. -H. H. and Smith, R. A. 2008. "Effectiveness of Personal Interaction in a Learner-centered Paradigm Distance Education Class Based on Student Satisfaction." *Journal of Research on Technology in Education* 40.

Chen, B. D., Huang, T. H. 2019. "It's All about Timing: Network Prestige in Asynchronous Online Discussions." *Journal of Computer Assisted Learning* 35.

Christensen, G., Steinmetz, A., Alcorn, B., Bennett, A., Woods, D. and Emanuel, E. 2013. "The MOOC Phenomenon: Who Takes Massive Open Online Courses and Why?" *Accessed* November 2019, http://ssrn.com/abstract=2350964.

Chua, S. H., Kim, J., Monserrat, T. J. K. and Zhao, S. 2015. "Understanding Learners'General Perception Towards Learning with MOOC Classmates." In *Proceedings of the Second ACM Conference on Learning at Scale*, pp. 305–308, New York: ACM.

Clark, R. , E. 1983. “Reconsidering Research on Learning from Media. ” *Review of Educational Research* 53. Collazos, C. A. , González, C. S. and García, R. 2014. “Computer Supported Collaborative MOOCs: CSCM” . In *Proceedings of the* 2014 *Workshop on Interaction Design in Educational Environments*, pp. 28–32. New York: ACM.

Comer, D. K. , Clark, C. R. and Canelas, D. A. 2014. “ Writing to Learn and Learning to Write Across the Disciplines: Peer-to-peer Writing in Introductory-level MOOCs. ” *The International Review of Research in Open and Distributed Learning* 15.

Cressewell, J. 1994. *Research Design*: *Qualitative and Quantitative Approach*. London: Sage.

Cross, S. 2013. “ Evaluation of the OLDS MOOC Curriculum Design Course: Participant Perspectives, Expectations and Experiences,” Accessed March 06, 2021. http: //oro. open. ac. uk/37836/.

Daniel, J. S. , and Marquis, C. 1979. “ Interaction and Independence: Getting the Mixture Rights. ” *Teaching at a Distance* 14.

Dillenbourg, P. , Baker, M. J. , Blaye, A. and O'Malley, C. 1995. *The Evolution of Research on Collaborative Learning*. Oxford: Elsevier.

Downes, S. 2010. *Learning Networks and Connective Knowledge*. Hershey: IGI Global.

Downes, S. 2012. “Connectivism and Connective Knowledge: Essays on Meaning and Learning Networks”. *Accessed* March 3, 2021, https: //www. mendeley. com/catalogue/ce06b334–3ce9–3e2e–aeb7–5934b53 22a5a/.

Drouin, M. A. 2008. “ The Relationship between Students'Perceived Sense of Community and Satisfaction, Achievement, and Retention in an Online Course. ” *Quarterly Review of Distance Education* 9.

Duffy, T. M. and Jonassen, D. H. 2013. *Constructivism and the Technology of Instruction*: *A Conversation*. New Jersey: Routledge.

DuFour, R. and Eaker, R. 2009. *On Common Ground*: *The Power of Professional Learning Communities*. Bloomington: Solution Tree Press.

Dumont, R. A. 1996. “Teaching and Learning in Cyberspace. ” *IEEE Transactions on Professional Communication* 39.

Emanuel, E. J. 2013. “ Online Education: MOOCs Taken by Educated Few. ” *Nature 503*.

Fredericks, C., Rayyan, S., Teodorescu, R., Balint, T., Seaton, D. and Pritchard, D. E. 2013. "From Fipped to Open Instruction: The Mechanics Online Course." *Paper Presented at Sixth Conference of MIT's Learning International Network Consortium*, Massachusetts, June 17–19.

García-Saiz, D., Palazuelos, C. and Zorrilla, M. 2014. "Data Mining and Social Network Analysis in the Educational Field: An Application for Non-Expert Users." In *Proceedings of the International Conference on Computational Collective Intelligence*, pp. 651–660. New York, USA: ACM.

Garreta-Domingo, M., Sloep, P. B., Hérnandez-Leo, D. and Mor, Y. 2018. "Design for Collective Intelligence: Pop-up Communities in MOOCs." *AI & Society* 33.

Garrison, D. R., Anderson, T. and Archer, W. 1999. "Critical Inquiry in a Text-Based Environment: Computer Conferencing in Higher Education." *The Internet and Higher Education* 2.

Garrison, D. R. 2011. *E-Learning in the 21st Century: A Framework for Research and Practice*. London: Routledge.

Gillani, N. and Eynon, R. 2014. "Communication Patterns in Massively Open Online Courses." *The Internet and Higher Education* 23.

Glader, P. 2012. "MOOC Meetup Groups Point to a Blended (Online+ Community) Learning Model." *Wired*.

Glance, D. G., Forsey, M. and Riley, M. 2013. "The Pedagogical Foundations of Massive Open Online Courses." *First Monday* 18.

Golbeck, J. 2013. *Analyzing the Social Web*. Boston: Morgan Kaufmann.

Goldberg, L. R., Bell, E., King, C., O'Mara, C., McInerney, F., Robinson, A. and Vickers, J. 2015. "Relationship between Participants'Level of Education and Engagement in Their Completion of the Understanding Dementia Massive Open Online Course." *BMC Medical Education* 15.

Goodyear, P., Carvalho, L., Yeoman, P. 2021. "Activity – centred Analysis and Design (ACAD): Core Purposes, Distinctive Qualities and Current Developments." *Educational Technology Research and Development*, 69.

Gore, H. 2018. *Engagement of Learners Undertaking Massive Open Online Courses and the Impact of Design*. PhD diss., The Open University.

Granovetter, M. S. 1973. "The Strength of Weak Ties." *The American Journal of Sociology* 78.

Greenhow, C., Robelia, B. and Hughes, J. E. 2009. "Learning, Teaching, and Scholarship in a Digital Age: Web 2.0 and Classroom Research: What Path Should We Take Now?" *Educational Researcher* 38.

Gunawardena, C. N., Lowe, C. A. and Anderson, T. 1997. "Analysis of a Global Online Debate and the Development of an Interaction Analysis Model for Examining Social Construction of Knowledge in Computer Conferencing." *Journal of Educational Computing Research* 17.

Hamers, L., Others, A. 1989. "Similarity Measures in Scientometric Research: The Jaccard Index versus Salton's Cosine Formula." *Information Processing & Management* 25.

Hansen, D. L., Rotman, D., Bonsignore, E., Mili ć-Frayling, N., Rodrigues, E. M., Smith, M. and Capone, T. 2009. "Do You Know the Way to SNA? A Process Model for Analyzing and Visualizing Social Media Data." *Accessed* July 19, 2021. http://www.cs.umd.edu/hcil/trs/2009-17/2009-17.pdf.

Häkkinen, P., Järvelä, S., and Mäkitalo, K. 2003. Sharing Perspectives in Virtual Interaction: Review of Methods of Analysis. In B. Wasson, S. Ludvigsen, and U. Hoppe (Eds.), Designing for Change in Networked Learning Environments: Proceedings of the International Conference on Computer Support for Collaborative Learning 2003 (pp. 395-404). Dordrecht: Springer Netherlands.

Hart, C, 2012. "Factors Associated with Student Persistence in an Online Program of Study: A Review of the Literature." *Journal of Interactive Online Learning* 11.

Haythornthwaite, C. 2000. "Online Personal Networks: Size, Composition and Media Use among Distance Learners." *New Media & Society* 2.

Henri, F. 1992. "Computer Conferencing and Content Analysis." In *Collaborative Learning Through Computer Conferencing*. London: Springer Verlag.

Hernández-García, Á., González-González, I., Jiménez-Zarco, A. I. and Chaparro-Peláez, J. 2015. "Applying Social Learning Analytics to Message Boards in Online Distance Learning: A Case Study." *Computers in Human Behavior* 47.

Hew, K. F. 2016. "Promoting Engagement in Online Courses: What Strategies Can WeLearn from Three Highly Rated MOOCS." *British Journal of Educational Technology* 47.

Hew, K. F. and Cheung, W. S. 2014. "Students' and Instructors'Use of Massive Open Online Courses (MOOCs): Motivations and Challenges." *Educational Research Review* 12.

Hillman, D. C. A., Willis, D. J. and Gunawardena, C. N. 1994. "Learner-Interface Interaction in Distance Education: An Extension of Contemporary Models and Strategies for Practitioners." *American Journal of Distance Education* 8.

Hiltz, S. R., Coppola, N., Rotter, N. and Turoff, M. 2000. "Measuring the Importance of Collaborative Learning for the Effectiveness of ALN: A Multi-measure, Multi-method Approach." *Journal of Asynchronous Learning Networks* 4.

Jeong, A. 2004. "The Combined Effects of Response Time and Message Content on Growth Patterns of Discussion Threads in Computer-supported Collaborative Argumentation." *Journal of Distance Education* 19.

Joksimović, S., Manataki, A., Gašević, D., Dawson, S., Kovanović, V. and de Kereki, I. F. 2016. "Translating Network Position into Performance: Importance of Centrality in Different Network Configurations." In *Proceedings of International Conference on Learning Analytics & Knowledge*, pp. 314–323. New York: ACM.

Joksimović, S., Manataki, A., Gašević, D., Dawson, S., Kovanović, V. and de Kereki, I. F. 2016. "Translating Network Position into Performance: Importance of Centrality in Different Network Configurations." In *Proceedings of the Sixth International Conference on Learning Analytics & Knowledge*, pp. 314–323. New York: ACM.

Jonassen, D. H. 1992. "Evaluating Constructivistic Learning." *Educational Technology* 31.

Jordan, K. 2014. "Initial Trends in Enrolment and Completion of Massive Open Online Courses." *The International Review of Research in Open and Distributed Learning* 15.

Keegan, D. 1996. *Foundations of Distance Education*. London: Routledge.

Keller, J. M. 1979. "Motivation and Instructional Design: A Theoretical Perspective." *Journal of Instructional Development* 2.

Kellogg, S., Booth, S. and Oliver, K. 2014. "A Social Network Perspective on Peer Supported Learning in MOOCs for Educators." *The International Review of Research in Open and Distributed Learning* 15.

Khalil, H. and Ebner, M. 2014. "MOOCs Completion Rates and Possible Methods to Improve Retention-A Literature Review." Paper Presented at the *World Conference on Educational Multimedia, Hypermedia and Telecommunications*, Tampere, Finland, June

23-26.

Khoo, E. G. L. and Bonk, C. J. 2014. *Adding Some TEC-variety: 100+ Activities for Motivating and Retaining Learners Online*. Bloomington: Open World Books.

Kizilcec, R. F., Piech, C. and Schneider, *E.* 2013a. *Deconstructing Disengagement: Analyzing Learner Subpopulations in Massive Open Online Courses.* In Proceedings of the Third International Conference on Learning Analytics and Knowledge, pp. 170-179. New York, NY, USA: ACM.

Kleiman, G., Wolf, M. A. and Frye, D. 2013. "The Digital Learning Transition MOOC for Educators: Exploring a Scalable Approach to Professional Development." *Accessed* April 18, 2019, http://miblendonline.pbworks.com/w/file/fetch/76438373/MOOC-Ed.pdf.

Knox, J. 2014. "Digital Culture Clash: 'Massive' Education in the E-learning and Digital Cultures MOOC." *Distance Education* 35.

Knox, J. 2016. *Posthumanism and the Massive Open Online Course: Contaminating the Subject of Global Education.* New York and London: Routledge.

Kop, R., Fournier, H. and Mak, J. S. F. 2011. "A Pedagogy of Abundance or a Pedagogy to Support Human Beings? Participant Support on Massive Open Online Courses." *The International Review of Research in Open and Distributed Learning* 12.

Kopp, B., Matteucci, M. C. and Tomasetto, C. 2012. "E-tutorial Support for Collaborative Online Learning: An Explorative Study on Experienced and Inexperienced e-Tutors." *Computers & Education* 58.

Kuo, Y.-C., Belland, B. R., Schroder, K. E. E. and Walker, A. E. 2014. "K-12 Teachers' Perceptions of and Their Satisfaction with Interaction Type in Blended Learning Environments." *Distance Education* 35.

Laurillard, D. 2016. "The Educational Problem that MOOCs could Solve: Professional Development for Teachers of Disadvantaged Students." *Research in Learning Technology* 24.

Learning: An Historical Perspective. In *Cambridge Handbook of the Learning*.

Lewis, D., Allan, B. 2005. *Virtual Learning Communities—A Guide for Practice* (1 *ed.*). London: Open University Press.

Li, M., Fan, Y., Chen, J., Gao, L., Di, Z. and Wu, J. 2005. "Weighted Networks of Scientific Communication: The Measurement and Topological Role of Weight."

Physica A: *Statistical Mechanics and Its Applications* 350.

Lim, S., Coetzee, D., Hartmann, B. and Fox, A. 2014. "Initial Experiences with Small Group Discussions in MOOCs." *Paper Presented at the First ACM Conference on Learning at Scale*, Atlanta, Georgia, March 4-5.

Littlejohn, A., Hood, N., Milligan, C. and Mustain, P. 2016. "Learning in MOOCs: Motivations and Self-regulated Learning in MOOCs." *The Internet and Higher Education* 29.

Liyanagunawardena, T. R. and Williams, S. A. 2014. "Massive Open Online Courses on Health and Medicine: Review." *Journal of Medical Internet Research* 16.

Lockwood, F. 1992. *Activities in Self-instructional Texts*. London: Kogan Page.

Lockwood, F. 1992. *Activities in self-instructional Texts*. New York: Routledge.

Lusher, D., Koskinen, J. and Robins, G. 2013. *Exponential Random Graph Models for Social Networks*: *Theory*, *Methods*, *and Applications*. Cambridge: Cambridge University Press.

MaIsaac, M. S. and C. N. Gunawardena. 1996. *Distance Education*, *Handbook of Research for Educational Communications and Technology*. New York: Macmillan Library Reference.

Maria, C. 1996. *Distance Education*: *Handbook of Research for Educational Communications and Technology*. New York: Simon & Schuster Mcmillan.

Marton, F. and Säljö, R. 1976. "On Qualitative Differences in Learning: I—Outcome and Process." *The British Journal of Educational Psychology* 46.

Mathis, W. J. 2017. "The Effectiveness of Class Size Reduction." *Psychosociological Issues in Human Resource Management* 5.

Matusov, E., Hayes, R. and Pluta, M. J. 2005. "Using Discussion Webs to Develop an Academic Community of Learners." *Educational Technology & Society* 8.

Matusov, E., Hayes, R. and Pluta, M. J. 2005. "Using Discussion Webs to Develop an Academic Community of Learners." *Educational Technology & Society* 8.

Mautner, T. 1997. *The Penguin Dictionary of Philosophy*. London: Penguin Books.

McDonald, J. and Gibson, C. C. 1998. "Interpersonal Dynamics and Group Development in Computer Conferencing." *The American Journal of Distance Education* 12.

Means, B., Toyama, Y., Murphy, R., Bakia, M. and Jones, K. 2009. "Evaluation of Evidence-Based Practices in Online Learning: A Meta-Analysis and Review of Online Learning Studies." Accessed April 5, 2021, http://files.eric.ed.gov/fulltext/ED505824.pdf.

Mehra, A., Kilduff, M. and Brass, D. J. 2001. "The Social Networks of High and Low Self-Monitors: Implications for Workplace Performance." *Administrative Science Quarterly* 46.

Meyer, L. 2014. "MIT Prof Uses MOOC to Flip Classroom." *Accessed* March 5, 2019, http://campustechnology.com/articles/2014/11/17/mit-prof-uses-mooc-to-flip-classroom.aspx/.

Milligan, S. 2015. "Crowd-sourced Learning in MOOCs: Learning Analytics Meets Measurement Theory." *Paper Presented at the Fifth International Conference on Learning Analytics and Knowledge*. Poughkeepsie, New York, March 16-20.

Milligan, S. K. and Griffin, P. 2016. "Understanding Learning and Learning Design in MOOCs: A Measurement-Based Interpretation." *Journal of Learning Analytics* 3.

Miyazoe, T. and Anderson, T. 2013. "Interaction Equivalency in an OER, MOOCS and Informal Learning Era." *Journal of Interactive Media in Education* 2.

Miyazoe, T. and Anderson, T. 2014. Interaction Equivalency in an OER, MOOCS and Informal Learning Era. *Journal of Interactive Media in Education* 2.

MOOC-MAKER, 2016. "Status Report on the Adoption of MOOCs in Higher Education in Latin America and Europe." Accessed March 15, 2021. http://www.mooc-maker.org/? dl_ id=30.

Moore, M. G. 1989. "Editorial: Three Types of Interaction." *The American Journal of Distance Education* 3.

Moore, M. G. 2013. *Handbook of Distance Education* (*3rd ed.*). New York: Routledge.

Muirhead, B. and Juwah, C. 2005. "Interactivity in Computer-mediated College and University Education: A Recent Review of the Literature." *Insights for Teachers and Students* 11.

Newman, M. E. 2001. "Scientific Collaboration Networks. II. Shortest Paths, Weighted Networks, and Centrality." *Physical Review* 64.

Newman, M. E. J. 2004. "Analysis of Weighted Networks." *Physical Review* 70.

Okonta, O. 2010. "Effects of Online Interaction via Computer-mediated Communication (CMC) Tools on an E-mathematics Learning Outcome." PhD diss., *Capella University*.

Oliver, R. 1999. "Exploring Strategies for Online Teaching and Learning." *Distance Education* 20.

Orellana, A. 2009. "Class Size and Interaction in Online Courses." *Quarterly Review of Distance Education* 7.

Palloff, M. P. and Pratt, K. 2007a. *Building Online Learning Communities* (2 *ed.*). San Francisco: Jossey-Bass.

Palonen, T. and Hakkarainen, K. 2013. "Patterns of Interaction in Computer-supported Learning: A Social Network Analysis." Paper Presented at the Fourth International Conference of the Learning Sciences, Colorado, Boulder, June 23-24.

Parker, D. 2001. "Inside Online Learning: Comparing Conceptual and Technique Learning Proformance in Place-based and ALN Formats." *Journal of Asynchronous Learning Networks* 5.

Pena-Shaff, J. B. and Nicholls, C. 2004. "Analyzing Student Interactions and Meaning Construction in Computer Bulletin Board Discussions." *Computers & Education* 42.

Poquet, O. 2017. "Social Context in Massive Open Online Courses." PhD diss. University of South Australia.

Prawat, R. S. 1992. "Teachers'Beliefs about Teaching and Learning: A Constructivist Perspective." *American Journal of Education* 100.

Prince, M. and Felder, R. 2007. "The Many Faces of Inductive Teaching and Learning." *Journal of College Science Teaching* 36.

Ramesh, A., Goldwasser, D., Huang, B., Daume, H., III and Getoor, L. 2014. "Uncovering Hidden Engagement Patterns for Predicting Learner Performance in MOOCs". *In Proceedings of the First ACM Conference on Learning at Scale*, pp. 157-158. New York: ACM.

Reeves, T. C. 1993. "Pseudoscience in Computer-Based Instruction: The Case of Learner Control Research." *Journal of Computer-Based Instruction* 20.

Reich, J., Tingley, D. H., Leder-Luis, J. et al. 2015. "Computer-assisted Reading and Discovery for Student Generated Text in Massive Open Online Courses." *Journal of Learning Analytics* 2.

Reich, J., Tingley, D. H., Leder-Luis, J. et al. 2015. "Computer-assisted Reading and Discovery for Student Generated Text in Massive Open Online Courses." *Journal of*

Learning Analytics 2.

Reigeluth, C. M. 2013. *Instructional–design Theories and Models: A New Paradigm of Instructional Theory, Volume II.* Routledge.

Reigeluth, C. M., Carr-Chellman, A. A. 2009. *Instructional-Design Theories and Models*, New York: Routledge.

Reigeluth, C. M. 2013. *Instructional-design Theories and Models: A New Paradigm of Instructional Theory, Volume II.* New York: Routledge.

Reigeluth, C. M. and Schwartz, E. 1989. "An Instructional Theory for the Design of Computer-Based Simulations." *Journal of Computer-Based Instruction* 16.

Reiser, R. A. 2001. "A History of Instructional Design and Technology: Part II: A History of Instructional Design." *Educational Technology Research and Development* 49.

Robins, G., Elliott, P. and Pattison, P. 2001. "Network Models for Social Selection Processes." *Social Networks* 23.

Rourke, L., Anderson, T., Garrison, D. R. and Archer, W. 2001. "Methodological Issues in the Content Analysis of Computer Conference Transcripts." *International Journal of Artificial Intelligence in Education* 1.

Rovai, A. P. 2002. "Building Sense of Community at a Distance." T*he International Review of Research in Open and Distributed Learning* 3.

Rovai, A. P. and Baker, J. D. 2005. "Gender Differences in Online Learning: Sense of Community, Perceived Learning, and Interpersonal Interactions." *Quarterly Review of Distance Education* 6.

Rowntree, D. 2002. "Teaching Through Self-instruction: How to Develop Open Learning Materials." *Alexandria Journal of Agricultural Research* 78.

Russo, T. C. and Koesten, J. 2005. "Prestige, Centrality, and Learning: A Social Network Analysis of an Online Class." *Communication Education* 54.

Russo, T. C. and Koesten, J. 2005. "Prestige, Centrality, and Learning: A Social Network Analysis of an Online Class." *Communication Education* 54.

Saqr, M., Fors, U. and Nouri, J. 2018. "Using Social Network Analysis to Understand Online Problem-Based Learning and Predict Performance." *Plos One* 13.

Schellens, T., Van Keer, H., Valcke, M. and De Wever, B. 2007. "Learning in Asynchronous Discussion Groups: A Multilevel Approach to Study the Influence of Student,

Group and Task Characteristics." *Behaviour & Information Technology* 26.

Schwier, R. A., 2001. "Catalysts, Emphases, and Elements of Virtual Learning Communities: Implications for Research and Practice." *Quarterly Review of Distance Education* 1.

Sciences, edited by Sawyer R. K., pp. 409–426. Cambridge: Cambridge University Press.

Shackelford, J. L. and Maxwell, M. 2012. "Contribution of Learner-Instructor Interaction to Sense of Community in Graduate Online Education." *Journal of Online Learning and Teaching* 8.

Shah, D. 2021. "Year of MOOC-based Degrees: A Review of MOOC Stats and Trends in 2021", Accessed March 12, 2022. https://www.classcentral.com/report/moocs-stats-and-trends-2021/.

Siemens, G. 2005. "Connectivism: A Learning Theory for the Digital Age." *Instructional Technology & Distance Learning* 2.

Smith, P. L. and Ragan, T. J. 2005. *Instructional Design*. New York: John Wiley & Sons.

Spector, J. M., Merrill, M. D., Elen, J. and Bishop, M. J. 2014. *Handbook of Research on Educational Communications and Technology*. Berlin: Springer.

Stahl, G., Koschmann, T. and Suthers, D. 2006. "Computer-supported Collaborative Learning: An Historical Perspective." in *Cambridge Handbook of the Learning Sciences*, edited by Sawyer R. K., pp. 409–426. Cambridge: Cambridge University Press.

Stewart, B. 2013. "Massiveness + Openness = New Literacies of Participation." *Journal of Online Learning and Teaching* 9.

Strijbos, J.-W., Martens, R. L., Prins, F. J. and Jochems, W. M. G. 2006. "Content Analysis: What are They Talking about?" *Computers & Education* 46.

Suthers, D. D. 2006. "Technology Affordances for Intersubjective Meaning Making: A Research Agenda for CSCL." *International Journal of Computer-Supported Collaborative Learning* 1.

Sutton, L. A. 2001. "The Principle of Vicarious Interaction in Computer-mediated Communications." *International Journal of Educational Telecommunications* 7.

Tawfik, A. A., Reeves, T. D., Stich, A. E., Gill, A., Hong, C., McDade, J. and Giabbanelli, P. J. 2017. "The Nature and Level of Learner-learner Interaction in a

Chemistry Massive Open Online Course (MOOC)." *Journal of Computing in Higher Education* 29.

Thurmond, V. and Wambach, K. 2004. "Understanding Interactions in Distance Education: A Review of the Literature." *International Journal of Instructional Technology and Distance Learning* 1.

Tomei, L. A. 2006. "The Impact of Online Teaching on Faculty Load: Computing the Ideal Class Size for Online Courses." *Journal of Technology and Teacher Education* 14.

Trentin, G. 2000. "The Quality-Interactivity Relationship in Distance Education." *Educational Technology Research and Development* 40.

Tu, C. H. 2002. "The Measurement of Social Presence in an Online Learning Environment." *International Journal on E-Learning* 1.

Tu, C. -H. and McIsaac, M. 2002. "The Relationship of Social Presence and Interaction in Online Classes." *The American Journal of Distance Education* 16.

Tu, C. -H. and McIsaac, M. 2002. "The Relationship of Social Presence and Interaction in Online Classes." *The American Journal of Distance Education* 16.

Ullrich, C., Borau, K. and Stepanyan, K. 2010. "Who Students Interact with? A Social Network Analysis Perspective on the Use of Twitter in Language Learning." *Paper Presented at the European Conference on Technology Enhanced Learning, Barcelona, Spain,* September 28-October 1.

Vaquero, L. M. and Cebrian, M. 2013. "The Rich Club Phenomenon in the Classroom." *Scientific Reports* 3.

Verduin, J. R. and Clark, T. A. 1991. "Distance Education: The Foundations of Effective Practice." Oxford: *Jossey-Bass Inc Pub.*

Vrasidas, C. and McIsaac, M. S. 1999. "Factors Influencing Interaction in an Online Course." *The American Journal of Distance Education* 13.

Vygotsky, L. S. 1980. *Mind in Society: The Development of Higher Psychological Processes.* Massachusetts: Harvard University Press.

Wagner, E. D. 1994. "In Support of a Functional Definition of Interaction." *The American Journal of Distance Education* 8.

Waite, M., Mackness, J., Roberts, G. and Lovegrove, E. 2013. "Liminal Participants and Skilled Orienteers: Learner Participation in a MOOC for New Lecturers."

Journal of Online Learning and Teaching 9.

Wang, Y. and Li, X. 2007. "Social Network Analysis of Interaction in Online Learning Communities." *Paper Presented at the Seventh IEEE International Conference on Advanced Learning Technologies*, Nigata, Japan, July 18-20.

Warren, S. J. Lee, J. and Najmi, A. 2014. "The Impact of Technology and Theory on Instructional Design Since 2000." in *Handbook of Research on Educational Communications and Technology*, edited by J. M. Spector, M. D. Merrill, J. Elen, & M. J. Bishop (Eds.), pp. 89-99. New York: Springer.

Wasserman, S. and Faust, K. 1994. *Social Network Analysis: Methods and Applications*. Cambridge: Cambridge University Press.

Weiss, A. S. 2013. "Teaching a Journalism MOOC: 5 Tips and Techniques." *Accessed* January 18, 2019, http://www.Pbs.org/mediashift/2013/10/teaching - a - Journal-Ism-Mooc-5-Tipsand-Techniques.

Wenger, E., Trayner, B. and De Laat, M. 2011. "Promoting and Assessing Value Creation in Communities and Networks: A Conceptual Framework." *The Netherlands: Ruud de Moor Centrum, Open University of the Netherlands.*

Wertsch, J. V. 1998. *Mind as Action*. New York: Oxford University Press.

Willingham, W. W. and Others, A. 1985. *Success in College: The Role of Personal Qualities and Academic Ability*. New York: College Board Publications.

Wilson, B. G. 1999. *Constructivist Learning Environments: Case Studies in Instructional Design*. Englewood Cliffs, NJ: Educational Technology Publication.

Wise, A. F., Cui, Y. and Jin, W. Q. 2017. "Honing in on Social Learning Networks in MOOC Forums: Examining Critical Network Definition Decisions." In *Proceedings of the Seventh International Learning Analytics & Knowledge Conference*" pp. 383-392. New York: ACM.

Wise, A. F. and Cui, Y. 2018. "Learning Communities in the Crowd: Characteristics of Content Related Interactions and Social Relationships in MOOC Discussion Forums." *Computers & Education* 122.

Woo, Y. and Reeves, T. C. 2007. "Meaningful Interaction in Web-based Learning: A Social Constructivist Interpretation." *The Internet and Higher Education* 10.

Yang, D., Wen, M., Kumar, A., Xing, E. P. and Rose, C. P. 2014. "Towards an Integration of Text and Graph Clustering Methods as a Lens for Studying Social Interaction in MOOCs." *The International Review of Research in Open and Distributed Learning* 15.

Yang, H. L. and Tang, J. H. 2003. "Effects of Social Network on Students'Performance: A Web-Based Forum Study in Taiwan." *Journal of Asynchronous Learning Networks* 7.

Yuan, L., Powell, S. 2013. "Moocs and Open Education: Implications for Higher Education." *Centre for Educational Technology & Interoperability Standards* 4.

Zawacki-Richter, O. 2009. "Research Areas in Distance Education: A Delphi Study." *The International Review of Research in Open and Distributed Learning* 10.

Zawacki-Richter, O. 2009. "Research Areas in Distance Education: A Delphi Study." *The International Review of Research in Open and Distributed Learning* 10.

Zhang, D. J., Allon, G. and Mieghem, J. V. 2017. "Does Social Interaction Improve Learning Outcomes? Evidence from Field Experiments on Massive Open Online Courses." *Manufacturing & Service Operations Management* 19.

Zhang, J., Skryabin, M. and Song, X. 2016. "Understanding the Dynamics of MOOC Discussion Forums with Simulation Investigation for Empirical Network Analysis (SIENA)." *Distance Education* 37.

Zhang, Q., Peck, K. L., Hristova, A., Jablokow, K. W., Hoffman, V., Park, E. and Bayeck, R. Y. 2016. "Exploring the Communication Preferences of MOOC Learners and the Value of Preference-based Groups: Is Grouping Enough?" *Educational Technology Research and Development* 64.

Zhao, Y., Lei, J., Yan, B., Lai, C. and Tan, H. S. 2005. "What Makes the Difference? A Practical Analysis of Research on the Effectiveness of Distance Education." *Teachers College Record* 107.

Zheng, H., C., Alcorn, B., Christensen, G., Eriksson, N., Koller, D. and Emanuel, E. 2015. "Who's Benefiting from MOOCs, and Why." *Harvard Business Review.*

Zhu, E. 1996. "Meaning Negotiation, Knowledge Construction, and Mentoring in a Distance Learning Course." Paper Presented at the Proceedings of Selected Research and Development Presentations at the 1996 National Convention of the Association for Educational Communications and Technology. Louis, Missouri, February 18-22.

致　谢

本书得以付梓，得到了太多人的慷慨帮助和支持。本书源于我的博士论文，写作博士论文的过程中痛苦和快乐并存。我既经历过大海捞针似的无望、没有方向时的焦虑与彷徨（依稀记得坐在复旦理科图书馆，由于论文迟迟没有进展，我眼泪止不住地流，把对面几位同学吓得不敢直视的场景），也经历过冥思苦想后发现新 idea 时的欣喜与幸福。回顾论文写作的艰辛过程，内心对所有给予我帮助的人充满了无尽的感激。

首先深深感谢我的导师牛新春研究员，她是我的人生榜样，她身上肩负的学术使命感和责任感深深感染了我，她对学术的专注和执着深深打动并影响着我。每次回想起来，都会被她说的那句“这件事情很重要，没有项目经费支持我也愿意自己掏钱做”所触动。牛老师言传身教、以身作则地为我示范了“做人、做事、做学问”相统一的高尚风范，让我懂得了：做人要有理性的善良；做事要认真负责，持之以恒；做学问要严谨求实。

毫不夸张地说，若不是如此幸运地遇到牛老师，我的人生轨迹可能大不相同。进入复旦学习之前，我可以说完全是科研小白，没有动手做过实证研究、数据分析。在复旦学习期间，牛老师非常强调“做中学”，手把手带我做科研项目，在做项目的过程中要求我投入项目的各个环节，让我一次次面对真实的问题情境，一次次直面困惑，然后找到解决方法。牛老师的大部分项目都是基于复旦开展的研究，因此项目完成后，牛老师还为了我们提供了面向全校师生汇报的机会。这样的训练使得我各方面的综合能力都得到了提升。当项目结束时，我能惊喜地发现自己在与人沟通、问卷设计、数据分析、口头汇报、文字写作规范等方面的提升。这些项目经历为我完成本书打下了良好的科研基础。

感谢牛老师为我传道授业解惑，她的课程总是让我收获满满。她的研究方法课和教育统计课是我最有收获的两门专业课程。牛老师上课极其精彩，能够深入浅出。她的课上我从不敢走神，生怕错过一句话，因为牛老师的每一句话都可能对我有所启发。我还记得博士开题后依然无法提炼出明确的研究问题，一直围绕着“人际交互”做各种复杂的数据分析，当时深陷其中却不自知。直到一天翻开课堂笔记，看到在牛老师课堂上记的一句笔记“我们不能总是围着一个变量做文章，你看到了一个感兴趣的变量，你接下来要思考的是：我要研究的是这个变量的前因还是后果”。正是这一句话启发我去深入思考：是什么影响了人际交互，人际交互对什么有影响？最终形成了本书的分析框架“问题引导这一教学设计会影响人际交互，人际交互又会影响学习结果”。正是她的研究方法课和教育统计课，激发了我做学术的热情，促使我有了出国进修学习的想法。时至今日，我也成了硕士生导师，我开始慢慢体会到“传承”二字的深意。牛老师对教学和科研的态度深深地影响了我，我现在又将从她那学习到的教学技能和科研方法传授给我的学生，每次组会带研究生精读经典文献时，我都会回想起牛老师当年以同样的方法指导我们学习。

感谢牛老师对我博士论文的悉心指导。本书能够完成，自始至终都得益于牛老师的认真指导。在我没有方向，陷入迷茫时，很多个夜晚，牛老师都在线上和我深入地讨论各种可能的方向。当看到和我论文相关的文章，或者有新的想法时，总是第一时间就与我讨论。在固定安排的师生面谈（office hour）时，也总是不厌其烦地帮我厘清思路，整理逻辑。同时也是牛老师给了我心理安全感，让我敢于表达自己的真实想法，可以平等地和老师讨论学术问题。在论文写作的过程中，她不断鼓励我的想法，支持我前行，给我坚持下去的勇气和动力。

感谢牛老师在我处于人生低谷时，一直没有放弃我，以最温和、最慈爱的方式把我拉出泥潭。每一次跟她的深入交流都能够引起内心最深切的自我反思和审视。是牛老师让我明白了凡事不要总盯着结果，只要做好过程中该做的事，一步步踏踏实实，结果往往不会太差甚至会出人意料。她高瞻远瞩的预见与用心良苦的教诲，教会了我遵从内心的感受，不受外界的干扰，努力做到从容、淡定与平和，从而让自己更加笃定、专注。

感谢我在美国明尼苏达大学访学期间的导师陈伯栋教授。在一年的访学期间，他在学术上给予了我细致的指导。陈老师每周三坚持与我一对一面谈，询问我的研究进展，给予我学业上的指导和帮助。陈老师是一位共情能力很强的导师，他看到了我的不自信，一直鼓励我，经常在其他同学和老师面前肯定我，让我重拾信心。陈老师还为我提供课程学习和参与项目的机会，正是在这个过程中，我进入了社会网络分析这一新兴领域，掌握了博士论文中用到的社会网络分析方法、R 语言、Gephi 软件等，为我的博士论文打下了良好的基础。而后陈老师还为我牵线搭桥，获取了宝贵的博士论文数据。没有他的支持和帮助，我的博士论文不可能完成。回国后，在博士论文撰写过程中，他也一直关注我的进展，多次线上与我讨论，为我的论文提出了宝贵的意见。同时也要感谢他为我创造了两次宝贵的机会，分别到美国和英国参加高质量的国际学术会议。在会议上有幸认识了那些热爱学术的前辈和同龄人，这让我备受鼓舞，坚定了继续做研究的想法。最后还要感谢陈老师和子慧师姐在生活上对我的关心和照顾。让我在美国时有了家的感觉，能够在万里之遥享受家的温馨与舒适，享受家人般的鼓励与支持。

感谢北京大学教育学院的汪琼教授和范逸洲博士，本门课程的人际互动数据、问卷数据均来自汪琼教授团队。感谢汪琼教授无私地将 MOOCs 数据公开，并组织志同道合的研究者一起探索 MOOCs 教学，用数据分析支持 MOOCs 质量提升。虽然仅见过汪老师两次，但每次都能从她的会议发言和交谈中感受到她对学术的热爱及责任感。我一直对汪老师充满了感激之情，但从未当面言谢。我和汪老师在同一个研究共同体的微信群中，好多次我都想加她的微信，亲自表达我的谢意，但每次到最后关头都缺乏勇气。我也思考过为什么，可能是因为我觉得自己论文还有诸多不足之处，也没有发现特别创新的结论。不论如何，借此机会真诚地向汪琼老师表达深深的谢意，感谢她无私地分享自己团队宝贵的数据，她的共享数据为我节约了大量收集数据的时间。感谢汪琼教授团队的范逸洲博士，在我博士论文撰写过程中逸洲耐心为我解答很多课程实施的细节问题以及数据相关问题，与他的讨论也常常使我获得启发，对我顺利完成博士论文有很大的帮助。

感谢我的硕士生导师郑勤华教授。在北师大的三年，他一直在学业和生活上给我无私的支持，这种支持一直延续到现在。在我工作和读博期间遇到困难或迷茫时，他都愿意为我指明方向，无私地为我提供各种帮助，并向我传授人生的智慧。在我处于人生低谷时，他像父亲一样关心我、帮助我，让我感受到了生活的温暖和意义。博士中间有过一段异常痛苦的时期，那时我夜夜失眠，严重时甚至彻夜未眠，那段时间甚至想过放弃读博。他从亚婕师姐儿那儿知道我的情况后，邀请我到北京，每天到北师大南苑实验室学习。在北京的两个月，郑老师和RCDE的师兄师姐不断鼓励我，让我有勇气直面困难，击碎恐惧，走出阴霾。

感谢社会科学文献出版社的王展老师。推荐我联系王老师的同事曾跟我说“这位老师是我遇到过最认真负责的编辑”。在和王老师合作的过程中，我高度赞同我同事的观点，王老师在此书出版过程中付出的耐心和责任心，令我敬佩不已。

感谢云南大学政府管理学院的方盛举院长、邓崧教授，他们一直在科研上鼓励我，为我提供了出版经费支持，使本书得以面世。也感谢谭立力教授和木永跃副院长一直以来的鼓励和支持。

感谢复旦大学高等教育研究所的所长熊庆年教授，他的课让我有了思维上的改变。我从只会关注细节，慢慢开始学会转变观察视角，尝试从整体的角度去看待问题。感谢他在学习和生活上对我的支持和帮助，感谢他努力为我们创造更好的平台、更多的机会。

感谢北师大的陈丽教授，她在我怯弱的时候给我力量，告诉我作为女性应该如何应对这个复杂的社会，如何勇敢地保护自己。她在北师大南苑实验室跟我说的一席话，给了我莫大的勇气，让我敢于面对恐惧，走出困境。

感谢复旦大学高等教育研究所的陆一研究员指导我做项目，让我接触到通识教育这一领域，并为我提供宝贵的机会到北大和清华聆听名师们的课程。感谢我的博士同学徐玉珍，在我陷入低谷、心情郁结时，不厌其烦地劝导我、宽慰我。在我做重要决定的时刻陪在我身边，为我加油打气。感谢我的博士同学杨菲和师妹尚晓明，和你们饭后的讨论常常为我注入活力。感谢复旦大学高等教育研究所的王丽老师，谢谢她在我读博期间给予的关心、照顾与支持，尤其要感谢她在我困惑迷茫时愿意与我分享人生智慧。

感谢云南大学高等教育研究院的王菊老师，她既是我学姐、同事、前辈，更是一位可亲可敬的挚友。从我们相识到现在，她一直给予我无私的帮助，不断鼓励我，增强了我的自信。感谢北师大的吴亚婕师姐，在我意志消沉时敲打我，苦口婆心地劝导我，阻止我陷入自怜自弃的状态。感谢我的好友余婧蓉和周亚男，她们在我困难的时候一直为我提供情感支持。

本书从选题到研究完成得到了很多人的帮助与指导，在此一并感谢！感谢复旦大学高等教育研究所的博士生同学徐玉珍、杨菲、师玉生，北师大的吴亚婕师姐、孙洪涛老师、李东兴师兄等，感谢你们与我讨论并贡献智慧。感谢北师大的陈丽教授、李爽副教授、徐鹏飞老师在论文开展过程中给予的帮助与指导。感谢开题指导委员会和预答辩指导委员会的各位教授提出的宝贵意见，推动我进一步深入思考。

感谢国家留学基金委，资助我出国访学，让我在学术、价值观方面都得到了发展。让我有机会结识陈伯栋教授，以及不少优秀的中国留学生、外国好友。感谢曾为我提供研究分享机会的会议平台，包括 2018 年北京大学慕课研究博士生学术论坛、第三届全国教育实证研究论坛。感谢牛老师推荐我参加第三届教育实证研究优秀学位论文评选，让我的论文有幸成为十篇获奖学位论文之一。感谢全国教育实证研究论坛提供的宝贵平台，以及评委们给我的莫大鼓励。

感谢亲爱的母校复旦大学，您的气质将深深影响我今后的人生。在这里，我第一次接触哲学，被哲学影响，被“自由而无用的灵魂”这句非官方校训所触动。在这里，我从丁耘老师的“理想国”课堂上，开始认真反思自己的人生，努力寻找自己的人生价值。在这里，在任军峰老师的“伯罗奔尼撒战争史”课堂上，我开始思考民主政治的利弊，开始从政治而非道德的角度去看待历史。

最后要感谢我最亲爱的爸爸妈妈以及我的哥哥，感谢你们在我人生的任何一个阶段都无条件地支持我，你们的支持给了我无穷的动力。在我取得成绩时，为我开心，在我遇到困难或者失意时，在背后默默支持我，让我有勇气乘风破浪。感谢你们一直让我自由选择自己想走的路，并为我骄傲。你们的爱和付出是我努力和坚持的动力，我永远爱你们。

最后还要感谢本书的读者们，感谢你们愿意去了解和批评一位初出茅庐的青年学者不成熟的研究。

图书在版编目（CIP）数据

MOOCs 中问题引导教学设计与人际交互 / 黄天慧著
. --北京：社会科学文献出版社，2023.6
ISBN 978-7-5228-1856-6

Ⅰ.①M… Ⅱ.①黄… Ⅲ.①网络教学-教学设计-研究 Ⅳ.①G434

中国国家版本馆 CIP 数据核字（2023）第 098277 号

MOOCs 中问题引导教学设计与人际交互

著　　者 / 黄天慧

出 版 人 / 王利民
责任编辑 / 王　展
责任印制 / 王京美

出　　版 / 社会科学文献出版社
地址：北京市北三环中路甲 29 号院华龙大厦　邮编：100029
网址：www.ssap.com.cn
发　　行 / 社会科学文献出版社（010）59367028
印　　装 / 三河市龙林印务有限公司

规　　格 / 开　本：787mm×1092mm　1/16
印　张：17.75　字　数：270 千字
版　　次 / 2023 年 6 月第 1 版　2023 年 6 月第 1 次印刷
书　　号 / ISBN 978-7-5228-1856-6
定　　价 / 98.00 元

读者服务电话：4008918866